미디어 문해력의 힘

청소년 문해력을 키우는 미디어 활용법

미디어
문해력의
힘

윤세민 　한희정 　김성재 　이완수 　강진숙

이정훈 　오광일 　신종락 　백원근 　조정원

유아이북스
For The Ultimate Information

목차

2부

문해력 증진을 위한 미디어 활용: 해외사례

문해력, 세상을 살아갈 능력과 지혜

윤세민

경인여자대학교 영상방송학과 교수, 한국출판학회 고문

인간이 한 사회의 구성원으로서 살아가는 데 있어, '읽고 쓸 줄 아는 능력'은 기본 중의 기본 능력이다. 오늘날 디지털 기술 발달에 힘입은 4차 혁명과 인공지능의 시대에 '읽고 쓸 줄 아는 능력'은 그 안에 담긴 의미를 제대로 파악하고 활용할 수 있는 능력, 즉 '문해력'으로 통용되어 쓰이고 있다.

문자 매체 시대에서는 단순히 문자를 읽고 쓸 수 있는 능력으로 문해력을 이해해 왔다. 그러나 오늘날 영상 매체 시대로 오면서 문자뿐만 아니라 그것과 함께 전달되는 시각적 언어, 즉 '매체 언어'에 대한 이해를 포함하게 되었다. 더 나아가 영상 매체 시대를 넘어 오늘날은 온오프라인 미디어는 물론이고 SNS(Social Network Service)로 대표되는 카카오톡, 페이스북, 인스타그램 및 챗GTP 등 훨씬 복합적인 의사소통의 방식의 이해와 활용까지를 포함하는 '매체 문해력(미디어 리터러시)'의 개념으로 확대되고 있다.

이러한 문해력은 학업적, 직업적, 사회적으로 중요한 역할을 한다. 문해력이 높은 개인은 정보를 쉽게 습득하고 신속하게 이해할 수 있으며, 문서와 정보를 효과적으로 작성하고 분석할 수 있다. 이는 학습 능력, 의사소통 능력, 문제해결 능력을 향상하는 데 도움이 된다. 더 나아가 문해력은 살아가는 데 있어 제반 상황을 이해하고 위기를 극복할 수 있는 사고 능력까지 제공한다. 오늘날 문해력은 인문학적·비판적 사고 함양에는 물론 실생활을 살아가는 데 필요한 능력과 지식과 지혜를 주는 든든한 버팀목으로 평가되고 있다.

이렇게 중요한 문해력이 부족하다면, 그것은 개인의 문제를 넘어 사회의 문제를 야기하게 된다. 개인 삶의 질 문제를 넘어 교육의 질 저하, 정치·경제 및 문화 발전 지연, 사회 위기 문제로 이어질 수 있는 것이다.

세계에서 가장 읽기 좋고 쓰기 좋은 과학적 언어로 알려진 한글을 사용하는 우리 사회에서도, 정작 단어의 뜻이나 맥락을 정확히 알지 못하거나 실제와 다르게 파악하는 '문해력 저하' 현상을 어렵지 않게 찾아볼 수 있다. 최근 온라인상에서, 3일을 뜻하는 순우리말 '사흘'을 숫자 4로 인식한다거나, 마음 깊이 사과한다는 의미의 '심심한 사과'를 동음이의어인 지루하다는 의미로 오해해 논란이 벌어지곤 했다.

이러한 배경 아래, 1969년 창립 이래로 지난 반세기 동안 한국출판학 연구를 이끌어 온 한국출판학회는 출판계를 넘어 한국 사회에 꼭 필요한 도서 발간 사업에 임하기로 하여, 그 첫 번째로 '문해력' 관련의 도서를 출간하기로 하였다. 그래서 금번에 '문해력' 관련 국내 최고의 집필진을 구성하여, 어린이와 청소년의 문해력 증진을 위한 도서를 기획, 발간하게 된 것이다.

이 책의 제1부에서는 우선 청소년 문해력 현황(한희정 국민대 교수)을 살펴보고 뉴스(김성재 원광대 교수), 시사칼럼(이완수 동서대 교수), 웹콘텐츠(강진숙 중앙대 교수), 교과서(윤세민 경인여대 교수) 등의 활용 방안을 논의했다. 이어 제2부에서는 미국(이정훈 대진대 교수), 영국(오광일 에디티지 이사), 독일(신종락 제주대 교수), 일본(백원근 책과사회연구소 대표), 중국(조정원 원광대 교수) 등의 사례를 차례로 소개하며 시사점과 대안을 제시하였다.

실제적 문해력 증진을 위해 국내와 해외의 미디어와 콘텐츠 별로 구체적 사례와 활용 방안을 제시한 이번 도서가 우리나라 어린이와 청소년의 문해력 증진에 실용적으로 적용되기를, 그래서 이들이 향후 세상을 살아갈 능력과 지식과 지혜를 축적하는 데 도움이 되기를 바라 마지않는다.

1부

문해력 위기 시대의
현실과 대안

1장

우리나라 청소년의 문해력 현황

한희정

국민대학교 교양대학 부교수

요약

　　문해력(literacy)은 글을 풀어내는 힘, 즉 글을 읽고 의미를 파악하고 이해하는 능력이다. 유네스코는 문해력을 "다양한 맥락과 연관된 인쇄 및 필기 자료를 활용하여 정보를 찾아내고 이해하고 해석하고 만들어 내고 소통하고 계산하는 능력"으로 정의한다. 문해력과 그 경험을 설명하려면 다양한 이론과 학문을 검토할 필요가 있다. 왜냐하면 수많은 이들이 학교, 직장, 일상의 모든 맥락에서 읽고 쓰고 소통하는 등 문해력의 복합적이고 다층적 맥락을 고려하는데 다양한 시각과 접근이 연관되기 때문이다. 그중에서도 특히 읽고 이해하는 능력인 기초 문해력은 개인의 성장을 위해서 꼭 갖추어야 할 배움의 도구라는 점에서 주목해야 한다. 잘못을 깊이 인정한다는 '심심한 사과'라는 표현이 재미없는 사과로 잘못 이해되는 등 최근 논란이 된 사례는 청소년들이 어휘력과 문맥 파악에 어려움을 겪고 있음을 보여준다. 어휘력은 독서를 통해 얻어진다. 디지털 네이티브의 청소년들은 디지털상의 짧은 메시지와 영상에 익숙하다. 그런 환경에서 독서의 기회가 줄면서 청소년들은 문해력이 저하된다. 또한 2020년부터 3년 이상 코로나19 팬데믹이 지속되면서 학교 교육이 온라인 화상 교육으로 이루어졌기에 이 시기의 청소년의 독서 경험과 습관에 부정적 영향을 주었다. 기초 문해력은 아동기부터 격차가 벌어지기 시작해서 성장할수록 그 격차가 더욱 커지게 된다. 전문가들은 기초 문해력이 부족한 이들은 초등학생이든, 청소년이든, 설사 성인이라 하더라도 자신이 처한 현 지점부터 기초 문해력을 쌓기 위한 노력을 시작하라고 권유한다.

📖 청소년 문해력, 왜 중요한가

우리는 정보의 홍수 속에 살고 있다. 최근 AI 챗봇을 이용해 궁금한 것에 대해 언제든지 질의응답이 가능한 시대가 열렸다. 청소년과 성인 등 모든 시민이 정보를 이용하고, 유통하는 것은 물론 생산에도 쉽게 참여하고 있다. 이런 환경에서 청소년의 문해력 부족은 매우 심각한 문제다. 문해력이란 '리터러시(literacy)'의 번역어로서 '글을 풀어내는 힘', 즉 글을 읽고 의미를 파악하고 이해하는 능력을 말한다. 리터러시 연구자, 조병영(2021)은 문해력이든 문식성이든 탈문맹이든 이 단어들은 모두 영어 '리터러시(literacy)'를 번역한 것이지만 리터러시와 문해력 등을 구분하여, 리터러시는 문해력보다 더 그 의미가 다층적이고 복합적이며 포괄적인 개념이라고 소개한다. 따라서 "리터러시는 무엇이다"라는 한 줄 요약은 그리 만만한 과제가 아니다. 이 글에서는 리터러시라는 단어 대신 문해력이라는 표현을 쓰고자 한다.

문해력이 떨어진다는 것은 글을 읽을 수 있어도 이해할 수 없는 상태를 말한다. 국립국어원에서는 문해력을 '현대 사회에서 일상생활을 해나가는 데 필요한 글을 읽고 이해하는 최소한의 능력'으로 규정하고 있으며 더 나아가 글을 쓰고 말로 표현하기까지 포함할 수도 있다. 그렇다면 읽고 이해하고 쓰고 말하는 능력이 문해력의 전부일까? 문해의 능력이 무엇인지 좀 더 깊게 살펴본다면 청소년의 문해 능력이 왜 중요한지 알 수 있을 것이다.

문해력을 읽고 이해하는 능력으로 해석하더라도 문해력은 사회적·경제적 활동은 물론이고 일상적인 삶을 영위하는 데 필수 불가결한 역량이다. 일상생활에서 각종 공지문, 설명서, 계약서, 공문서 등을 자주 접하는데 이 문서 내용을 이해하지 못한다면 불편한 점이 한둘이 아닐 것이다(EBS, 2020). 국제결혼이주민 가정에서 한국어가 서투른 엄마가 자녀의 학교에서 온 문자나 가정통신문을 잘 이해하지 못해서 자녀 지도에 어려움을 겪는 경우, 한국어 문해력이나 문화 문해력이 떨어진다고 할 수 있다.

외국인이 아닌데도 모국어를 읽고 이해하는 데 어려움이 있다고 한다면 얼핏 이해되지 않지만, 문해력 부족은 비단 청소년에게만 해당하지 않는다. 성인이라 하더라도 전공이 아닌 전문서라든지 보험약관, 주택임대차 계약서 등을 읽고 이해가 되지 않아서 추가적인 설명을 요구하는 등의 경험이 누구나 있을 것이다.

유네스코는 문해력(literacy)을 "다양한 맥락과 연관된 인쇄 및 필기 자료를 활용하여 정보를 찾아내고 이해하고 해석하고 만들어 내고 소통하고 계산하는 능력"으로 정의한다(UNESCO, 2004). 매해 9월 8일은 유네스코가 제정한 세계 문해의 날(International Literacy Day)이다. 모든 사람이 글을 읽고 쓸 수 있는 세상을 실현하기 위해 국제사회의 지지를 모으고자 1966년 제14차 유네스코 총회에서 선포한 이래, 매년 전 세계 유엔 회원국에서 기념하는 국제기념일이다.

전 세계 15세 이상 인구 중 7억 5,800만 명은 간단한 문장도 읽거나 쓰지 못하는 상황인데, 배우지 못하여 일상생활에 필요한 문장을 읽거나 쓰지 못하는 상태인 "비(非)문해"를 벗어나는 것을 목표로 한다.

유네스코는 2003년부터 인간 존엄과 인권의 문제로서 문해의 중요성을 사람들에게 상기시키고 문해 증진과 지속 가능한 사회를 지향하는 문해에 관한 의제를 2년 주기로 채택해 왔다.

2003-2004년에는 '문해와 성', 2005-2006년, '문해와 지속 가능 발전', 2007-2008년, '문해와 건강', 2009-2010년, '문해와 권한 부여', 2011-2012년, '문해와 평화', 2013-2014년, '21세기를 위한 문해', 2015-2016년, '문해와 지속가능한 사회', 2017년, '디지털 시대의 문해', 2018년, '문해와 기술 개발'이었다. 평생학습 맥락에서 성인과 청소년에게 주안점을 두어서 문해와 스킬(skill)을 효과적으로 연결하는 방법을 모색한다. 여기서 스킬이란 취업, 진로, 생계에 필요한 지식, 기술, 역량을 뜻하는데, 특히 디지털 기술을 포함한 직업기술을 강조했다. 2020년 주제는 '코로나19 전염병 위기 이후 문해교육 및 학습'이었다. 이렇게 세계 문해 날의 주제를 살펴보면, 문해란 인간의 삶과 인권, 민주주의와 매우 밀접한 연관성이 있음을 알 수 있다.

유네스코 세종대왕 문해 상(UNESCO King Sejong Literacy Prize)은 세종대왕의 한글 창제 정신을 널리 알리고, 전 세계 문해 증진을 위하여 한국 정부 지원으로 1989년에 제정된 상으로, 모국어 발전과 보급에 기여한 개인 또는 단체(2곳)를 선정하여, 매년 세계 문해의 날에 시상하고 있다. 2020년 세종대왕 문해상 수상의 영예는 네팔 노령 기구(Ageing Nepal)의 "노인을 위한 기초 문해 교실(Basic Literacy Class for Older Persons)"과 영국 세계연합학교(World United Schools) 의 "버마어 미사용 학교 밖 아동들 대상 교육 기회 제공 프로그램 (Providing Non-Burmese Speaking Out-of-School Children with Access to Education)"이 차지하였다(UNESCO 한국위원회 홈페이지).

국제학업성취도평가(Programme for International Student Assessment: PISA)를 하는 OECD는 문해력을 "특정한 능력과 행동양식"으로 보면서 일상생활, 가정, 직장, 커뮤니티에서 자신의 목표를 달성하고 지식과 잠재력을 발전시키는 능력으로 정의한다. 즉 리터러시는 한 시점까지 쌓아온 능력이기도 하지만 미래를 대비하여 삶을 위한 능력을 발달시킬 수 있는 의지와 노력이기도 하다(김성우·엄기호, 2020).

우리가 읽고 쓰고 생각하면서 정보와 지식을 습득하고 공부와 일을 하며 위안과 자유를 얻기에 문해력(리터러시)은 개인의 성장과 성공을 위해서 꼭 쓸 줄 알아야 하는 '배움의 도구'이다. 문해력의 경험은 단지 개인사로만 남지 않는다. 자신의 속한 공동체의 문제를 협력적으로 파악하고 변화의 의제를 설정하고 대안적 미래에 대해 고민할 수 있게 해 준다. 따라서 문해력은 읽고 쓰고 생각하고 의견을 나누는 방식으로 현재를 넘어 미래를 만들어 가는 데 필요한 일종의 '역사의 도구'라고 할 수 있다(조병영, 2021).

요즘은 미디어 문해력, 비즈니스 문해력, 디지털 문해력, 데이터 문해력, 역사 문해력, 감정 문해력 등 다양한 분야에 관한 정보를 읽고 이해하고 비판적으로 분석할 줄 아는 능력을 표현하기도 한다. 이상의 문해력에 관한 정의를 살펴보았을 때 2022년, 언론에서 문제시했던 문해력 논란은 단순히 한국어의 어휘력과 문맥에 따른 이해도의 문제일 수 없다. 이러한 기초 문해력, 한글로 된 문헌을 읽고 들으며 이해하는 능력은 많은 분야의 배움에 있어서 기본이 되기 때문에 중요하다.

특히 청소년에게 문해력이 중요한 것은 문해력이 다른 여타의 학습에 도구 역할을 할 뿐만 아니라 학습의 의욕을 떨어뜨려 배움을 포기해 버리기 때문이다. 당장 입시에서 성적을 잘 받기 어려우므로 좌절하기 쉽다. 기초 문해력이 떨어진다는 것은 내가 글이나 말로 가용할 어휘가 부족하다는 것을 말한다. 이는 성인이 되었을 때 취업에 영향을 미치게 되고, 보고서나 문서 작성하기, 발표 등 의견 주장 같은 직장 생활에서의 핵심 역량을 갖추지 못하게 될 수 있다. 결국 문해력의 문제는 여러 가지 측면에서 청소년 시기와 그 이후 인생에서 자신감과 자존감이 낮아지게 되면서 정신건강에도 영향을 줄 수 있다. 또 다른 측면으로는 기성세대가 쓰는 단어를 이해하지 못함으로써 청소년들과 기성세대 간의 소통에도 어려움을 겪을 수 있다.

문해력을 기르기 위해 평생 노력해야 하겠지만, 특히 집중적으로 성장시키기 위해서는 시기가 중요하다. 청소년 시기는 기초 문해력을 닦을 수 있는 마지막 시기라고 할 수 있다.

심각해진 문해력 문제

최근 몇 년 동안 논란이 되었던 문해력이란 어휘력의 문제임을 알 수 있다. 단어 자체의 의미를 알지 못하면 읽어도 이해할 수 없고, 표현할 수 없으므로 어휘력 또한 기초 문해력에서 매우 중요하다.

'심심한 사과'의 오독으로 인해 잘못 이해하고 있는 단어들이 인터넷에서 소개되면서 문해력 저조가 어느 정도인지 가늠할 수 있었다. '금일(今日, 오늘)'을 금요일로 알거나, '명일(明日, 내일)'의 뜻을 미래로 아는 경우, '고지식(융통성이 없고 앞뒤가 꽉 막힌 사람을 지칭함)'을 높은(高) 지식으로, '무운(武運, 전쟁에서 이기는 운)'을 운이 없는 것으로 이해한다. 그 외에도 '떡을 친다'를 한가지 뜻(성관계의 속된 표현)만 알고 '양이나 정도가 충분함'이란 뜻을 알지 못해서 문맥을 이해하지 못하는 경우도 알려졌다.

2022년 뉴스 자막에 쓰인 '불콰하다(얼굴빛이 술기운을 띠거나 혈기가 좋아 불그레하다)'는 표현을 '오자'라고 지적하는 해프닝도 있었는데 다소 문학적인 표현이라 일상생활에서는 많이 사용하지 않아서 비단 청소년만이 아니라 틀린 글자라고 생각한 사람들이 있었다. '글피'(모레 다음날)라는 단어에 대해서는 "글피를 못 잡다"고 표현하여 '일이나 사물의 갈래가 구별되는 어름(두 사물의 끝이 맞닿은 자리)'을 의미하는 '갈피'와 구별하지 못한다. 이외에도 '명징하다(깨끗하고 맑다)', '톺아본다(삼의 껍질 따위의 거친 부분을 날이 작고 고른 '톱'으로 쭉쭉 훑어내어, 가늘고 고른 섬유질만 남게 하듯이 무엇인가를 샅샅이 뒤지어 살펴보다)', '봇물 터진다(일이나 감정의 상태가 급격히 활성화되다)' 등의 어휘를 몰라서 오해를 빚은 사례가 수년 전부터 인터넷에 소개되어 청소년 문해력의 수준이 언론에 주목받게 되었다.

2020년 EBS에서는 시민들의 문해력의 심각성 상태를 진단하고 나름대로 해법을 모색해 보려고 시도했다. 프로그램을 통해 특히 영상 세대인 청소년들은 텍스트 자체에 거부반응을 보이기도 했다.

"하얀색과 검은색만 있는 게 너무 숨 막혀요."

"긴 글을 맞닥뜨리면 저 자신이 쫄아요."

분명 인터뷰에 참여한 청소년들은 읽고 이해하기에 어려움이 있음을 토로했다. 그러나 청소년들만의 문제가 아니라는 것이다. "광복절부터 3일 동안 연휴"라는 표현에 3일을 '사흘'이라고 표현하자, "왜 3일인데 '사흘'이라고 하냐?"면서 다수의 네티즌이 '사흘'을 실시간 검색을 하는 통에 일정 시간 동안 한 포탈의 검색 순위 1위를 기록하기도 했다. 심지어는 기자들도 사흘을 "4흘"로 표현하여 일부 수용자들을 헷갈리게 했다.

프로그램 〈당신의 문해력〉(EBS)에서 보여준 사례는 놀라웠다. 고등학교 2학년 교실에서 한 교사가 영화 〈기생충〉에 대한 부연 설명을 하면서 한 반 아이들 대부분이 모른다고 답한 단어들을 나열해 보면 '가제(임시로 정해진 제목)', '블랙코미디', '양분', '차등', '기득권', '위화감', '구김살', '직인', '평론' 등이다. 중학교 영어 시간 교실에서는 '보모(보호자 대신 아기를 돌보아 주는 이)'를 이해하지 못하고 변호사는 알아도 '변호'가 무슨 일을 하는 것인지 설명하지 못하며 '피의자(피해를 주었다고 의심되는 사람)'를 피해자로 잘못 알고 답한다. 학생들은 '캐셔(cashier)'는 알아도 출납원, 계산원, 수납원 등의 단어는 낯설어한다. 그 외 중학생들은 '상업광고', '자선단체', '고생물학자', '동물학자', '수의사', '부인과의사', '심장전문의' 등의 단어를 모른다고 답했다. 한 선생님은 학생들이 사회 교과서, 역사 교과서, 과학 교과서를 절대 혼자 못 읽는다고 확언한다. 학생들은 문맹은 아니지만 읽어도 이해하지 못하는 상태, 어떤 의미에서 '비(非)문해상태'라고 할 수 있다.

EBS가 낱말어휘정보처리연구소에 의뢰해 전국 중학교 3학년 2,400여 명을 대상으로 문해력 테스트를 실시한 결과, 초과 수준 38%, 적정 수준 38% 그리고 27%가 중3 수준의 문해력에 미달하는 것으로 나타났고 이 가운데 11%는 초등학교 수준이었다.

코로나 기간에 전달 사항을 말이 아닌, 글로 전달할 기회가 훨씬 많게 되었는데 선생님과의 소통이 어려운 상황까지 있었다. 이때는 어휘력 자체의 문제라기보다, 학생들은 공지 사항의 긴 글을 잘 읽으려 하지 않고, 자신이 원하는 정보만 선별적으로 기억하는 경향을 보였다. 교사는 안내문이나 공지할 내용을 긴 글로 써서 게시하면 안 읽기 때문에 카드 뉴스나 포스터 형식으로 간결하게 줄여서 표현해서 게시해 줘야 한다고 말한다. 긴 글을 이해하면서 읽어나가는 능력도 문해력이라고 할 수 있다는 점에서 교육 현장에서도 낮은 문해력을 절감하고 있다고 할 수 있다.

국제학업성취도평가(PISA)는 3년 주기로 만 15세 학생을 대상으로 읽기, 수학, 과학 분야 성취 수준을 파악하는 국제적으로 널리 쓰이는 학업성취도 평가이다. PISA 조사는 OECD 회원국(37개국)만 대상으로, 또 비회원국까지 모두 포함한 조사 등 두 가지 버전으로 이루어진다. 3년에 한 번씩 돌아가면서 조사 대상 내용의 주요 영역이 바뀌는데 2018 PISA는 '읽기'에 대한 조사였다. 3년 주기로 2021년 예정이던 PISA 2021은 코로나19 팬데믹에 따라 1년 연기되었다.

한국 학생들은 OECD 회원국 대상에서는 순위가 읽기 2-7위, 수학 1-4위, 과학은 3-5위로 높은 편에 속한다. 전체 비회원국 포함 전체 참여국 대상으로는 읽기 6-11위, 수학 5-9위, 과학 6-10위로 순위가 OECD 회원국 대상보다 좀 떨어지는데, 그 이유는 아시아 국가들(홍콩, 싱가포르, 마카오 등)이 최상위권을 차지하기 때문이다(교육부, 2019.12.4.). 그러나 읽기 분야의 하위 성취 비율이 2000

년, 5.7%에 비해 2018년, 15.1%로 18년간 거의 3배가량 증가했다. 실제로 코로나 기간 동안 학생들의 문해력이 부진해졌음을 알 수 있다.

좀 더 구체적으로 한국 학생들의 읽기 능력(기초 문해력)이 얼마나 약해졌는지 살펴보면, 2006년 556점으로 547점의 핀란드(2위), 527점의 캐나다(3위)를 비교적 크게 앞서며 OECD 가입국 중 1위를 기록했다. 2006년 이후 다른 상위권 국가들의 읽기 점수가 12년 동안 거의 비슷하게 유지했지만, 한국은 556점, 539점, 536점, 517점, 514점으로 점차 하락했다. 2018년에 한국은 에스토니아, 캐나다, 핀란드, 아일랜드에 이어 5위를 기록했다. 한국이 점수와 등수 모두 급격히 하락한 시점은 517점을 받은 2015년부터이다. 2012년-2015년 사이에 한국의 초·중·고 학생에게 일어난 중대 변화는 스마트폰의 보급이었다. 청소년들에게 스마트폰 보급이 폭발적으로 이루어진 시기와 읽기 점수가 낮아진 시기가 일치한다(전병규, 2021).

2021년 한국교총이 전국 초·중·고 교사 1,152명을 대상으로 설문 조사한 결과, 학생들 문해력 수준을 점수로 매겼을 때 90점 이상(A등급)인 학생은 2.1%에 불과했다. 응답자 10명 중 4명은 "학생들 문해력 수준이 70점대(C등급)"라고 답했다. 2020년 1학기부터 코로나19로 가정에서 비대면으로 수업을 진행했던 시기에 초·중·고등학교 학생들의 주요 과목의 학력이 전반적으로 떨어진 가운데 국어

부문의 문해력은 더욱 떨어졌다.

학력 차와 마찬가지로 문해력 역시 계층의 차이와 밀접하게 연관이 있다. 청소년만 문해력이 낮은 것인가 하면 그렇지 않다. 성인도 과거 청소년 시기를 거쳤으므로 현재 성인이지만 문해력에 문제가 있다면 청소년 시기 또는 그 이전의 더 어린 시기부터 문해력의 힘을 키울 기회를 제공받지 못했을 것이다.

아이마다 다른 문해력 발달은 대개 한 개인의 탓이 아니라 문해력을 증진시킬 수 있는 경험기회의 양과 질의 차이에서 빚어진 결과이다. 가정에 다양한 책이 비치되어 있고 보호자와 함께 어린 시절부터 책읽기에 익숙한 아이들과 책도 없고 관심도 없는 가정에서 자란 아이들 간의 평균적인 읽기 능력 발달에는 차이를 보일 수밖에 없다. 글에 노출되는 빈도와 정도, 글을 읽고 쓸 기회의 정도에 따라 문해력은 달라진다. 집에서 쓰는 언어와 학교 등 외부 환경에서 쓰는 언어가 다른, 이중언어 가정의 자녀의 문해력은 가정 안팎으로 같은 언어를 사용하는 아이의 문해력과 비교해서 차이가 나기 쉽다. 글자, 단어, 책, 시청각 자료 등의 '문해력 자원(literacy resources)'과 생활 속에서 읽고 쓰는 '문해력 환경(literacy environment)'은 좋은 독자로 성장하는 과정에서 매우 큰 영향을 미치게 된다(조병영, 2021).

계층에 따른 학력 격차는 코로나 19시기를 거치면서 더욱 커진 것으로 나타났다(김수정, 2021). 교육부와 한국교육 학술정보원에 따르면, 2020년 7월–8월 전국 초·중·고 교사 약 5만 명을 대상으로 설문조사를 한 결과, 원격수업으로 인한 학습 격차가 커졌는지의 질문에 79%가 '그렇다'라고 응답했다. 특히 저소득층 아이들은 비대면 수업 시 보호자의 도움을 거의 받지 못해서 학습에 어려움을 겪은 것으로 나타났다. 이러한 학습 격차는 불안감, 우울감, 사회적 고립감 등 부정적 정서에도 영향을 미친 것으로 나타났다(김경희, 2022.7.27).

교사와 학생의 좋은 수업에 관한 인식 연구에 의하면 코로나 시기를 겪고 나서 문해력 교육과 독서교육의 중요성은 특히 강조되었다. 이는 코로나 시기 동안 비대면 수업이 지속되면서 학생들의 기초학력이 떨어지고 학습 격차가 심해진 점, 그리고 읽기 학습에 큰 손실이 있었던 상황에서 기인한다. 특히 초등학생들에게 기초 문해력 습득은 매우 중요한데 그 시기에 기초 문해력을 습득하지 못하면 평생을 통해 읽기에 어려움을 겪을 가능성이 커지기 때문이다(윤준채, 2022).

이는 전 세계적인 현상으로 미국의 학자들도 학교 폐쇄로 인한 비대면 수업이 읽기 학습에 큰 손실이 있었다고 분석했다. 구체적으로 초등학교 3학년의 경우, 학교 폐쇄 후 3개월 만에 약 30% 정도의 읽기 성취도가 낮아졌다(Kuhfeld, M., Lewis, K. & Peltier, T., 2023). 이러한 손실은 일반적으로 상대적으로 긴 여름방학 동안 반복되는 읽기 학습에서의 손실(vacation learning loss)보다 더 클 것으로 예상했다(Schwartz, 2020). 이러한 기초 문해력의 감소로 인한 개인 간 격차는 온라인 수업으로는 잘 확인되지 않지만, 교실 수업에서는 확연히 감지되기도 한다. 기초 문해력을 쌓을 기회를 놓친다면 학습을 위한 기본 도구 없이 공부하는 것과 마찬가지다. 이는 공부하려는 의욕을 잃게 하고 더 읽고 이해하려는 노력을 등한시하게 되어 모든 과목에서 흥미를 잃기 쉽다.

기초 문해력 교육은 시대의 변화와 관계없이 필요하지만, 매체와의 연결, 학습자 주도성이 강조되면서 중요성이 더 강화된다고 보았다(최규홍, 2021). 교육 현장에 있는 초등학교 교사들은 코로나 이후 부족해진 기초 문해력을 증진하는 방안으로 독서교육의 중요성을 논의하고 독서교육을 실천하고 있다(곽병준·손은경·황지현·김대권, 2022).

사실 청소년 시기에 갑자기 문해력이 부족해지는 것은 아니다. 기초 문해력은 초등학교 입학 전 아동기부터 격차가 벌어지기 시작해서 성장할수록 격차가 더욱 커지는데, 청소년 시기에 문해력이 부족하다는 것은 아동기 이래 문해력이 부족한 상태에서 필요한 지도를 받지 못하고 청소년 시기에 이르렀다는 것이고, 이는 청년기가 되어도 특별히 노력하지 않는다면, 평생 기초 문해력의 문제를 해결하지 못하고 산다는 것을 말한다. 주지하다시피 디지털 세대라고 기초 문해력이 중요하지 않은 것이 아니다. 디지털의 문자 정보를 읽고 이해하는 데 역시 어려움을 겪는다는 것이다.

청소년의 문해력 저하, 원인은?

기초 문해력을 읽기 능력이라고 했을 때 읽기 능력은 해독 (decoding) 능력, 독해(comprehension) 능력, 읽기에 대한 태도 등 세 가지로 나누어 볼 수 있다. 여기서 해독과 독해(이해)는 질적으로 다른 두 가지 능력이어서 서로 다른 뿌리와 경로를 지니지만 발달 과정에서 밀접하게 상호작용하며 읽기 발달을 촉진하거나 더디게 할 수 있다(엄훈, 2012).

첫째, 해독에 어려움을 겪는 청소년들은 단어를 읽어내는 데 어려움을 겪으며 자소(글자 표기상의 요소)와 음소(글자 소리 상의 요소)의 대응 관계를 익히지 못해 익숙하지 않은 낱말을 읽거나 쓰기가 안된다. 이렇듯 자소와 음소를 연결하지 못하면 글을 이해하지 못하는데 이는 청소년이 해독에 주의를 기울이는 동안, 텍스트를 이해하려는 인지적 자원을 동원할 수 없게 되기 때문이다. 이런 청소년은 제삼자가 읽어주는 이야기를 듣고 이해하는 데는 큰 어려움이 없지만, 본인이 글을 소리 내어 읽고 이해하는 데는 어려움을 겪는다.

둘째, 독해에 어려움을 겪는 청소년은 글을 읽을 수 있지만, 내용을 파악하지 못하는 경우이다. 독해를 방해하는 요인으로 배경지식의 부족, 추론 능력의 부족, 장르 관습의 무지, 관점 선택 능력의 부족 등을 들 수 있다. 이는 프랑크 스미스(Frank Smith)가 '터널 비전'이라고 이름 붙인 현상으로 글을 읽을 때 독자의 시야가 좁아져서 문장을 읽어 낼 수 없는 상태를 말한다. '터널 비전'은 누구나 일시적으로 겪기도 한다. 보통 수준의 기초 문해력을 갖추었다 하더라도 배경지식이 전혀 없는 특수한 주제에 관한 글을 읽을 때, 자신의 읽기 수준에 비해 어려운 텍스트를 해독하려고 할 때, '터널 비전'을 경험한다. 어떤 아이는 실수하기를 두려워하는 심리적인 이유로 '터널 비전'에 빠질 수도 있다(Smith, 1997).

셋째, 부정적인 읽기 태도가 원인이 되어 기초 문해력에 문제가 될 수 있다. 책읽기를 즐긴 경험이 거의 없어서 지겹다 생각하고 책을 이해할 수 없고, 독해가 되지 않으니 자신감과 자아존중감이 떨어진다. 다시 책읽기를 회피하게 되고 기초 문해력은 더 이상 발달하지 못하고 지체된다(엄훈, 2012).

이상의 세 가지 요인이 복합적으로 작용하여 기초 문해력에 문제가 생기기도 한다. 청소년이라면 아동기에 제대로 기초 문해력을 갖출 기회를 얻지 못했을 수도 있다. 다른 하나는 환경적 요인을 들 수 있는데 코로나로 실내 활동 위주로 변화하고 매체 환경이 크게 바뀐 점도 들 수 있다. 하지만 이 같은 요인들은 분리된 것이 아니라 서로 맞물려 작용하게 된다.

낮은 문해력의 더딘 독자가 청소년이라면, 그가 처한 악순환의 고리는 아동기나 초등학교 저학년부터 시작되었을 것이다. 이는 독자로서의 자기 효능감을 저하하게 하고 무언가 읽고 이해해야겠다는 의지를 사라지게 한다. 그러다 보니 글을 읽는 것, 긴 글은 회피하게 되고 읽으려고 시도하지 않으니 독서 기회를 상실하게 된다. 읽지 않으니 문해력은 점점 더 저하되고 나이가 들수록 높은 수준의 문해력이 요구되는데, 이에 부응하지 못하는 악순환을 보인다(〈그림1〉 참조).

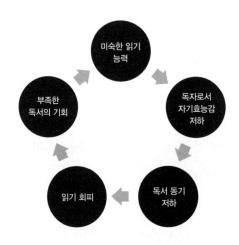

〈그림 1〉 더딘 독자가 처한 악순환 고리(조병영, 2021, 131).

사회학자 로버트 머튼(Robert Merton)은 어떤 이의 노력과 재능과는 상관없이 이른 시기에 좋은 출발을 하여 기회를 얻는 사람들이 누적적인 이득을 얻는 현상에 대해 성경의 마태복음 25장 29절('무릇 있는 자는 받아 풍족하게 되고 없는 자는 그 있는 것까지 빼앗기리라')을 활용해 매튜 효과(Matthew effect), 즉 마태 효과라 명명했다. 매튜 효과는 스포츠나 과학계에서 나타난다고 하지만, 이런 양극화 현상(부익부 빈익빈 현상)은 사회 곳곳에서 발생한다. 이는 교육이나 기초 문해력 영역에서도 볼 수 있다. 공부(읽기)를 잘하는 아이는 점점 더 공부(읽기)를 잘하게 되고, 공부(읽기)를 못하는 아이는 점점 더 공부(읽기)를 못하는 아이가 되는 현상이 나타난다(엄훈, 2012). 심리학자 키이스 스타노비치(Keith E. Stanovich)는 기초 읽기 능력을 성취한 아동과 그렇지 않은 아동 간의 학력 격차가 시간이 지날수록 점점 벌어지는 현상을 '읽기의 매튜 효과'라고 명명했다. 그는 5-8세 아동들이 지닌 글자의 소릿값 인식 능력이 향후 리터러시 발달 및 학업 성취를 예측하는 가장 중요한 인지적 요인이었음을 연구로 밝힌 바 있다. 스타노비치는 어린 시절의 읽기 경험이 독자로서의 정체성 형성에도 큰 영향을 미친다고 주장했다. 풍부한 읽기 경험을 통해 성공적인 독립적 독자가 된 사람들은 주어진 상황과 긍정적으로 상호작용하게 된다. 반면 읽기 경험을 통한 독자로서의 정체성을 형성하지 못한 이들은 환경의 제약에 구속되게 된다(조병량, 2021). 어린 시절의 책읽기는 이렇듯 독자 정체성 형성뿐만 아니라 한 사람의 위기 극복 역량에도 밀접하게 연관되어 있음을 알 수 있다.

다음, 환경적 요인을 들 수 있다. 현재 청소년들은 온라인 게임으로부터 자유로워지기가 쉽지 않다. 디지털 시대 많은 아이는 온라인 게임, 스마트폰 게임, 게임 영상 관전 등 게임 콘텐츠에 갇혀서 지낸다. 한국콘텐츠진흥원에서 실시한 〈2022 아동·청소년 게임

행동 종합 실태조사〉에 의하면 게임을 과도하게 이용하거나 스스로를 통제하지 못하는 과몰입군의 비율이 1년 새 0.3%에서 0.5%로 0.2%p 증가했다. 과몰입보다는 정도가 덜하지만 통제력이 약한 과몰입위험군은 1.6%에서 3.0%로 두 배 가까이 늘었다. 청소년은 게임이용군 82.7%, 비이용군 17.3%로 나타났다. 게임이용군 중 일반이용군 67.3%, 문제적 게임이용군(게임 리터러시 점수와 상관없이 과몰입 문제가 있는 게임이용군) 3.5%, 적응적 게임이용군(게임을 긍정적 방향으로 잘 활용하는 게임이용군) 11.9%였다. 한편 아동은 청소년보다 적응적 게임이용군의 비율이 현저하게 낮았다(게임이용군 68.8%, 비이용군 31.2%). 조사 결과에 따르면 자녀에 대한 학부모의 인식과 관심이 교육, 교우관계, 성장환경 등에 영향을 미치는 것과 마찬가지로 자녀의 게임 이용에 대한 학부모의 긍정적 인식이 자녀의 게임 행동 유형 특성에 영향을 주는 것으로 나타났다. 따라서 학부모는 게임이 아동·청소년의 취미 생활이자 또래 집단과 소통의 매개체임을 이해하고 문제로서 과몰입되지 않도록 적극적으로 대화를 하는 것이 중요하다(한국콘텐츠진흥원, 2022). 청소년의 온라인 게임이 문해력 향상에 일정 부분 걸림돌이 되는 것으로 인식되기도 하지만 그렇다고 지나치게 부정적인 시각을 갖는 것은 시대착오적이다.

중학생의 미디어 문화에 관한 연구(김아미 외, 2018)에서도 중학생의 일상 속 미디어 사용 양상을 결정하는 데 주요한 요인이 또래문화였다. 중학생들은 또래 문화에 대한 소속감을 유지하기 위해 정보를 공유하거나 친교, 정서 표현 등 여러 목적으로 소통하는데, 이 과정에서 청소년기의 자아중심성과 인정 욕구를 잘 보여주는 놀이 문화가 형성되기도 하고 학교 안과 밖에서 경험하는 다양한 학습과도 밀접한 관련을 맺고 있는 것으로 나타났다. 이들에게 온라인상의 게임은 오프라인에서 맺은 교우관계 못지않게 중요한 친교 활동이 되었다.

10대 청소년 미디어 이용 조사(한국언론진흥재단, 2022)에 따르면, 코로나로 인해 컴퓨터로 비대면 수업을 진행함에 따라 초·중·고등학생 모두에게서 인터넷 이용 시간이 폭발적으로 증가한 것을 알 수 있다. 고등학생의 하루 평균 인터넷 이용 시간은 2019년 약 5시간 40분에서 2022년 약 10시간으로, 중학생의 경우 5시간에서 7시간 40분으로, 초등학생의 경우 2시간 40분에서 5시간 40분으로 증가했다. 2022년 조사 결과는 2019년 조사보다 10대 청소년의 SNS의 이용률이 큰 폭으로 상승했으며, 동영상 플랫폼(97.4%)과 메신저 서비스(95.8%), 인터넷 포털(97.3%)의 이용률도 더욱 증가했음을 보여주었다. 이들은 일상에서 스마트폰을 가장 중요한 매체로 인식했다. 2020년 한국청소년정책연구원의 어린이 미디어 이용 실태 조사 결과에 의하면, 초등학생은 학년이 올라갈수록 스마트폰 보유율이 늘어나 초등학교 6학년은 10명 중 9명이 스마트폰을 사용하고 있는 것으로 나타났다.

스마트폰 사용이 독서 환경을 악화시키고 있다는 학술연구도 있다. 초·중학교(4, 6, 9학년) 학생을 대상으로 스마트폰 사용 양상과 독서 행위 등 독서실태조사에서 스마트폰 사용 양상과 독서 태도는 매우 상관성이 높았는데, 학년이 올라갈수록 '유튜브 동영상 시청' 활동이 점차 증가하고, SNS 활동도 급증하였다. 독서 수행 양상에 있어서는 독서 태도가 학년이 올라갈수록 낮아지며, 특히 비독자 집단에서 확연히 두드러진다는 것을 알 수 있었다. 또한 독서하는 이유로 독자 집단은 내적 동기가 높지만, 비독자 집단은 '부모님이나 선생님의 강요'와 같은 외적동기가 크게 작용하였다. 또한 독서하지 않는 이유로 학년이 올라갈수록 '스마트폰이 더 재미있어서'라는 이유가 많았다. 독서와 멀어지게 된 계기로, 독자 집단에서는 많은 응답자가 '공부량이 증가하면서'를 이유로 든 반면, 비독자 집단에서는 '스마트폰을 취득하면서' 등을 요인으로 들었다. 독서의 어려운 점으로 '평가와 과제'가 많았는데, 비독자 집단은 '글 내용이 어려워서 이해하기 힘든 점'을 꼽았다. 학년이 올라갈수록 '스마트폰을 가까이하는 습관' 때문에 독서하기가 어렵다고 답하였다. 이 연구 결과에서도 드러나듯이 스마트폰 사용과 독서 생활의 분리 등에 대한 처방이 필요하다는 점을 알 수 있다(김혜정·허모아, 2021).

청소년의 낮은 문해력은 이들이 그림이나 인포그래픽(정보를 그래픽으로 나타내는 것), 픽토그램(그림 등 시각 정보로 알려주는 미디어, 예를 들면 공공장소에서 화장실, 비상구 등을 그림으로 표시한 것)에 익숙한 세대이기 때문이라는 주장도 있다. 원인인지 결과인지 불분명하지만 아이들은 긴 글보다 말풍선의 짧은 대화체를, 책보다 만화를 더 선호한다. 일명 '스압(스크롤 압박)주의(글안에 텍스트나 이미지가 많은 것에 유의하라는 뜻)'라는 신조어에서 알 수 있듯이 이들은 텍스트의 긴 글뿐만 아니라 사이버상에서도 긴 글 읽기를 회피하는 것으로 알려졌다. 이는 서구에서도 마찬가지로 "너무 긴 글이라 읽지 않았다"는 뜻으로 'TL;DR(Too Long; Didn't Read)'라는 표현을 쓰는데 그만큼 긴 텍스트를 회피하는 것이다. 소셜미디어(SNS), 포털(potal), 언론사에서도 뉴스를 보기 쉽게 '카드 뉴스'로 알려준다든가, 인공지능(AI)으로 기사의 내용을 축약해서 제시하는 산업이 주목 받고 있다.

청소년이 가장 많이 이용하는 동영상 플랫폼은 유튜브(97.3%) 다음으로 유튜브 쇼츠(68.9%)와 인스타그램 릴스(47.6%), 틱톡(39.6%)으로, 이용률 2~4위가 모두 숏폼 콘텐츠 플랫폼이었다(한국언론진흥재단, 2022). 긴 글을 싫어하는 청소년들은 영상도 짧은 숏폼 콘텐츠를 선호하는 것으로 나타났다. 독립적 독자로서 능동적으로 읽고 쓰기의 경험을 해왔다면 긴 호흡으로 콘텐츠를 접할 텐데 청소년들의 낮은 문해력과 연관이 있어 보인다.

청소년들은 일상에서 온·오프라인 구분이 거의 없어지고 있다. 청소년은 카카오톡 등 메신저를 수시로 이용하고, 인터넷 강의를 듣고, TV를 보면서도 스마트폰을 손에서 놓지 않는다. 이러한 상황에서 청소년들이 자신의 소통 환경과 문화에 대해 비판적으로 이해하고, 온·오프라인의 경계를 넘나드는 수용자와 생산자로서 참여하고 다양한 관계를 형성하는 역량을 기르는 디지털 미디어 문해력 교육이 중요하게 인식되고 있다. 디지털 미디어 문해력은 실제 삶의 문해력으로서의 의미가 강하기 때문이다.

교사들은 학생의 낮은 문해력에 대해 어떤 진단을 할까. 2021년 한국교총의 전국 초·중·고 교사 설문 조사에서 교사들은 문해력 저하 사태의 주된 원인으로 '유튜브'를 꼽았다. 특히 코로나19 이후 학생들이 전자기기와 지나치게 가까워진 것을 원인으로 꼽기도 했다. 다음으로 '독서를 소홀히 해서'라는 답변도 54.3%나 되었다. 문화체육관광부가 조사한 '2021년 국민 독서실태 조사'에 따르면, 19세-29살 청소년 가운데 21.9%가 1년간 종이책, 오디오북, 전자책을 포함해 한 권도 읽지 않았다(조윤정, 2022.8.22).

책읽기와 뇌 활성화의 관계를 살펴보는 실험에서 숙련된 독서가들은 글을 읽으면서 의미를 이해하는데 인지 능력을 발휘하면서 뇌(전전두엽)를 보다 효율적으로 사용했으나, 초보 독서가들은 뇌를 효율적으로 사용하지 못하고 글자 자체를 읽는 데 급급한 것으로 나타났다(EBS, 2020). 독서를 잘하기 위해서는 긴 글을 읽으려는 노력과 책읽기의 경험이 필요하다. 많이 읽을수록 읽기 능력이 발달하고 잘 이해할 수 있도록 전전두엽이 많이 활성화된다.

읽고 이해하는 기초 문해력은 디지털 문해력과 밀접하게 연관되어 있다. 디지털 문해력이란 디지털 환경에서도 문해력 능력을 발휘하고 성장시키는 것을 말할 때, 능력 발달을 위해서도 한 권의 책을 깊이 있게 읽거나 한 편의 글을 읽고 글쓴이의 논리 구조를 이해하는 읽기 방식이 중요하다. 이에 더해 사이버의 정보 홍수 속에서 허위조작 정보를 가려낼 수 있고 상황과 목적에 맞는 정보를 적절하게 탐색할 수 있어야 한다. 이러한 디지털 문해력을 얻기 위해서 정보의 사실 여부를 점검하면서 자신이 확증편향에 빠지지는 않았는지, 즉 정보에 대한 자신의 태도가 어떠한지, 정보를 공유하기 전에 공유 행위가 어떤 결과로 이어질지 생각하고 점검하는 활동이 필요하다. 비판적 듣기, 비판적 읽기 등 국어과에서 전통적으로 다루어왔던 내용과 함께 디지털 환경의 읽기 전략, 참여와 공유에 대한 성찰 등을 연계함으로써 비판적 문해력을 확장하여 다룰 수 있다(장은주·정현선, 2023).

🗂 청소년 문해력 증진 방안

문해력은 적극적으로 노력해야만 길러지는 역량이다. 다만 어떤 글을 읽고 이해하는데 너무 많은 에너지가 들게 되면 읽는 것 자체를 싫어하게 된다. 누구든 힘들면 회피하고 싶어 진다. 그런 의미에서 글을 이해하기 위해 노력한다는 말은 어폐가 있다. '이해하려고 노력하기'보다 계속 글을 읽다가 어느 순간 깨우치게 된다는 것이 더 적절할 수 있다. 태어나서 걸을 수 있게 되고 모국어를 배우는 절차를 생각해 보면, 그 과정을 이해하려고 하지 않고 그저 반복의 결과로 얻어진 것이라는 것을 알 수 있다. 문해력 증진도 처음부터 학습이나 공부로 다가가기보다 매일 좋아하는 주제에 관한 책을 반복적으로 조금씩 읽어나가다 보면 어느새 문해력의 근육이 길러지는 것이다. 문해력 증진을 위해서도 재미와 반복적 수행이 중요하다.

최근 몇 년 동안 있었던 문해력 논란에서도 알 수 있듯이 문해력을 기르기 위해서는 어휘를 많이 알아야 한다. 외국어를 잘하기 위해서 필수적으로 단어와 숙어 등 어휘력을 길러야 하는 것처럼 모국어 사용에서도 생소한 단어를 찾아내 익혀야 한다. 단어의 뜻이 정확하게 이해된다면 그 단어가 어떤 맥락에서 사용되는지 그 단어를 사용해서 자신만의 문장을 만들고 일상생활에서도 실제로 이용해 보면 더 효과적으로 어휘력을 키울 수 있다.

EBS 특집 프로그램 〈당신의 문해력〉에는 '글을 읽을 수 있는 문맹'인 아이들의 사례가 등장한다. 만일 초등학교 고학년이지만 글자는 읽어도 그 내용을 이해하지 못하는 경우가 있다면, 어휘력의 문제일 수도 있지만, 끊어 읽기를 못 하거나, 글자의 소릿값을 모르는 경우도 있을 수 있다. 그런 경우라고 하더라도 꾸준히 끈기 있게 연습하면 점점 읽기에 흥미를 갖게 될 것이다. 아이마다 읽기를 익히는 속도가 다르므로 최소 한 학기 정도 1:1의 맞춤 지도가 필요한 영역이다. 음운 인식이 부족한 아이들은 큰 소리로 책을 읽게 함으로써 소리와 문자를 연결하여 인식하는 데 도움을 줄 수 있다. 문해력이 부족한 초등학교 저학년 아이들의 원인을 아이마다 분석하여 맞춤형 수업으로 지도가 가능한 기초 문해력 전문 교사가 현장에 투입된다면 보다 초기에 기초 문해력을 쌓을 수 있게 될 것이다.

청소년 시기뿐만 아니라 성인의 경우라도 기초 문해력이 모자라면 어떤 부분에서 보완이 필요한지 진단해서 도움을 받을 수 있도록 교육 차원, 복지 차원에서 제도가 마련되었으면 한다.

하지만 교육부는 2023년도 사서교사 정원을 동결시켰고, 이에 대해 한국교원단체총연합회(교총)가 사서교사 확대를 요구했다. 사서교사는 지난 2018년 학교도서관진흥법 개정으로 학교 도서관 등의 배치가 의무화된 바 있다. 그러나 교육통계서비스·학교알리미·한국도서관연감에 따르면 2021년 4월 기준 전국 도서관 설치 학교 1만 1,801곳 중 1,432명만이 배치되어, 겨우 12.1%에 불과하다. 교육부는 지난 2019년 '제3차 학교도서관진흥기본계획'(2019~2023)에서 당시 8~9% 수준인 사서교사 배치율을 2030년까지 50%로 확대할 것을 포함했다. 그러나 학생들의 문해력은 문제시하면서도 도서관 사서교사 확충은 백지화한 것이다. 학교 도서관이 책을 대여, 반납하는 단순한 시설이 아니라 독서교육, 교과교사를 지원하는 협동 수업이 가능한 엄연한 교육공간인 것을 참작한다면 매우 아쉬운 현실이 아닐 수 없다. 교총은 "학교 도서관의 본질적 기능을 회복하고 OECD 최하위권인 디지털 문해력의 향상을 위해 사서교사 정원을 대폭 확대해야 한다"고 주장했다(지성배, 2022).

지자체에 따라 청소년 문해력 증진을 위한 제도를 운영하는 곳도 있다. 초등학교에서부터 심해진 격차를 줄이기 위해 2020년 전남교육청은 기초학력전담교사제를 운영하기 시작했다. 지도에 포함된 초기문해력에는 초등학교 1, 2학년의 평생 학습 능력에 결정적 영향을 미치는 읽기 능력으로 한글 해독, 유창하게 읽기, 철자(맞춤법), 어휘력과 독해력, 쓰기 표현력 활동을 포함한다. 읽기가 부진한 학생을 조기에 발견하여 개별화된 도움을 제공함으로써 학년이 높아짐에 따라 점점 더 벌어지는 문해력 격차를 없앨 수 있다. 학교에 재학 중이거나 학교 밖 청소년 경우도 희망한다면, 무료로 기초문해력을 개발할 수 있도록 비슷한 제도를 도입할 필요가 있다.

아동 시기부터 문해력 증진의 중요성이 인식되면서 전 세계적으로 '아동에게 책 읽어주기' 프로그램이 운영되고 있다. 독일 연방 교육연구부(Bundesministerium fur Bildung und Forschung, BMBF)는 새로운 읽기 학습 지원 프로그램, 레제스타트 1−2−3(Lesestart 1−2−3)를 운영한다. '1세 검진(Einjahresuntersuchung, U6)'과 '2세 검진(Zweijahres-Untersuchung, U7)'을 진행할 때 소아과 병원은 방문 아동과 보호자에게 책을 배부해 준다. 3세 아동을 위한 책 세트는 지역 도서관에서 배부한다. 글을 깨우치기 위해 그림책을 읽어주는 것이 아니라 소리로 먼저 그림책을 전달하는 것이다. 이 프로젝트를 주관한 독일 연방교육부 칼리첵 장관은 "잘 읽을 수 있는 능력은 세상을 여는 열쇠이다. 읽기는 아동의 발달을 촉진한다. 이른 시기에 읽기의 즐거움을 일깨우는 것이 중요하다. 읽기는 사람을 행복하게 하고, 성공적인 삶을 영위하는 데에 필요한 기본 역량이다"라고 기초 문해력의 중요성을 강조했다(배지혜, 2020. 04. 22.).

아동의 기초 문해력은 책을 읽어주는 보호자와의 상호작용 속에서 일상에서 놀이처럼 시작하는 것이 중요하다. 전문가들은 기초 문해력이 부족한 이들은 초등학생이든, 청소년이든, 설사 성인이라 하더라도 자신이 처한 그 지점부터 기초 문해력을 쌓기 위한 노력을 시작할 것을 권유한다.

시대에 따라, 문해력을 바라보는 관점에 따라 기성세대와는 다르게 청소년 세대는 미디어, 기술환경의 급변하는 변화 속에 놓여 있다. 언론진흥재단(2022)의 조사에 따르면 온라인 동영상 플랫폼을 이용하는 청소년의 28.1%가 동영상을 직접 촬영하여 업로드해 본 경험이 있는 것으로 나타났다. 업로드한 동영상의 개수를 보면, 초등학생이 촬영 및 업로드한 동영상은 약 30개로 중고등학생보다 1.5배가량 더 많았다. 기성세대가 경험했던 사회문화적 지식의 토대가 디지털 네이티브 세대에게 더 이상 그대로 통용되지 않을 수 있다. 그런데도 읽고 이해하고 글과 말로 표현하는 기초 문해력은 독립적인 독자, 나아가 민주시민으로 성장하는데 여전히 양보할 수 없는 토대이다. 무엇보다 끊임없이 변화, 발전하는 생성형 AI인 챗GPT 시대를 살아갈 이들에게 AI가 대체 불가능한 공감, 창의, 혁신적 사고(moonshot thinking)를 위해서는 기초 문해력의 역량이 절실하다. 아동과 청소년이 글을 읽고 이해하는 데 필요한 능력이 훈련되어 있고 관심 분야의 책을 읽고 싶은 욕구가 충만하여 독서를 스스로 결정하고 수행할 수 있도록 물심양면의 지원이 절실하다.

2장

뉴스 활용 방안

김성재

원광대학교 행정언론학부 초빙교수

요약

오늘날 우리는 복잡한 사회생활을 하면서 뉴스를 활용하지 않고는 살아가기 어렵다. 뉴스는 개인의 일상적 삶은 물론, 사회의 법·제도를 변화시키고, 시민이 민주사회와 시장경제의 일원으로서 자기 역할을 할 수 있도록 해주고, 학문·문화예술·오락의 기능을 통해 삶을 풍요롭게 만들어 준다. 뉴스를 제대로 이해하고 활용하는 것은 민주주의국가와 선진국의 지위를 유지하는 데도 필수적이다. 그러나 뉴스를 제대로 읽고 이해하고 활용하는 것이 쉬운 일은 아니다. 매일 쏟아지는 뉴스가 너무 많고 내용이 어려울 뿐 아니라, 갈수록 이른바 '가짜뉴스'가 많아져 뉴스를 신뢰할 수 없게 되었기 때문이다. 뉴스 신뢰 하락은 최근 뉴스 회피 현상까지 불러오고 있다. 따라서 뉴스를 제대로 읽고 비판적으로 이해하고 유익하게 활용하는 능력, 즉 뉴스 리터러시(문해력)를 키워나가야 할 때다. 특히 뉴스를 처음 접하기 시작하는 청소년과 대학생에게 뉴스 리터러시는 꼭 필요한 수업이다. 뉴스를 올바르게 이해하려면 누가 뉴스를 생산하는지, 뉴스는 어떤 과정을 거쳐 생산되고 유통·소비되는지에 대한 이해가 필요하다. 또 우리가 뉴스를 가장 자주 접하는 플랫폼인 포털이 갖고 있는 조각난 뉴스, 알고리즘, 여론조작 등의 문제를 이해하는 한편, 가짜뉴스의 정의와 종류, 가짜뉴스가 만들어지는 이유, 뉴스 편향성과 중립성의 정확한 의미에 대해 이해하고 있어야 한다. 언론이 의제설정과 프레임 짜기를 통해 여론을 어떻게 조작하는지에 관해서도 알고 있어야 한다. 뉴스리터리서의 목표는 가짜뉴스와 저품질 뉴스 홍수 속에서 좋은 뉴스를 찾아 소비하고 이용하는 방법을 배우는 것이다.

뉴스 제대로 읽기(news literacy)가 어려운 이유

　우리는 하루에도 수많은 뉴스 속에서 산다. TV, 라디오, 신문, 인터넷 신문 등의 대중매체(mass media)에서는 하루에 수백~수천 개의 뉴스가 쏟아진다. 정치·경제·사회·문화·과학·연예·스포츠 등 여러 분야에서 날마다 새로운 뉴스가 만들어지고 유통된다. 그런데 뉴스가 아무리 일상생활에 꼭 필요한 요소라고는 하지만, 이렇게 많은 뉴스를 다 읽고 보는 것은 불가능하다. 그 많은 분야의 많은 뉴스들을 모두 다 읽고 볼 필요도 없다. 어떤 뉴스는 일상생활에 도움이 되지 않기도 하고, 오히려 생활에 방해가 되거나 나쁜 영향을 끼치기도 한다. 잘못된 뉴스를 읽고 보다가 잘못된 판단을 하기도 하고, 잘못된 뉴스는 개인의 삶을 혼란에 빠뜨리거나 사회 질서를 어지럽히고 공동체를 위기에 빠뜨리기도 한다. 그렇다면 그 많은 뉴스 가운데 우리는 어떤 뉴스를 골라 읽고 봐야 하는 것인가? 어떤 기준으로 뉴스를 선택해 읽고 봐야 하는가? 그리고 뉴스를 읽고 볼 때 우리는 어떤 점에 유의해야 하는가?

　뉴스를 잘 읽고 유용하게 활용하려면 뉴스의 특성을 이해하고 최선의 활용법을 알아두는 게 중요하다. 그것이 뉴스 문해력 혹은 뉴스 리터러시를 키우는 것이다. 뉴스 리터러시(news literacy)란 '뉴스를 효율적으로 읽고 비판적으로 이해하며 유용하게 활용하는 능력'을 말한다.

뉴스, 너무 많고 너무 어렵다

뉴스를 효율적으로 읽는 것이 중요한 이유는 뉴스가 너무 많고 또 이해하기 어려운 뉴스가 많기 때문이다. 국내에는 전국단위 종합일간신문과 경제신문, 영어신문, 지역일간신문, 전문신문, 인터넷 신문, 주간지, 지상파 방송, 지역방송, 뉴스전문방송, 종합편성방송, 뉴스통신사 등을 합쳐 대략 5천여 개의 언론매체가 뉴스를 생산하고 있다. (관련 법률에 따라 정부에 등록된 언론사 기준) 사람들이 뉴스를 가장 많이 읽는 뉴스 포털에는 하루에도 수많은 기사가 쏟아져나온다. 이렇게 많은 언론이 쏟아내는 수많은 뉴스를 어떤 기준으로, 어떻게 골라 볼 것인가는 뉴스 리터러시의 중요한 과제다.

또 뉴스는 읽고 이해하기 어려울 때도 많다. 특히 뉴스를 자주 읽지 않는 사람이 어느 날 갑자기 신문을 펼쳐 들거나 TV 뉴스를 본다면 도대체 어떤 배경과 맥락에서 나온 뉴스인지 이해하기 어렵다. 단 한 편으로도 정보의 내용을 이해할 수 있는 단순한 뉴스도 있지만, 정치·경제·외교·안보 분야 등에 관한 뉴스는 맥락과 흐름을 모르면 쉽게 이해하기 어려운 경우가 많다. 과학, 법률, 금융 관련 뉴스 등은 어려운 개념과 용어 탓에 일반인들이 한번 읽어서는 이해하기 힘든 분야다.

뉴스를 믿을 수 없다ー 가짜뉴스의 문제

뉴스 리터러시 또는 뉴스 문해력이 필요한 가장 중요한 이유는 '믿을 수 없는 뉴스', 즉 '가짜뉴스(fake news)'가 점점 더 많아지고 있다는 데에 있다. 가짜뉴스란 무엇인가? 오보(misinformation), 왜곡보도(disinformation), 부정확한 뉴스 등을 말한다. 오보는 뉴스 생산자가 의도하지는 않았으나 사실이 아닌 잘못된 뉴스를 말한다. 왜곡보도는 뉴스 생산자가 어떤 의도를 갖고 사실을 비틀거나 조작해 만든 뉴스다. 부정확한 뉴스는 아주 틀린 정보는 아니지만 그렇다고 확실하지 않은 부분이 많아 사실이라고 단정하기 어려운 뉴스다. 우리나라에서는 가짜뉴스를 대체로 '허위조작정보'라고 쓴다. 오보나 왜곡 보도는 과거에도 있어 왔지만 최근 디지털 뉴스 시장에서 더 많아지고 있어 심각성이 커지고 있다.

그런데 독자나 시청자가 오보·왜곡 보도 등 가짜뉴스를 일일이 다 확인하고 뉴스를 이용할 수는 없다. 뉴스 리터러시는 '뉴스를 비판적으로 이해하는 능력'을 말한다. '비판적'으로 이해한다는 것과 가짜뉴스를 걸러낸다는 것은 어떤 관계인가? 뉴스 리터러시는 뉴스에 오보나 왜곡 보도가 있음을 아는 것으로부터 시작된다. 뉴스에 거짓 정보, 과장이나 축소, 왜곡, 나쁜 의도, 속임수 등이 있을 수 있다는 비판적(critical) 혹은 회의적(skeptical) 사고를 하는 것이다. 나아가 뉴스의 오류와 나쁜 의도를 인식하고 이를 바로잡아 사실과 진실을 최대한 이해하려는 노력이 있어야 한다.

상당히 많은 사실(fact)을 담고 있다고 하더라도 어떤 특별한 의도를 갖고 작성된 뉴스는 그 뉴스만으로는 사실이라고 하더라도 종합적이고 전체적인 맥락에서 보면 진실이라고 볼 수 없는 경우가 있다. 이른바 '프레임 짜기'를 통해 종합적 진실, 전체적 진실을 왜곡하는 경우다. 전체적, 맥락적 진실을 왜곡하거나 전체적 진실의 한쪽 측면만을 보여주는 것이다. 뉴스를 유심히 읽고 맥락까지 인식하지 않는다면 몇 가지 조각난 사실만 보고 그것이 진실이라고 믿을 수 있다. 뉴스를 만들고 전달하는 미디어 혹은 언론은 이런 식의 여론조작에 능숙하므로 일반인들이 진실을 인지하는 것이 쉽지 않은 경우가 많다.

뉴스 리터러시를 높이려면

뉴스를 제대로 읽고 비판적으로 이해하고 올바르게 활용하는 것, 즉 뉴스 리터러시를 잘하려면 무엇이 필요한가? 우리가 매일 접하는 수많은 뉴스를 누가, 왜, 어떤 과정을 거쳐 만들어 내는지, 그리고 뉴스는 어떤 과정을 거쳐 독자·시청자들에게 전달되는지 이해하는 것은 뉴스의 속성을 이해하고 비판적으로 뉴스를 수용하는 데에 도움을 준다. 특히 가짜뉴스는 어떻게 만들어져서 어떻게 유통되는지, 그리고 가짜뉴스의 사례를 살펴보는 것도 뉴스의 속성에 대한 이해를 높일 수 있다.

뉴스는 누가 만드는가를 알아야 한다

독자·시청자들이 매일 보는 여러 분야의 뉴스들은 언론사의 기자들이 만들어 낸다. 기자는 단순히 글을 잘 쓰는 사람이 아니라 날카로운 문제의식을 갖고 사건과 현상을 취재하고, 그것을 독자(시청자)에게 알리는 것이 공적 가치가 있는 것인지 판단하고, 정확하게 기사로 작성하고 매체를 통해 보도하는 능력과 자격이 있는 사람이다. 그뿐만 아니라 기자는 시민으로부터 부여받은 권력 감시 역할을 성실하고 윤리적으로 기자의 일을 수행해야 한다. 기자는 이렇게 중요하고도 어려운 역할과 사명, 그리고 책임을 지고 있기 때문에 기자로서의 자질과 능력 뿐 아니라 높은 윤리 의식과 사회적 책임감을 가져야 한다.

그런데 현실 속에서 꼭 그렇지는 않다. 자질과 능력, 책임 의식과 윤리 의식을 충분히 습득하지 못한 기자들도 많다. 오보와 왜곡 보도 그리고 넓은 의미의 가짜뉴스가 만들어지는 이유 중 하나다. 기자는 중립적·객관적이고 공정해야 한다고 저널리즘 교과서는 가르치고 있지만, 현실 속 기자들은 그렇지 않은 경우가 많다. 편향적이거나 편향적이거나 이기적인 기자, 불성실하고 무책임한 기자들도 있으므로 기자와 언론보도를 그대로 믿기는 어렵다.

우리에게 매일 뉴스를 보내주는 기자가 어떤 성향과 어떤 계층·계급의 사람들인지 생각해 볼 필요가 있다. 언론의 주요 기능인 정보 유통과 의제설정, 권력 감시의 역할을 맡는 기자들은 정치적으로 진보적일 수도 있고 보수적일 수도 있다. 사회의 기득권층에 속할 수도 있고 소외계층 출신일 수도 있다. 기자의 학력수준, 소득수준, 거주지, 성별, 정치적 성향에 따라 기자는 같은 사안에 대해 다른 관점을 갖고 기사를 쓸 것이다. 한국 언론 중에 의제설정 역할이 두드러지고 영향력 있는 뉴스를 생산하는 '주요 언론사' 소속 기자들은 이른바 '명문대' 출신의 엘리트, 서울·수도권 혹은 서울 강남지역 거주자, 남성, 보수적 성향이 많다면 그들이 생산해 내는 뉴스는 비슷한 계층 혹은 자신이 속한 계층과 집단의 이익을 대변할 가능성이 높다고 봐야 할 것이다. 따라서 뉴스 리터러시는 뉴스 생산자의 이런 측면을 미리 고려해서 뉴스에 접근해야 함을 의미한다. 언론사에 속하지는 않지만 디지털 플랫폼에서 뉴스를 만들거나 유통하고 있는 1인 미디어, 유튜버, 블로거 등도 마찬가지다.

뉴스는 어떤 과정을 거쳐 만들어지는가를 알아야 한다

뉴스가 만들어져 독자나 시청자에게 전달되기까지는 여러 단계를 거치게 된다. 뉴스 제작의 최초 단계는 ①기자의 취재 ②기자나

소속 팀 편집국의 아이디어 ③제보 ④취재원의 발언 ⑤보도자료 ⑥
상부의 지시 등이다.

(1) 기자의 취재

기자는 사건 사고의 현장이나 뉴스가 발생할 만한 현장 취재 중
에 뉴스가치가 있는 팩트와 맥락, 주제를 발견해 이를 뉴스로 만들
기 시작한다. 재난 현장에는 재난 상황과 관련된 여러 가지 팩트들
이 널려있는데 그중 취재기자의 뉴스가치 판단에 따라 어떤 것은
뉴스가 되고 어떤 것은 뉴스로 보도되지 않는다.

예컨대 법원의 판결문은 하루에도 수십 개가 나온다. 경찰이 수
사하고 검찰이 기소하는 사건은 이보다 훨씬 많다. 법조 취재 기자
는 이 가운데 뉴스가치를 판단해 취재한 뒤에 이를 기사화한다. 정
치 관련 뉴스는 정치부 담당 기자가 수많은 정치인의 발언 가운데
서 선택해 기사화한다. 경제부에서도 경제 현상과 경제 지표들 중
기자가(혹은 언론사가) 의미 있다고 판단되는 지표를 기사로 쓴다. 세
상에서 벌어지는 모든 사건과 현상이 전부 뉴스가 되는 것은 아니
라 기자에 의해 '선택된' 사건과 현상만이 뉴스가 된다.

(2) 기자나 소속 팀, 편집국의 아이디어 회의

현장의 기자가 혼자 판단하지 않고 소속 팀이나 편집국 전체에
서 뉴스가치를 판단해 주기도 한다. 편집국(보도국)의 하루를 소개

하면 이렇다. 각 출입처에 출입하는 기자들은 자기 언론사 편집국(보도국)으로 출근하지 않고 대개 각 출입처 기자실로 출근해 하루를 시작한다. 부장급 이상 기자들은 편집국(보도국)으로 출근해 각 출입처에서 보내온 하루 일정과 주요 기삿거리를 모아 오전 9~10시쯤 편집국장 주재의 부장단 회의를 연다. 이 자리에서 정치부, 경제부, 사회부, 문화부, 국제부 등 각 부장들은 기자들이 아침 보고해온 기삿거리를 내놓고 뉴스가치를 비교하고 논의한다. 어떤 기삿거리는 '킬(kill) 당하고'(기사로 채택하지 않는다는 뜻), 어떤 기삿거리는 채택된다. 부장단 회의에서는 그날 상황과 그 언론사의 방침, 논조 등에 따라 어떤 주제의 기사는 더 자세히 취재해 보도하기로 하기도 하고 어떤 주제는 축소하거나 아예 보도하지 않기로 결정되는 것이다. 신문의 1면 톱, 방송의 메인뉴스 머리기사도 결정된다.

(3) 외부인의 제보

뉴스가 만들어지는 과정에서 가장 결정적이고 큰 역할을 하는 것은 제보다. 세상에서 일어나는 수많은 사건·사고는 소수의 기자가 다 인지할 수도, 취재할 수 없다. 기자들이 알지 못하고 취재하지 못한다고 해서 어떤 일이 중요하지 않은 것은 아니다. 알려지지 않은 일, 묻혀 있어서 드러나지 않은 일이 누군가의 제보로 뉴스가 되면 엄청난 사회적 파장을 일으키기도 한다. 기자들이 간절히 원하고 언론사가 자랑하는 '특종' 기사는 대부분 누군가의 제보로 시작된다. 특히 제보 가운데 내부고발자에 의한 제보는 기자가 미처 알지 못하는 권력기관이나 어떤 특정 집단의 비리를 밝혀내는 중요한 출발점이 된다.

(4) 보도자료와 취재원의 발언

하루에도 수많은 정부 기관, 정치인, 단체, 기업 등에서 수많은 보도자료와 발언이 쏟아져 나온다. 이런 발언과 보도자료는 국민을 상대로 정보를 주거나 무엇인가를 홍보하거나 자기주장을 설득하기 위해 발표된다. 그러나 이 정보와 의견·주장에는 오류와 왜곡, 의도, 거짓이 내포된 경우가 많다. 가전제품 제조 기업의 홍보 자료는 자사의 새로 나온 가전제품이 고급스럽고 유용하며, 가성비가 좋은지 등을 홍보하기 위한 것이다. 보도자료에는 이 제품의 부정적인 정보는 담겨있지 않다. 정치인이나 유명 인사의 발언도 비슷하다. 국회의원이나 공직자는 정확한 말을 할 것으로 생각하지만 부정확한 발언, 잘못된 발언, 어떤 의도가 담긴 편향된 발언이 많다. 학자, 연예인, 스포츠맨, 전문가 등 유명 인사, 즉 셀럽(celebrity)들의 경우도 정확히 알지 못한 채 발언하는 경우가 허다하다. TV 시사프로나 뉴스 프로를 보면 가끔 전직 경찰 출신의 패널이 나와 정치에 관해 말하고, 신문방송학과 교수가 시사평론을 한다. 정치를 잘 알지 못하는 학자나 전문가가 정치평론을 하기도 한다.

(5) 상부의 지시

뉴스가 만들어지는 과정에서 가장 크고 결정적인 영향력을 행사하는 것은 현장 기자라기보다는 '상부의 지시'인 경우가 많다. 여기서 상부란 편집국장(보도국장)이나 언론사 사장, 소유주를 말한다. 편집국장의 생각에 따라 그날 신문 1면이 바뀌고 그날 9시 방송의 첫 뉴스가 달라진다. 사장이나 소유주(오너)는 이런 과정에 은밀히 개입한다. 광고주인 대기업을 비판하는 뉴스가 너무 크게 보도되지 않도록 언론사 사장은 편집국장을 통해 압력을 행사한다. 정치적 부담을 느낄 만큼 어떤 정치인이나 정당, 정권을 비판하는 것을 언론사 오너는 원하지 않는 경우가 많다. 최근에는 일부 대형 신문사나 방송사 오너가 건설회사인 경우가 많아지면서 건설업계의 비리, 아파트 시장의 문제, 부동산 시장 침체 관련 보도를 꺼리는 경우가 많아졌다.

(6) 외부의 개입과 압력

외부의 압력도 무시할 수 없다. 정치권력, 광고주인 대기업과 정부도 뉴스 제작·생산 과정에서 압력을 넣는다. 과거 권위주의 정부 시절에는 '보도지침'처럼 정권이 직접적인 압력을 가했지만 민주화 이후에는 이런 노골적인 압력은 거의 사라졌다. 그러나 민주화 이후에도 권위주의적인 정권이 들어서면 방송사 사장을 친정부 인사로 채우거나 각 언론사에 정부 광고를 미끼로 우호적인 기사를 작성하도록 무언의 압력을 넣기도 한다. 정권 지지율에 불리한 기사는 '가짜뉴스'로 몰거나 기자와 편집국, 사주에게 압력을 넣어 보도를 막기도 한다.

대기업 광고주는 언론의 뉴스 제작에 가장 강력한 외부 압력자로 볼 수 있다. 언론이 대기업에 불리한 뉴스를 보도할 때 광고 축소나 중단을 통해 보복을 가한다. 몇몇 대기업 광고는 언론사 매출에 매우 큰 비중을 차지하기 때문에 대기업 광고주가 광고 축소나 중단을 실행하기 전에 자발적으로 뉴스를 조정하는 일이 많다.

뉴스가 제작되어 보도되는 이런 과정을 볼 때, 어떤 팩트가 뉴스 수용자에게 전달되기까지 그 팩트가 처음의 모습 그대로 남아있지 않을 가능성이 높다. 뉴스가 아무리 '재구성된 현실'을 보여주는 것이라고는 하지만, 현실을 재구성하는 과정에 이렇게 많은 개입, 잦은 조정이 발생한다면, 과연 독자나 시청자는 언론이 보여주는 뉴스를 통해 '진실'을 볼 수 있는 것인지 의문이 들만하다.

뉴스 유통시장의 거래와 이윤추구 과정을 이해하자

이른바 레거시 미디어(legacy media)에 속하는 종이신문과 방송은 구독료와 시청수신료, 그리고 지면과 방송 시간을 광고주에게 팔아 얻는 광고 수익을 주요 수익원으로 대부분 기자를 포함한 직원들의 인건비로 충당됐다. 지금도 신문사와 방송사 수익의 60~70%

는 기업·정부 광고주로부터 받는 광고와 협찬 수익이다. 나머지 30~40%는 각종 사업 수익과 구독료 수입, 공영방송의 경우 수신료 수익이다. KBS는 전체 수익의 40~50% 사이 수신료 수입을 전 국민에게서 받아 왔다.

종이신문의 구독료는 사실상 큰 의미가 없을 정도로 줄어들었다. 이는 독자들이 이제 종이신문을 거의 구독하지 않는다는 뜻이다. 한국언론진흥재단의 2022년 '언론수용자 조사' 결과에 따르면 종이신문 구독률은 2000년대 초 80%대에서 2020년엔 10% 이하로 낮아졌다. 20여 년 만에 종이신문 구독률은 1/10로 추락한 것이다. 신문 열독률 또한 비슷한 추세로 하락했다. TV 방송을 통해 뉴스를 이용하는 시간도 2012년 하루평균 55분에서 2022년 42분 정도로 10분 이상 줄었다.

포털로 읽는 뉴스의 문제점

과거 여론시장에서 의제설정 기능으로 여론을 주도하던 종이신문의 뉴스 구독률·열독률이 크게 하락하고 방송 뉴스 시청시간도 줄어들었다면, 사람들은 도대체 어디에서 뉴스를 읽고 있을까? 뉴스 포털과 유튜브 같은 동영상 플랫폼, SNS 등이다. 한국언론진흥재단의 같은 조사에 따르면, 한국인이 뉴스를 이용하는 주요 경로는 45%가 TV, 40%는 뉴스포털이다. 유튜브 동영상 플랫폼은 빠르게 성장하고 있지만 4% 정도에 그쳤다. SNS의 비율도 0.4%였다. 신문, 방송이 생산해 낸 뉴스 소비는 포털에서 가장 많이 일어나고 있다는 뜻이다. 그런데 포털에 의한 뉴스 소비는 몇 가지 중요한 문제점을 갖고 있다.

(1) 포털은 조각난 뉴스 시장

포털의 뉴스는 '조각난 뉴스'여서 이슈의 전체 맥락을 이해하기 어렵다. 종이신문을 구독할 때 독자는 날마다 신문을 읽으며 어떤 사건의 시간적 흐름과 변화를 이해하게 된다. 또한 하루 신문 지면에 담긴 여러 기사를 읽으면서 그 이슈의 종합적이고 맥락적인 측면을 이해할 수 있다. 그러나 포털에서는 한편씩 떨어진 뉴스를 읽게 되어 그 뉴스의 종합적이고 맥락적 진실을 이해하기 어렵게 되었다. 조각난 뉴스를 보면서 조각난 진실만을 읽고 보게 되는 것이다. 주로 포털을 통해 뉴스를 소비하는 많은 청소년과 젊은 층이 종합적·맥락적 진실을 모른 채 이슈의 단면만을 이해함으로써 생기는 문제가 바로 문해력 부족이기도 하다.

예컨대, 특정 정치집단이 '가짜뉴스를 근절해야 한다'고 주장하는 포털 뉴스 자체는 틀린 뉴스가 아니다. 그러나 가짜뉴스의 범위에 대한 사회적 합의, 가짜뉴스 근절이 과거 국내외에서 어떻게 오용되었는지 사례, 그런 주장을 하게 된 배경 등을 이해하지 못하면 잘못된 해석과 판단을 하게 된다.

(2) 포털은 언론이 아니다

포털 뉴스 소비가 일반적인 뉴스 소비의 형태가 되면서 마침내 포털이 여론을 주도하는 막강한 권력을 갖게 되었다. 언론이 아닌 포털이 여론을 형성하면 왜 안 되는가? 포털은 언론사가 아니다. 그러나 우리 국민은 포털을 '언론'으로 오해하고 있다. 포털은 뉴스가 소비되는 플랫폼일 뿐이지 뉴스를 생산하는 언론이 아니다. 언론이 아니기 때문에 포털은 언론에 요구되는 무거운 사회적 책임에 관심이 없다. 언론은 민주주의 사회의 시민이 권력 감시와 공론의 장 형성이라는 역할과 책임을 대신해 달라고 위임받은 권력이다. 그래서 언론은 민주주의 국가에서 입법, 사법, 행정에 이은 네 번째 권력이라고 부른다. 시민은 이런 권력을 포털에 위임한 적이 없다.

포털에는 오보, 선정적 기사, 광고형 기사, 혐오·차별·갈등을 조장하는 기사, 비윤리적 기사가 걸러지지 않고 그대로 게시된다. 포털은 언론으로서의 사회적 책임감이 있지 않을 뿐 아니라 오히려 이런 기사가 클릭 수를 높일 수 있다고 보기 때문에 필요한 조치를 취하는 데 적극적이지 않다.

(3) 포털의 알고리즘과 확증편향

포털은 오히려 공론의 장을 왜곡할 수 있다. 노출 조작과 알고리즘에 의해서다. 포털에서 '많이 읽은 기사' 목록이나 '인기 급상승 기사'와 같은 창을 통해 사람들을 특정 편향의 여론 시장으로 몰아가는 것이다. 또는 시민들이 꼭 읽어야 할 뉴스보다는 말초적이고 흥미 위주의 뉴스를 더 많이 읽도록 함으로써 건강한 여론조성과 여론 참여를 방해하게 된다. 포털 이용자들에게 뉴스를 연속적으로 추천해 주는 '알고리즘'의 문제는 독자들을 확증편향에 빠트리는 점 때문에 언론계·학계에서 끊임없이 지적받은 바 있다.

📔 뉴스에 대한 신뢰도와 뉴스회피 현상

신뢰는 뉴스의 전제조건이다. 뉴스를 생산하는 기자가 엄격하게 팩트를 확인하고 보도 직전까지 사실 여부와 오탈자 하나까지 체크하는 것은 뉴스를 신뢰할 수 있는 상품으로 만들어 내기 위해서다. 신뢰할 수 없는 뉴스는 여론시장에서 주목받지 못하고 퇴출된다. 신뢰가 무너지면 그것은 뉴스가 아니라 한낱 소문(루머)이고 기담(奇談)일 뿐이다. 그래서 기자는 사실 확인을 생명처럼 중요하게 여긴다. 자신이 쓴 뉴스 기사가 오보로 판명 나는 것을 수치스럽게 생각한다. 오보가 잦은 기자나 언론사는 언론계의 조롱과 비판을 받는다.

심각한 가짜뉴스의 문제

현실에서는 이른바 가짜뉴스가 생각보다 훨씬 많다. 뉴스의 신뢰를 흔드는 가짜뉴스는 어떤 것이 있을까? 무엇이 가짜뉴스인가? 그리고 그것이 진짜뉴스인지 가짜뉴스인지는 누가, 어떻게 판명하나?

가짜뉴스에 대한 정의는 언론학자들, 언론인들, 법률가들 사이에 합의된 정의가 아직 존재하지 않는다. '가짜'라는 말이 갖고 있는 모호함 때문이다. 진짜와 가짜의 경계는 무엇인가? 그리고 그 경계는 누가 판단하는가? 우리는 쉽게 '이것은 가짜뉴스'라고 단정하기 어렵다. '가짜뉴스'라는 용어는 법률적 용어도, 학술적 용어도 아니다. 그저 사람들이 '잘못된' 혹은 '틀린' 뉴스를 뭉뚱그려 쓰는 말이다. 그러나 그렇다고 가짜뉴스가 없는 것은 아니다. 시간이 흐르거나, 팩트체크를 통해, 혹은 법정의 판결을 통해 오보임이 명백히 밝혀지는 경우가 많다.

가짜뉴스란 무엇인가

언론학자들은 가짜뉴스를 어떻게 정의 내리고 있을까? 황용석 건국대 미디어커뮤니케이션학과 교수는 2017년 2월 토론회에서 "가짜뉴스는 실제 뉴스의 형식을 갖춘, 정교하게 공표된 일종의 사기물 또는 선전물, 허위 정보"라고 정의했다. 김민정 한국외국어대 미디어커뮤니케이션학부 교수는 언론중재위원회가 발행하는 '미디어와 인격권' 논문(2017.12)에서 "가짜뉴스는 첫째, 속이려는 의도로, 둘째, 허위의 내용으로, 셋째, 언론보도의 형식을 모방하는 경우를 일컫는 말이다. 그러나 이제는 훨씬 확장된 의미로 쓰이고 있다"고 주장했다.

가짜뉴스에 대한 학자들의 설명을 종합하면 대체로 가짜뉴스란 ①뉴스의 형식을 갖추고 ②허위의 내용을 담고 있고 ③속이려는 의도로 작성된 뉴스를 가짜뉴스로 규정할 수 있다는 것이다. 그러나 김민정 교수가 '이제는 훨씬 확장된 의미로 쓰이고 있다'고 한 말을 주의 깊게 봐야 한다. 한국언론진흥재단이 2019년 전국 성인 1,200명을 대상으로 온라인 설문조사를 한 결과 가짜뉴스에 대한 일반인들의 생각은 언론학자들의 생각보다 훨씬 넓었다. 일반인들은 ①언론보도 중 사실 확인 부족으로 인한 오보 ②선정적 제목을 붙인 낚시성 기사 ③클릭 수를 높이기 위해 짜깁기하거나 동일 내용을 반복 게재하는 기사(일명 어뷰징 기사) ④소셜네트워크서비스(SNS) 등에 올라온 내용을 확인 없이 그대로 전재한 기사(일명 받아쓰기 기사) ⑤한쪽 입장 혹은 전체 사건 중 일부분만 전달하는 편파적 기사 등을 모두 가짜뉴스라고 생각한다는 것이다. 일반인들이 이렇게 가짜뉴스의 범위를 넓게 보는 것은 이유가 있다. 사실이 아닌 뉴스(오보나 왜곡 보도) 뿐 아니라 선정적 기사, 어뷰징 기사, 받아쓰기 기사, 광고형 기사 역시 뉴스의 진위 여부를 떠나 '해로운 기사'라고 생각하기 때문이다. 이렇게 보면 가짜뉴스는 대체로 세 가지로 나눠 볼 수 있다. 첫째는 오보(misinformation)다. 작성자가 의도한 것은 아니지만 실수나 게으름, 무지로 인해 틀린 사실을 담고 있는 뉴스다. 둘째는 왜곡 보도(disinformation)다. 뉴스 생산자의 '의도가 개입된' 오보를 말한다. 뉴스 생산자, 즉 기자의 정치적, 경제적 혹은 개인적인 이유 또는 의도에 의해 사실을 뒤바꾸거나 뒤틀어서 잘못된 내용을 보도하는 뉴스다. 왜곡 보도는 기자의 의도가 담겨있는, 즉 고의적 오보라는 측면에서 단순 실수나 게으름에 의한 오보보다 더 문제가 크다. 기자가 누군가의 명예를 훼손·실추시키거나 정치적 공격을 가하거나 불리한 상황에 처하게 만들려는 악의적 의도를 갖고 뉴스를 생산하면 그 피해에서 벗어나기 힘들다. 셋째는 해로운 보도다. 선정적 보도, 혐오표현과 갈등조장이 담긴 보도, 어뷰징 기사, 받아쓰기 보도, 기사형 광고 등이 그것이다.

뉴스의 편향성에 관한 문제

뉴스의 신뢰를 떨어뜨리는 중요한 이유 중 하나는 뉴스의 편향성이다. 우리 국민은 언론이 매우 편향적이라고 생각한다. 한국언론진흥재단이 발간한 2022년 언론수용자 조사에 따르면 우리나라 언론수용자들이 한국언론의 가장 큰 문제라고 꼽은 문제 중 2위가 '편파적 기사'였다.

언론의 보도는 중립성, 객관성, 공정성을 지켜야 한다고 한다. 즉 어느 한쪽에 치우치지 않고 '중간'의 입장에서 보도해야 하고(중립성), 자신의 주관에 따르지 않고 제삼자의 관점에서 보도해야 하고(객관성), 누군가에게 더 유리하거나 불리함이 없이 똑같은 입장에서 보도해야 한다(공정성)는 것이다. 그런데 현실에서 중립·객관·공정 보도는 제대로 지켜지지 않고 있다. 기자와 언론사가 갖고 있는 본질적 편향성과 중립·객관에 대한 오해 때문이다.

우선, 기자들은 자신의 성장 과정과 학습 과정에 의해, 그리고 언론사는 자신의 정치적·경제적 이해관계 때문에 편향적일 수밖에 없다. 거의 모든 기자는 기사 작성 시 자신의 선입관과 주관이 개입될 수밖에 없어 완벽한 객관이나 중립은 존재할 수 없다.

둘째, 중립과 객관에 대한 잘못된 생각 혹은 오해로 인해 오히려 뉴스는 중립·객관을 지키지 못하고 있다. 정확히 말하면, 뉴스는 중립적, 객관적이며 공정해야 한다고 할 것이 아니라 '기자가 취재하는 과정'에서 중립·객관·공정을 지키려고 노력해야 하며, 그러한 노력 끝에 나온 뉴스는 사실과 논리에 근거를 둔 진실에 '편향되어야' 한다고 말해야 한다. 그러니까 중립·객관·공정은 '취재 과정의 중립·객관·공정'을 말하는 것이지 뉴스 그 자체의 중립·객관·공정을 말하는 것은 아니다. '취재 과정'에서는 기자가 어느 한쪽에 치우치지 않게 하고(중립), 자신의 주관적 생각에서 벗어나 제삼자의 관점에서 바라볼 필요가 있으며(객관), 어느 특정한 입장이 아닌 관련된 거의 모든 입장에 대해 귀를 기울여야(공정) 한다. 이것이 '취재 과정'의 중립·객관·공정이다. 그러나 기자는 그런 과정을 거쳐 취재한 뒤 합리적이고 상식적인 판단과 자신의 양심에 근거해 무엇이 진실인지 밝혀내 결국 시민들에게는 진실을 보여줘야 한다. '이런 팩트(주장)도 있고 저런 팩트(주장)도 있어 이를 다 보도할 테니 판단은 독자(시청자)가 알아서 판단하라'는 뉴스는 무책임한 보도다. 진실은 그것이 설령 '편향적'이라고 하더라도 언론이 보도해야할 최종의 목표이다. 그러나 많은 기자가 '뉴스는 중립·객관·공정을 지켜야 한다'는 신화에 빠져 양쪽의 중간에 어정쩡하게 선 채 진실을 제대로 보여주지 못하는 경우가 많다. '기계적 중립', '기계적 객관', '기계적 공정'에 빠져있기 때문이다.

뉴스는 갈등을 해소하는가 조장하는가

뉴스에는 좋은 소식만 있는 것은 아니고 보기 싫고 듣기 싫은 소식도 많다. 언론이 보도하는 뉴스에는 미담보다는 우리 사회의 온갖 갈등이 담겨 있다. 정치권력 간의 갈등, 노사 간의 갈등, 세대 간의 갈등, 계층 갈등, 지역갈등, 빈부격차의 문제, 젠더 갈등, 기업 간의 갈등, 남북한의 대결 등 한국 사회가 안고 있는 수많은 갈등이 뉴스를 통해 전해진다. '민주주의란 원래 좀 시끄러운 것'이라는 말도 있다. 문제는 이런 갈등을 어떻게 잘 해결해 나가는가에 달려있다. 언론이 이런 사회적 갈등을 해소하기 위해 노력하는 것은 언론 본연의 역할이고 사명이다.

그런데 한국 언론은 대체로 사회적 갈등을 해소하기보다는 더 크게 조장한다는 비판을 많이 받는다. 국민이 언론을 신뢰하지 않고 뉴스 보기를 꺼려하는 이유 중 하나다. 예를 들면, 우리나라 주요 언론들은 과거 남북 간의 갈등을 두드러지게 보도해 왔다. 특히 선거철이 되면 정치적 의도를 갖고 남북 간의 화해와 평화보다는 갈등 상황을 주로 보도하는 경향이 있었다. 언론에서 보도하는 청년세대와 기성세대의 갈등도 과장된 측면이 있다. 갈등으로 조장하고 상호 혐오를 부추길 뿐, 갈등을 해소할 어떤 좋은 대안도 제시되지 않고 끝나는 경우가 많다. 한국 언론은 노동자와 자본가의 갈등을 보도할 때 주로 자본가의 입장을 대변하면서 노동자는 과격·불법·폭력의 이미지를 많이 보도한다. 공론의 장을 마련해 수많은 사회적 갈등을 풀어가려는 노력보다는 갈등을 부추기거나 갈등 당사자의 한쪽 편을 지지하는 태도를 보이는 경향이 자주 나타나기도 한다.

뉴스의 여론조작: 의제설정과 프레임 조작

언론이 보도하는 뉴스가 가짜뉴스가 아니라면, 그것은 다행히도 사실 그대로이며 진실이라고 우리는 믿어도 되는 것인가? 뉴스는 팩트의 진위 여부와 맥락의 의미를 넘어 또 다른 차원에서 그것이 진실인지 아닌지 기로에 서게 된다. 어떤 뉴스가 여론시장에서 뉴스 소비자들에게 큰 관심을 끌게 되면 그것은 사회적 의제(아젠다, agenda)로 자리 잡는다. 언론이 뉴스를 통해 어떻게 아젠다 세팅(의제설정)을 하는지는 여론시장에서 매우 중요한 문제이다. 왜냐하면 어떤 아젠다가 더 중요한 아젠다를 누르고 그날의 아젠다로 세팅되면 여론시장의 흐름이 바뀌어 버리고 이는 여론조작으로 변할 수 있기 때문이다. 쉬운 사례가 북한 관련 뉴스, 연예인 관련 뉴스를 통한 아젠다 조작이다. 과거 권위주의 정부 시절 비판적 언론에 의해 정권의 비리, 대통령의 비리가 터져 나오면 정권은 수사·정보 기관이 미리 수집해 놓았던 유명 연예인의 도박범죄나 스캔들, 북한 관련 뉴스를 흘려 아젠다 바꿔치기를 시도한다. 사람들의 말초적 관심을 자극하는 연예인 스캔들이나 북한 관련 뉴스는 순식간에 포털을 뒤덮어 그보다 더 중요한 정권 비리 관련 뉴스는 사회적 의제에서 멀어지게 되는 것이다. 이런 뉴스는 가짜뉴스 문제나 뉴스의 맥락 읽기와는 상관없이 언론의 아젠다 세팅 기능을 통해 진실을 묻어버리고 여론시장을 교란·조작하는 현상이다.

팩트의 진위와 상관없이 여론을 바꾸는 언론의 수법으로 '프레임 바꾸기'가 있다. 뉴스의 '프레임'이란 어떤 이슈를 바라보는 창틀, 즉 관점이다. 같은 이슈 혹은 의제일지라도 이를 어떤 용어를 통해 전달하는가 혹은 어떤 측면을 강조해서 조명하느냐에 따라 그 이슈의 실체와 의미가 달라지기도 한다. 피라미드 사진을 옆에서 찍으면 삼각형이지만 위에서 찍으면 사각형으로 나오는 것과 같다. 여당과 야당의 논쟁을 민주주의 절차로 보면 정당한 것이지만 '정쟁'이라는 이름을 붙여놓으면 '한낱 소모적인 정치 이익집단끼리의 싸움'으로 비친다. 기업의 이익이 많이 났다면 이를 기업 경영진이나 오너의 실적으로 평가하느냐, 기업 노동자들의 노력과 성실로 평가하느냐, 혹은 국내외 시장이 호조를 보였기 때문으로 설명하느냐에 따라 다른 뉴스가 만들어진다. 언론이 부동산 뉴스를 보도할 때 아파트값 등락을 위주로 보도하면 투기를 조장하지만, 주거복지 측면에서 보도하면 거주민들의 삶을 행복하게 바꿀 수 있다.

뉴스를 제대로 읽고 이해하고 활용하는 방법

매일 뉴스를 접하지만, 뉴스를 정확히 그리고 제대로 읽는 것이 쉬운 일이 아니다. 뉴스 리터러시를 고민하거나 배워본 적이 없는 대부분의 뉴스 이용자는 뉴스의 여러 가지 문제를 알지 못하기 때문에 뉴스의 내용과 의미를 잘못 받아들이는 경우가 많다. 특히 사회적 학습이 아직 부족한 청소년들이 뉴스를 제대로 이해하는 법을 모른 채 뉴스를 읽으면 잘못된 가치관과 세계관을 갖게 될 수 있다.

독자와 시청자들이 뉴스의 편향성과 가짜뉴스 문제를 이해하는 것은 대단히 중요한 일이지만, 편향성과 가짜뉴스 때문에 뉴스를 회피하게 되는 것도 바람직하지 않다. 뉴스를 정확히 읽고 비판적으로 이해하면서, 뉴스를 회피하지 않고 제대로 활용하는 것은 건강한 사회생활, 그리고 민주주의 사회의 시민으로서 필요하고 중요한 일이다. 뉴스의 여러 문제점을 이해했다면 그다음 어떤 방법으로 뉴스 리터러시, 즉 뉴스 문해력 높이기를 실천할 수 있을까?

좋은 언론, 좋은 기자의 좋은 뉴스 찾아 읽기

우리 주변에는 수많은 뉴스가 수많은 매체를 통해 유통되고 있다. 이 가운데 좋은 매체를 골라 구독하거나 좋은 뉴스 기사를 골라 꾸준히 읽는 것이 좋다. 좋은 매체란 어떤 매체인가? 가짜뉴스가 적은 매체, 갈등과 혐오를 과도하게 부풀리고 조장하지 않는 매체, 편향된 주장을 위해 잘못된 팩트와 억지논리를 가져다 쓰지 않는 매체, 여론조작을 하지 않는 매체, 오보 정정과 사과에 적극적인 매체가 좋은 매체라고 할 수 있다. 이런 매체가 신뢰할 수 있는 매체이다. 한국언론진흥재단과 영국 옥스퍼드대학교 부설 로이터저널리즘연구소가 매년 국내 언론사별 신뢰도를 조사해 발표한다. 국내 몇몇 언론사도 여론조사기관을 통해 매체별 신뢰도를 조사해 발표하고 있다. 이 조사 결과를 참고해 신뢰도 높은 매체의 뉴스를 이용하는 것이 좋다.

한두 가지 매체만 골라서 구독하는 걸 원하지 않거나 주로 포털이나 유튜브 같은 뉴스 플랫폼을 이용해 뉴스를 보는 사람이 많다. 이런 경우엔 좋은 기사를 따로 찾아 읽어야 한다. 좋은 기사를 고르는 방법은 쉽지 않다. 오히려 나쁜 기사를 멀리하는 편이 쉽다. 나쁜 기사란 광고형 기사, 선정적인 기사, 취재원이 불분명한 기사, 이른바 따옴표 저널리즘이라고 하는 받아쓰기 기사, 어뷰징 기사, 취재보도윤리를 지키지 않는 기사 등이다. 한국신문윤리위원회, 언론중재위원회, 방송심의위원회는 매달 또는 정기적으로 선정적 보도, 혐오·차별·폭력 보도, 명예훼손 보도, 사생활 침해보도, 기사형 광고 등 비윤리적이고 위법한 보도를 골라 시정 권고나 주의·경고 등의 제재를 내린다. 이런 사이트를 찾아가 어떤 매체가 비윤리·위법 보도를 많이 하는지 확인해 보는 것도 좋은 방법이다. 한국광고자율심의기구에서도 별도로 기사를 모니터링해 기사형 광고를 가장 많이 보도한 매체 순위를 발표한다.

포털 뉴스 멀리하기

우리나라 뉴스 이용자들이 뉴스를 가장 많이 이용하는 플랫폼은 TV와 포털이다. 청년층에서는 점점 더 포털을 통한 뉴스 이용자가 느는 추세다. 포털을 통한 뉴스 이용은 공짜라는 점, 수많은 뉴스를 한 번에 볼 수 있고 자신이 보고 싶은 뉴스를 알아서 찾아주는 편리성 때문에 청년층뿐 아니라 거의 전 세대가 뉴스 포털을 애용한다. 그러나 포털을 통해 보는 뉴스는 '조각난 뉴스,' '조각난 현실'이어서 종합적 진실을 읽을 수 없다. 사건과 현상의 전체적인 모습을 알 수 없을 뿐 아니라, 사건과 현상 자체를 잘못 이해하게 만들기 때문에 잘못하면 세상을 바라보는 시각 자체에 문제가 생길 수 있다. 포털을 이용한 뉴스 소비보다는 한 두 가지 매체를 정하고 그 매체의 인터넷 홈페이지를 통해 하루의 뉴스를 체계적으로 소비하는 뉴스 문해력을 높이는 데에 도움이 된다.

최근 몇 년간 뉴스레터 서비스가 크게 주목받았다. 뉴스레터는 특정한 연령대, 특정한 직업군을 대상으로 매일 중요한 뉴스를 골라 요약 정리하고 핵심을 간단히 설명해 주는 뉴스 큐레이션 서비스다. 지금은 각 언론사가 이런 뉴스레터 서비스를 하고 있으니 마음에 들고 신뢰할 수 있는 매체의 뉴스레터를 받아보는 것도 뉴스를 소비하는 좋은 방법의 하나다.

팩트체크

가짜뉴스가 범람하고 위험성이 커지면서 뉴스의 사실 여부를 다시 점검하는 팩트체크 저널리즘이 출현했다. 뉴스 팩트체크가 활발해진 것은 2000년대 초중반 미국 대통령 선거 당시였다. 대선 후보와 정치인들이 많은 말을 쏟아 내지만 그것이 사실인지 허위인지 알 수 없어 유권자에게 혼란을 준다고 생각한 미국 언론들이 팩트체크 기사를 쓰기 시작했다. 한국에서도 2017년 대선 당시에 몇몇 언론사들이 팩트체크 팀을 두고 정치인 발언을 검증해서 관심을 끌었다. 지금도 팩트체크 전문매체와 몇몇 팩트체크 담당 기자들이 활동하고 있으나 보도가 활발하지 못한 상황이다. 그러나 팩트체크라는 말은 이제 일상적으로 사용할 만큼 사람들에게 널리 퍼졌다. 이는 가짜뉴스가 그만큼 광범위하게 퍼졌음을 반증하기도 한다. 뉴스를 읽을 때 그 뉴스가 사실인지 허위인지 의문이 든다면 국내 언론이 팩트체크한 사실이 있는지를 검색해 확인해 보는 것이 도움이 된다.

의심(Skeptical)하고 비판(Critical)하기:
가짜뉴스, 프레임조작, 여론조작에 속지 않기

예전에는 '뉴스에 나왔다'고 하면 반박 불가의 사실 혹은 진실이라고 생각됐지만 이제는 달라졌다. 뉴스에 나왔어도 가짜뉴스일 수 있다는 의심이 국민 사이에 넓게 퍼져있다. 일상 대화에서도 '그거 가짜뉴스 아니야?' 라거나 '팩트체크 해봐야겠다'는 말을 자주 사용한다. 불행한 일이지만, 이제 뉴스 소비자들은 뉴스에 대해 항상 의심해야 한다. 뉴스를 구성하는 팩트가 사실인지, 팩트의 조합은 논리적이고 상식적으로 합당한 지, 뉴스가 취재원이나 기자의 어떤 의도에 의해서 편향되거나 오염되거나 조작되지 않았는지, 뉴스가 종합적인 진실을 말하고 있는지 등에 대해 한 번쯤 의심의 눈을 가져보는 게 좋다. 이렇게 의심하고 비판적인 태도를 가지고 뉴스를 이해하는 것이 뉴스 문해력 향상의 기본이다.

좋은 뉴스, 좋은 언론에는 대가를 지급해야

우리는 거의 모든 뉴스를 공짜로 소비하고 있다. 사람들 사이에 '뉴스는 공짜'라는 인식이 자리 잡았다. 포털에서 모든 뉴스를 공짜로 보기 때문이다. 해외에서는 우리와 상황이 좀 다르다. 미국이나 유럽은 한국처럼 뉴스포털로 뉴스를 이용하지 않는다. 돈을 내고 종이신문을 구독하거나 인터넷판에 유료 회원으로 가입해 뉴스 기사를 읽는다. 미국의 권위지 뉴욕타임스는 종이신문 구독료 외에 별도로 인터넷판 유료 회원 가입으로 이익을 거두는 데 성공한 사례다. 일본은 여전히 종이신문 구독의 천국이다. 방송 뉴스도 공짜는 아니다. 방송을 보는 동안 시청자들은 광고를 봐야 한다. 우리나라에서는 종이신문을 돈 내고 사보는 사람도 거의 없고 인터넷판에 유료 회원으로 가입해 기사를 사서 보는 사람도 거의 없다. 그러나 한국의 공짜 신문 관행이 좋은 매체, 좋은 기사를 소멸시키는 원인으로 작용하고 있다. 공짜 뉴스를 포털에 올리는 한국 언론매체들은 오로지 포털의 조회수를 높이기 위해 저품질 기사, 가짜뉴스, 선정적 기사를 마구 유통하고 있다. 이런 기사들이 포털에 더 많이 노출되고 더 많은 조회수를 올려야 언론사들이 수익을 올리게 되기 때문이다. 반복되는 악순환을 끊으려면 독자와 시청자가 좋은 뉴스와 좋은 언론에 정당한 대가를 지급하면서 뉴스를 소비해야 한다. 좋은 매체의 후원이나 유료 가입을 해서 그 매체가 좋은 뉴스를 계속 생산하고 유통할 수 있도록 해야 한다.

가짜뉴스 백신이자 나쁜 뉴스 해독제- 뉴스 리터러시 교육

음식은 인간의 배를 채우고 뉴스는 우리 정신을 채운다. 상한 음식과 불량식품을 먹으면 배탈이 나고 병에 걸리듯, 나쁜 뉴스, 가짜뉴스를 보면 정신에도 탈이 생긴다. 오랫동안 나쁜 뉴스, 가짜뉴스를 소비하다 보면 심각한 정신적 장애를 겪을 수도 있다. 나쁜 뉴스와 가짜뉴스로 인한 피해를 미리 막는 백신이자 해독제가 바로 미디어 리터러시, 뉴스 리터러시다 교육이다. 뉴스를 접하기 시작하는 청소년이나 대학생에게는 더욱 필요하다. 자녀가 고등학교나 대학생 시절 뉴스를 읽고 보기 시작할 때 가정과 학교에서 뉴스 리터러시가 무엇인지 교육을 받도록 해야 한다. 많은 성인도 여전히 뉴스를 비판적으로 수용한다는 것이 무엇인지, 그리고 어떻게 하는 것이 비판적 수용인지 정확히 알지 못하고 있다. 대학이나 시민단체, 그리고 언론계, 언론단체, 언론학계에서 더 활발히 뉴스 리터러시 강좌 프로그램을 개설해 교육받을 수 있도록 해야 한다.

3장

시사 칼럼 활용 방안: 세상을 해석하는 방법

이완수

동서대학교 미디어콘텐츠대학 교수

요약

뉴스는 세상을 보여주는 렌즈(lens)이자 창(window)이다. 우리는 뉴스라는 창을 통해 세상의 문제를 파악한다. 우리는 뉴스가 보여주는 세상을 토대로 상호 토론과 대화를 한다. 민주 시민은 한마디로 미디어가 제공하는 뉴스를 중심으로 생각하고 토론하는 집단이다. 뉴스는 세상의 문제를 보여줄 수는 있지만, 세상의 문제를 합리적으로 해석하고 비판적으로 토론하는 데는 한계가 있다. 뉴스는 세상의 무엇을(what) 보여주는 데는 성공적이지만, 세상을 어떻게(how) 이해하는가에 대해서는 그다지 성공적이지 못하다. 우리가 사는 세상의 문제를 비판적으로 잘 이해하기 위해서는 어떻게 해야 할까? 필자는 신문 시사비평 칼럼(이하 신문 시사 칼럼) 읽기가 한 방법이 될 수 있다고 본다. 신문 시사 칼럼은 세상의 문제를 진단하고, 비평하는 해석자(interpreter) 역할을 한다. 신문 시사 칼럼은 세상의 복잡한 문제 가운데 우리가 특별히 관심을 기울여 토론해야 할 사회적 의제를 선택해 보여주며, 그에 대한 해석적 틀을 제공한다. 신문 시사 칼럼은 많은 사회문제 가운데 무엇이 중요하며, 원인은 어디에서 비롯하며, 책임은 누구에게 있으며, 문제해결은 누가, 그리고 어떻게 해야 바람직한가에 대한 방향을 제시해 준다. 신문 시사 칼럼은 현대 사회에서 사회 공론장의 핵심적인 기능을 한다.

🗂 글을 시작하며

교육의 기본 목표는 '교양 있는 시민(informed citizen)'의 양성에 있다. 교양 있는 시민이 많은 사회를 우리는 선진 사회라고 부른다. 한 국가의 역량은 교양 있는 시민의 수적 증가에 비례한다. 교양 있는 시민은 세상에 대한 보편적인 지식을 갖추고, 옳고 그름을 분간하고, 사회 공동선을 위해 노력하며, 합리적 의사결정을 내릴 수 있는 사람들이다. 오늘날 정치 불안이나 민주주의의 위기는 교양 있는 시민이 적은 데서 생긴다. 사회적 갈등과 불화는 대개 시민의 교양성이 부족한데서 일어난다. 사회적 무지와 혐오는 교양 있는 시민의 태도가 아니다. 합리적인 의사결정 대신에 집단적 정파성에 휩쓸려 드러내는 무례하고 혐오적인 태도는 반시민적이다(임인재 등, 2023). 후진적인 사회일수록 반시민적인 분위기가 지배한다.

우리의 미래 교육은 세상에 대한 분별력과 함께 타인에 대한 배려와 정중함, 그리고 이해와 합리적 덕성(virtue)을 갖춘 교양 있는 시민 양성에 맞춰져야 한다. 교양 있는 시민은 그냥 생겨나는 것이 아니다. 먼저 개인적 차원에서의 노력이 수반되어야 한다. 개인 스스로 교양을 갖춘 시민이 되기 위해서는 세상에 대한 올바른 이해가 필요하다. 세상에 대한 올바른 이해는 오해와 편견, 무지와 혐오를 줄이고, 대신 상식과 이성에 기반한 공적 지식(public knowledge)을 갖추는 데서 출발한다.

사회적 차원에서는 교양 있는 시민을 양성하고 사회 공동체의 선을 위해 적극적인 사회 교육이 필요하다. 교양 있는 시민 양성을 위한 방법의 하나가 미디어를 통한 사회 교육이다. 미디어는 보편적인 시민이 살아가면서 알아야 할 사회문제를 제시하고 이에 대한 해석적 틀을 제공한다. 그 가운데서도 뉴스 읽기는 민주시민에게 필수적이다. 뉴스는 세상을 보여주는 렌즈(lens)이자 창(window)이다. 우리는 뉴스라는 창을 통해 세상의 문제를 파악한다. 우리는 뉴스가 보여주는 세상을 토대로 상호 대화와 토론을 한다. 민주 시민은 한마디로 미디어가 제공하는 뉴스를 중심으로 생각하고 토론하는 집단이다.

뉴스는 세상의 문제를 보여줄 수는 있지만, 세상의 문제를 합리적으로 해석하고 비판적으로 토론하는 데는 한계가 있다. 뉴스는 세상의 무엇을(what) 보여주는 데는 성공적이지만, 세상을 어떻게(how) 이해하는가에 대해서는 그다지 성공적이지 못하다(Cohen, 2015). 우리가 사는 세상의 문제를 비판적으로 잘 이해하기 위해서는 어떻게 해야 할까? 필자는 신문 시사비평 칼럼(이하 신문 시사 칼럼) 읽기가 한 방법이 될 수 있다고 본다. 신문 시사 칼럼은 세상의 문제를 진단하고, 비평하는 해석자(interpreter) 역할을 한다(김창숙·배정근·이완수, 2023). 신문 시사 칼럼은 세상의 복잡한 문제 가운데 우리가 특별히 관심을 기울여 토론해야 할 사회적 의제를 선택해 보여주며, 그에 대한 해석적 틀을 제공한다. 신문 시사 칼럼은 많은 사회문제 가운데 무엇이 중요하며, 원인은 어디에서 비롯하며, 책임은 누구에게 있으며, 문제해결은 누가, 그리고 어떻게 해야 바람직한가에 대한 방향을 제시해 준다. 신문 시사 칼럼은 현대 사회에서 사회 공론장의 핵심적인 기능을 한다(김창숙 등, 2023).

📖 뉴스 리터러시를 위한 학습의 기본 원칙

뉴스 리터러시 교육은 그 사회의 민주주의 발전을 위해 중요하다. 하지만 한국 어린이나 청소년들은 미디어가 사회적으로 어떤 기능을 하는지, 뉴스가 어떻게 만들어지고, 뉴스 속 세상이 실제 세상과 어떻게 다른지 잘 알지 못한다. 청소년들은 뉴스가 우리 이웃과 세상의 문제를 제대로 알려주는지, 기자들은 사람들로부터 정보와 의견을 얻어 어떻게 뉴스로 만드는지, 기자들은 우리가 직접 경험하지 못한 세상에 대해 자신의 의견과 감정을 어떻게 투영하고 강화하는지, 보도 내용 가운데 부정확한 정보는 무엇인지, 기자들이 선택하는 단어와 표현에 따라 뉴스 메시지가 어떻게 편향화되고 부정확해질 수 있는지, 뉴스 보도에서 빠진 정보는 무엇인지, 기자들은 사람들이 알아야 할 것과 사람들이 알고 싶어하는 것 사이에 어떻게 균형을 맞추는지, 그리고 뉴스에 보도된 내용을 가족이나 친구들과 공유하고 사회적 문제에 대해 어떻게 생각하고 토론할 것인지를 알아야 한다(Hobbs, 2010). 뉴스가 만들어지는 과정과 뉴스에서 나타난 세상에 대한 문제를 어린 청소년들이 개인적으로 다 이해하기는 어렵다. 더구나 오늘날과 같은 가짜뉴스와 허위조작정보가 쏟아지는 사회에서는 진실과 허위 사이에 혼란을 겪을 수밖에 없다.

뉴스 리터러시 교육의 기본 방향은 비판적 사고, 사실의 분별력, 그리고 의사소통 능력을 길러주는 데 있다(Maksl et al., 2017). 한 사회에서 뉴스 리터러시 교육은 교양 있는 시민 양성을 위해 필수적이다. 저널리즘 학자인 홉스(Hobbs, 2010)는 효과적인 뉴스 리터러시 교육을 위해서 다음과 같은 일곱 가지 학습원리를 제안한다.

첫째는 학습자의 관심 분야가 무엇인지를 고려해 교육할 필요가 있다는 것이다. 어린 학생들의 학습효과는 그들의 관심 정도와 밀접하게 연관되어 있다. 학습 경험은 시간적으로 가장 최근에, 공간적으로 자신들이 살고 있는 지역 사회에서 일어난 뉴스 이벤트를 대상으로 하는 것이 효과적이다. 교사가 아닌 학습자인 학생이 스스로 알고 싶은 주제를 선택한다. 학생 스스로 자발적인 참여와 동기를 갖도록 해주는 것이 중요하다.

둘째는 뉴스 속에 나타난 사회문제에 대한 이해력과 분석력을 키워주는 일이다. 학습자는 뉴스 내용을 제대로 해석하고 뉴스의 형식과 구조에 대한 이해가 필요하다. 신문뉴스는 읽기(reading)를 통해 독해 능력과 분석능력을 키울 수 있는 유용한 텍스트이다. 우리는 어떤 경우에도 읽지 않고서는 독해력, 분석력, 그리고 이해력을 키울 수 없다. 뉴스 읽기는 세상에 대한 올바른 이해와 체계적 분석능력을 키우는 핵심적인 수단이다. 오늘날 청소년들은 '읽는 뉴스'가 아닌 '보는 뉴스'를 선호한다. 꼼꼼히 읽어야 할 뉴스 텍스트조차 제목을 중심으로 대충 보고 넘어간다. 뉴스는 보았지만, 정작 그 내용은 자세히 알지 못한다. 뉴스 리터러시 교육의 본질은 보기가 아닌 읽기에서 출발한다.

셋째는 질문의 중요성을 깨쳐주는 일이다. 학습과 토론은 질문을 시작으로 이루어진다. 좋은 질문이 좋은 응답을 하기보다 더 어렵다. 좋은 질문을 하기 위해서는 뉴스 읽기가 필요하다. 뉴스는 세상에 대한 질문거리를 제공하는 저수지(貯水池)와 같다. 우리는 뉴스라는 저수지에서 끊임없이 질문을 건져 올려야 한다. 교사뿐만 아니라 학생은 뉴스를 통해 질문의 가치를 배울 필요가 있다. 학습자는 뉴스 속에서 질문하고, 새로운 정보를 찾고, 아이디어를 개발하고, 호기심을 바탕으로 지식을 구축해야 한다. 교사의 질문에 대해 학생은 답변을 제시하고 자신의 의견을 뒷받침하기 위해 추론과 증거를 제시해야 한다. 이 과정에 질문의 가치는 매우 중요하다. 질문은 세계의 불확실성을 뚫고 나가는 일종의 탐색적 과정이다(김사승, 2023). 질문은 핵심적인 사회문제를 드러내며, 이에 대한 이해의 수준을 높여준다. 그러나 누구나 질문을 쉽게 할 수 있는 것은 아니다. 복잡한 세상에 대한 문제를 질문하기는 더 어렵다. 뉴스 리터러시 교육은 우리가 직면하고 있는 세상의 문제를 타당성 있게 질문하는 역량을 길러주는 데 유용하다. 토론을 통해 합리적인 결론에 도달하는 숙의민주주의(deliberate democracy)는 뉴스 속에 담겨 있는 중요한 사회문제에 관한 질문을 통해 실현된다.

넷째는 뉴스의 구성방식에 관심을 둘 필요가 있다. 뉴스 기사가 어떻게 구성되는지, 즉 단어, 이미지, 사운드와 그래픽 디자인의 창의적이고 전략적인 선택이 독자의 현실 인식에 어떻게 영향을 미치는지에 대한 교육이 필요하다. 뉴스 구성에 대한 교육은 표현과 현실 사이의 복잡한 관계를 이해하는 데 도움이 된다. 언론이 구성하는 뉴스 방식에 따라 세상에 대한 이해와 해석은 달라진다. 우리는 언론이 구성하는 뉴스의 표현방식을 프레이밍(framing)이라고 부른다. 프레이밍은 세상의 문제에 대한 인식을 결정하는 방식이다. 뉴스 구성과정을 잘 이해해야만 사회문제가 어떻게 결정되는지 이해할 수 있다. '뉴스 속 현실(reality in the news)'과 '세상 속 현실(reality in the world)'은 같지 않다. 뉴스는 세상의 현실을 반영하지만, 그렇다고 세상의 현실을 있는 그대로 보여주는 것은 아니다. 뉴스는 세상을 재구성하고, 재해석함으로써(Tuchman, 1978), 다른 세상을 보여준다. 뉴스의 구성과정에 대한 올바른 이해는 현실 세계를 제대로 파악할 수 있는 전제조건이 된다.

다섯째는 뉴스 읽기에서 얻은 새로운 아이디어를 활용해 비판적 분석을 하고, 자신의 삶과 연결해 보도록 교육하는 일이다. 교양 있는 시민의 자격은 세상에 무엇이 일어나고 있는지를 아는 것만으로는 충분하지 않다. 세상의 문제를 비판적으로 이해할 때 교양 있는 시민의 자격이 부여된다. 사회문제를 수동적이고 맹목적으로 받아들이는 것은 교양 있는 시민의 태도가 아니다. 교양 있는 시민은 사회문제를 비판적으로 해석하고 수용할 수 있어야 한다. 우리가 어떤 대상에 대해 비판적 분석을 하기 위해서는 뉴스의 무엇을, 그리고 어떻게 이해할 것인지를 알아야 한다. 우리는 민주시민으로서 기본적으로 알아둬야 할 사항에 대해 잘 알지 못하거나 배경이나 맥락을 모르면 비판적 분석을 할 수 없다. 비판적 분석능력의 부재는 세상의 문제를 맹목적으로 받아들이게 한다. 세상의 문제에 대한 맹목성은 옳고 그름을 구분하지 못하며, 일방적 주장에 쉽게 휩쓸리며, 정보에 대한 해석능력이 떨어지며, 개인의 지식구조를 취약하게 만든다. 세상의 문제에 대한 비판적 분석력은 문제에 대한 이해와 수용, 평가와 대안을 제시하는 데 유용하다. 한 사회의 민주주의 발전은 사회문제에 대한 시민들의 비판적 사고와 정비례한다.

여섯째는 뉴스 읽기를 상호 간 의사소통을 하는 수단으로 활용하는 것이다. 뉴스는 공동체 사회를 구축하는 의사소통의 수단이자 정보자원이다. 학습자 스스로 협업적 멀티미디어 구성을 통해 자신의 아이디어를 다른 사람과 공유할 필요가 있다. 도전적이고 의미 있는 미디어 장르와 형식을 사용해 새로운 메시지를 공동으로 작성해 보는 것은 가치가 있다. 소셜 미디어를 통해 타인과 뉴스를 공유하는 것이 좋은 예이다. 다만 사회적으로 '유익한(혹은 좋은) 뉴스'의 상호 교환이 중요하다. 여기서 '유익한 또는 좋은 뉴스'는 사회 공동체가 함께 토론해 볼 만한 가치를 지닌 사회적 의제(agenda)이다. 뉴스를 통해 제공된 사회적 의제에 대해 서로 공유하고, 토론하는 사회적 커뮤니케이션은 민주주의 발전을 위한 자양분으로 기능한다. 민주주의는 사회 구성원들 간의 호혜적 의사소통에 있으며, 뉴스는 이 호혜적 의사소통을 가능케 하는 원천이다. 우리가 사회적으로 가치 있는 의제를 공유하고 토론할 때 민주주의는 더 발전하고 성숙한다.

일곱째 뉴스 읽기를 통해 교실과 세상을 연결하는 일이다. 어디에서나 학교 교실은 현실과 달리 조용하면서 안정적인 질서 속에서 유지된다. 이에 반해 현실 세계는 복잡하고, 불안전하며, 역동적이다. 조용한 교실과 혼란스러운 현실 세계 사이의 경계를 통해 이상과 현실, 이론과 실제 사이에 존재하는 긴장과 모순을 학습자는 익힐 필요가 있다. 우리가 교실에서 배우는 학습 내용은 대체로 규범적이고, 추상적이다. 현실 세계에서 일어난 일들이 교과 학습 과정에 같은 방식으로 설명되기는 어렵다. 교과서를 중심으로 진행되는 교실 안 학습 과정에는 규범성과 추상성을 피할 수 없다. 그렇다고 교실에서 수행되는 교과 내용이 교육의 전부를 차지해서는 곤란하다. 뉴스 리터러시 교육은 교실에서 쉽게 배울 수 없는 현실 속 세상을 구체적으로 알려준다. 우리는 뉴스를 통해 세상에서 무엇이 일어났으며, 왜 일어났으며, 그리고 이를 어떻게 이해하고 해결할 것인지에 대해 학습하는 기회를 갖는다. 학교 교실과 바깥세상은 뉴스 읽기를 통해 연결된다. 뉴스 읽기는 미래 시민이 될 학생들에게 세상의 문제를 알려주고 비판적으로 이해하는 데 매우 유용한 수단이다.

위의 일곱 가지 학습 원칙은 뉴스 리터러시 교육을 고양하고, 확장하는데 유용성이 크다. 뉴스 리터러시에 대한 이러한 교육 관행은 학습자가 사회적으로 의미 있는 사회적 의제에 대한 종합지식, 비판적 사고, 분석능력, 그리고 의사소통 기술을 함양하는 데 도움이 된다(Maksl et al., 2017). 세상의 문제에 대한 이해와 해석, 그리고 표현은 특히 시사 칼럼 읽기를 통해 학습될 수 있다.

📑 시사 칼럼 읽기의 사회적 기능

신문 오피니언면의 핵심적인 장르 가운데 하나가 사회적으로 중요한 문제에 대해 개인의 생각을 비판적으로 표현하고 주장하는 시사 칼럼이다(Adeoye, 2014; Mikhailova, 2011). 시사 칼럼은 신문 오피니언 지면에 실리는 교수, 저널리스트, 기업인, 행정가, 과학자, 문화예술가 등 각 분야의 전문가에 의해 쓰여지는 뉴스 장르의 하나이다. 신문들은 매일 여러 전문가가 쓴 비평 칼럼을 오피니언 지면에 싣는다. 오피니언 면은 지식의 창고(倉庫)이자, 교양의 보고(寶庫)인 셈이다. 전문가들은 시사 칼럼이라는 공론장을 통해 사회 공동체에서 일어나는 문제에 대해 자유롭게 자신의 의견과 관점을 담아 비판적으로 제시한다. 신문 칼럼은 사회적으로 무엇이 문제이며, 이 문제를 어떻게 이해하고 해결하는 것이 바람직한가에 대한 비판적 시사점을 제공해 주는 기능을 한다. 그런 점에서 시사 칼럼은 사회문제에 대한 종합적 해설서이자, 비판적 텍스트라고 할 수 있다.

신문 시사 칼럼은 세상에 대한 통찰력과 문해력을 키울 수 있는 중요한 텍스트이다. 오늘날 다양한 뉴스 장르가 제공되고 있지만, 시사 칼럼은 민주주의 사회에서 핵심적인 의견 공론장 역할을 한다. 칼럼은 사회 구성원들이 공적 의제에 대해 자유롭게 자신의 견해와 주장을 펼치는 공적 토론장을 제공한다(Day & Golan, 2005). 시민 누구나 평등하고 자유로운 상태로 참여하고 자신의 의견을 제한 없이 개진할 수 있는 공론장(public sphere)이 바로 신문 칼럼이다. 칼럼이나 사설이 실리는 오피니언면의 존재는 숙의민주주의를 가능케 하는 전제조건이기도 하다(Wahl-Jorgensen, 2004; Woods, 2015). 이런 점에서 신문 오피니언면은 누구에게나 열린 공론장이고, 서로 다른 주장이 경합하고 토론할 수 있는 의견의 다양성이 보장되는 중요한 소통 공간이기도 하다(김창숙 등, 2023).

신문 시사 칼럼은 참여 민주주의의 도구로서 대중들에게 자신의 가치 중심적 견해를 알리는 통로로 기능한다(Hoffman & Slater, 2007).

정치·사회·경제적 현안을 논평하는 시사 칼럼은 우리 사회가 주목해야 할 공적 의제를 설정하고 이에 대한 주장과 의견, 그리고 해석과 대안을 제시한다(김창숙 등, 2023). 시사 칼럼은 무엇보다 우리 사회의 무엇이 옳고, 그른지에 대한 참과 거짓의 경계를 타당성 있게 구분 지어준다. 시사 칼럼은 전문 논평가들이 우리 사회의 무엇이 중요하고, 무엇이 문제이며, 어떻게 문제를 이해하고 해결해야 하는가에 대한 원인과 해법을 다양한 관점에서 제시한다. 우리가 시사 칼럼을 읽는다는 것은 칼럼이라는 창을 통해 세상의 풍경을 관찰하고, 해석하고, 평가한다는 의미를 지닌다.

시사 칼럼은 다양한 의제를 선택하고, 그 의제에 대한 프레임(frame) 구성을 통해 사회문제를 해석하고 조명한다. 따라서 사람들은 시사 칼럼이 현저하게 강조하는 의제와 프레임을 통해 특정 사회문제를 이해하고 해석한다(김창숙 등, 2023). 시사 칼럼의 프레임은 특히 사회 이슈의 성격과 방향을 가늠하는 평가 기준을 제시해 준다. 우리는 시사 칼럼 읽기를 통해 어떤 선택된 사회문제를 거시적 또는 미시적 관점에서 이해, 평가, 그리고 해석하게 된다. 오늘날 세상은 매우 복잡하고 혼란스럽다. 정치, 경제, 사회, 문화, 과학, 기술 등 우리 사회를 구성하는 복잡한 사회문제는 갈수록 이해하기가 어렵다. 거기에다 AI까지 등장하면서 우리는 진실과 허위를 올바르게 구분하기가 더 어려워졌다. 우리는 오늘날 무엇이 진실이고 허위인지 알기 어려운 미몽(迷夢)의 사회에 던져졌다고 해도 과언이 아니다. 경험이 부족하고, 세상의 이치와 규범에 미숙한 청소년들은 더 말할 필요도 없다. AI에 의해 이 세상에 존재하지도 않는 새로운 사실이 만들어지고, 세상을 제대로 알지 못하는 청소년들로서는 이를 그대로 믿을 수밖에 없다.

우리는 미디어, 특히 신문을 통해 세상이 어떻게 움직이고 변화하는지 안다. 그 가운데서도 시사 칼럼은 우리가 사는 세상의 무엇이 중요하고 잘못되었으며, 그리고 어떻게 이를 바로 잡아 해결해야 하는지에 대한 나침반 역할을 한다. 시사 칼럼은 우리가 사는 세상의 무엇이 중요하고 잘못되었으며, 그리고 어떻게 이를 바로 잡아 해결해야 하는지에 대한 나침반 역할을 한다. 시사 칼럼은 미몽의 사회를 밝혀주는 등대와 같다. 나아가 복잡한 세상에 대한 지형을 알려주고, 세상을 읽어내는 구체적 안목과 식견을 제공한다.

오늘날 한국 어린이와 청소년들의 가장 큰 문제는 읽고, 쓰는 데 익숙하지 않다는 점이다. 한국 청소년들은 입시용 이외에는 책을 잘 읽지 않는다. 자연히 활자를 통해 전달되는 문장이나 문맥을 이해하기 힘들어한다. 쉬운 단어를 제대로 이해하지 못하거나 엉뚱하게 해석하는 예도 많다. 우리는 글을 모르는 사람을 두고 문맹인이라고 부른다. 옛날에 글을 모르는 '문맹(文盲)'이라는 말은 사회적으로 흔했다. 오늘날 한국 어린이나 청소년들 가운데 '글을 모르는 문맹인'은 거의 없다. 하지만 정보화 시대에 세상의 문제를 제대로 이해하지 못하는 '사회적 문맹인'은 많다. 글을 안다고 해서 세상의 문제를 잘 아는 것은 아니다. 정보화 시대의 한국 청소년들은 역설적으로 사회 현실에 대해 무지한 문맹 세대다. 청소년들에 대한 뉴스 리터러시 교육의 필요성을 강조하는 것도 이런 이유 때문이다.

신문 시사 칼럼을 읽으면 무지에서 벗어나 세상에서 무엇이 중요하고 왜 중요한지 안다. 나아가 사회문제에 대한 시각과 관점을 키우고 이를 바탕으로 토론을 통해 비판적 안목을 키우는 데 도움이 된다. 시사 칼럼은 미래 세대를 이끌어갈 청소년들에게 사회문제에 대한 시각과 세상에 대한 비전과 안목을 제공한다. 신문은 매일 수많은 뉴스를 내보내지만, 그 가운데서도 시사 칼럼은 특별히 세상의 창(窓)을 보여주는 뉴스 장르의 하나이다. 칼럼을 읽는 행위는 곧 세상을 읽는 행위이다. 칼럼은 그날의 중요한 이슈나 최근의 정치, 경제, 사회문제에서부터 문화, 과학, 환경, 건강, 역사, 예술에 이르기까지 광범위한 주제에 걸쳐 다양한 식견과 비판적 관점을 제시한다.

오늘날 어린이나 청소년들의 가장 큰 문제는 세상을 읽어내는 논리적 식견이나 관점이 부족하다는 점이 꼽힌다. 어린이나 청소년들은 휘발성이 강한 스마트 미디어에 주로 의존하거나, 즉흥적인 연예 오락 콘텐츠에 몰입하면서 세상이 어떻게 돌아가는지 잘 알지 못한다. 우리가 사는 세상에서 무엇이 중요한지, 이 문제를 어떻게 해결해야 하는지에 대해 대체로 무지하다. 세상에 대한 식견이나 관점은 그냥 생겨나지 않는다. 시사 칼럼은 우리가 사는 세상에 무엇이 일어나고 있는지 알려주는 동시에 어떻게 일어났는지를 잘 보여준다. 우리가 사는 세상의 문제와 모순, 그리고 질서와 대안을 제시해 주고 일반 뉴스가 제공하지 못하는 사회문제에 대한 통찰력, 날카로운 의견과 주장, 그리고 통합적 해석과 합리적인 방향을 알려준다.

시사 칼럼은 전문가들이 사회적으로 중요하고 의미 있는 의제를 선택해 다양한 시각에서, 그리고 비판적 관점으로 전달하는 기능을 한다. 시사 칼럼은 사회 각계각층의 전문가들이 필자로 참여하기 때문에 세상에서 펼쳐지는 여러 모습을 다양한 시각에서 관찰하는 데 크게 도움이 된다. 그뿐만 아니라 세상의 복잡한 풍경을 친절하고, 자세하게 설명하고 해석해 주는 안내자 역할을 한다. 최근 인공지능이 등장하면서 허위조작정보와 가짜뉴스에 대한 사회적 폐해가 적지 않다. 거짓 정보(혹은 뉴스)가 진짜처럼 꾸며져 대중들에게 유포된다.

근거 없는 주장은 넘쳐도 믿을 수 있는 사실은 부족하다. 이럴 때일수록 주장과 사실의 경계를 명확히 구분 지어주는 전문가가 쓴 칼럼 읽기가 필요하다. 시사 칼럼은 다양한 교양 지식을 제공하고 복잡한 사회적 문제를 비판적으로 독해할 수 있는 안목을 길러준다는 점에서 훌륭한 인문학적 텍스트이자 사회과학적 지침서이기도 하다.

🗐 시사 칼럼의 유용성

시사 칼럼을 읽으면 이로운 점이 많다. 첫째, 시사 칼럼은 세상을 읽어내는 텍스트이다. 우리는 칼럼 읽기를 통해 세상에 대한 관점, 정보, 지식, 교양을 고루 배울 수 있다. 신문 칼럼니스트들은 각 분야의 전문가들로서 우리가 미처 생각하지 못했던 관점을 제시하는 것에서 나아가 다양한 정보와 지식, 그리고 비판적 시각과 역사적 통찰력을 함께 제공해 준다. 시사 칼럼은 우리가 알아야 될 사회적 의제와 시각을 동시에 보여주는 셈이다.

둘째, 시사 칼럼은 학생들이 상호 토론을 벌일 수 있는 이야깃거리를 제공한다. 개인 간의 대화 소재는 주로 미디어가 제공하는 사회적 의제에서 나온다. 시사 칼럼을 읽으면 대화의 소재가 생기고, 자연히 토론역량을 키우는 데 도움이 된다. 토론을 잘하기 위해서는 특정 이슈에 대한 지식, 문제의식, 그리고 자기만의 논점을 갖추는 것이 필요하다. 시사 칼럼은 특히 토론에 필요한 문제의식과 논리적 진술을 배우는 데 큰 보탬이 된다. 칼럼은 전문가들의 전문적 식견, 논리적 관점, 통찰력 있는 혜안을 제공하기 때문에 토론 능력을 키워준다. 토론에서 가장 중요한 요소는 논리성이다. 시사 칼럼은 사회적 문제에 대한 논리적 관점을 구축하는 데 도움이 되며, 토론역량을 강화시켜 준다. 시사 칼럼은 필자가 사회문제를 자신의 관점에서 비판적으로 기술하기 때문에 논리적 대화와 토론을 가능하게 한다.

셋째, 가짜뉴스가 홍수를 이루는 상황에서 시사 칼럼 읽기는 청소년들이 거짓과 진실, 주장과 사실을 구분할 수 있는 안목을 키우는 데 도움이 된다. 유튜브와 소셜 미디어가 지배하고, 거기에다 인공지능까지 등장한 오늘날 사회는 사회적 진실이 무엇인지 알 수 없는 지경으로 바뀌었다. 그런 점에서 칼럼 읽기는 '탈진실 시대'를 사는 우리가 참과 거짓을 구분할 수 있는 안목을 키울 수 있는 역량을 길러준다. 세상의 문제에 대해 무엇이 옳고, 그른지에 대한 문해력을 길러야 세상을 제대로 이해할 수 있다. 시사 칼럼은 사실의 진위(眞僞)를 드러내 보여주는 규율적 텍스트라고 할 수 있다.

넷째, 시사 칼럼은 글쓰기 역량을 키우는 데 도움이 된다. 칼럼을 읽고 토론함으로써 '관점이 있는 글쓰기 방법'을 자연스럽게 터득할 수 있다. 시사 칼럼은 세상에 대한 정보, 지식, 그리고 비판적 시각을 제공하는 데서 나아가 이를 바탕으로 글쓰기를 배우고 터득하는데 더없이 좋은 텍스트이다. 신문 칼럼은 개념, 표현, 관점, 논리와 같은 글쓰기에 필수적인 요소들로 구성되어 있다. 칼럼 자체가 좋은 글의 표본이다. 칼럼을 많이 읽으면 좋은 글을 많이 읽는 셈이다. 칼럼 가운데는 좋은 표현과 문장이 많다. 칼럼은 글쓰기에 기본 조건인 주제 선택, 논리적 구성, 표현력, 관점 제시를 고루고루 갖추고 있으므로 좋은 글의 표본을 보여준다. 칼럼을 많이 읽을수록 좋은 글을 쓸 수 있는 역량이 길러진다.

다섯째, 칼럼 읽기를 통해 자신을 표현하거나 근거를 제시하는 방법을 배울 수 있다. 사회적 커뮤니케이션에서 가장 중요한 요소는 설득력이다. 설득력은 논리적 증거 제시가 수반될 때 커진다. 칼럼은 어떤 쟁점 사안을 사람들에게 설득하는 커뮤니케이션 전략을 학습하는 데 큰 도움이 된다. 칼럼은 설득에 필수적인 글쓴이가 어떤 주제의식을 갖는지, 어떤 논리적 단서를 갖고 주장을 전개해 나가는지, 또 어떤 표현방식을 사용하는지를 익힐 기회를 제공해 준다.

여섯째, 시사 칼럼은 인문학적 소양과 함께 폭넓은 비평적 사고와 창의적 발상을 하는 데 도움이 된다. 시사 칼럼은 역사, 철학, 문학, 종교, 예술, 미학 등 인문학적 소양을 제공하는 콘텐츠를 많이 담는다. 시사 칼럼은 공동체 문제에 대한 비판적 사회 담론을 제공하기도 하지만, 인간이 살면서 추구해야 할 보편적인 가치와 미덕에 대한 인간 담론을 제공하기도 한다. 이는 생각하는 힘과 사고의 확장, 창의적 발상과 삶의 지혜를 아우르는 데 큰 도움이 된다.

일곱째, 시사 칼럼은 정치적 이념과 대립, 그리고 갈등과 불화(不和)를 해소하는 데 도움이 된다. 물론 칼럼이 정파적 이념에 따라 다른 관점과 시각을 강조함으로써 사회적 분열을 촉진한다는 비판도 있다. 하지만 시사 칼럼은 사회문제에 대한 합리적 해석과 판단 기준을 제공하기 때문에 일반 뉴스에 비해 상대적으로 합리적 태도를 유지한다. 한국 사회의 고질적인 병폐의 하나인 정치적 이념 대립은 사회적 갈등요소이다. 시사 칼럼은 이러한 이념 대결의 비합리성을 비판한다. 우리는 칼럼 읽기를 통해 정치적 이념 분열이 사회적으로 얼마나 소모적인지 비판적으로 성찰해 볼 필요가 있다. 그러기 위해서는 보수신문과 진보신문의 칼럼을 함께 읽는 것이 좋다. 한국 언론의 문제 가운데 하나가 자신들의 정치적 이념에 따라 같은 사회 문제를 전혀 다른 관점에서 다룬다는 점이다. 정치적 양극화나 집단 간 혐오는 같은 문제를 자신들의 이념적 잣대로 서로 다르게 재단(裁斷)하기 때문이다. 사회가 직면한 문제를 균형적으로 바라보기 위해서는 양면적인 시각을 동시에 읽을 필요가 있다고 하겠다.

인공지능(AI) 시대, 시사 칼럼의 역할

최근 들어 가짜뉴스(fake news)가 정치적 도구로 악용되면서 민주주의 위기론이 나온다. 언론이 스스로 가짜뉴스 양산자가 되거나 정치권력과 결탁할 목적으로 가짜뉴스를 재생산하기도 한다. 이런 가운데 외견상 거짓과 사실을 구분하기 어려운 AI 가짜뉴스가 대량 생산되면서 뉴스에 대한 분별 문제가 중요한 사회적 과제로 등장했다. 젤렌스키 우크라이나 대통령이 러시아에 항복하는 가짜 영상, 바이든 미국 대통령이 성전환에 대해 혐오하는 가짜 영상, 트럼프 전 미국 대통령이 수갑을 차고 경찰에 연행되는 가짜 사진, 미국 국방성 청사에 대형 폭발이 일어났다는 AI 생성 가짜 사진으로 미국

증시가 하락하는 등 수많은 허위조작 정보가 유포되어 사회적 혼란을 야기한다(최인준, 2023). 문제는 AI가 생성한 콘텐츠를 사람들이 의심 없이 믿는다는 사실이다. AI 발 가짜뉴스는 너무나 그럴싸하게 제작 유포되어 그 진위(眞僞)를 가리기가 어렵다.

컴퓨터가 만든 가상 인물이 화면에 등장해 말 상대를 해주거나 표정이나 어투가 실존 인물로 착각할 정도로 완벽하다. 컴퓨터 기술은 이미 가상 인물의 표정 변화는 물론 피부 속 솜털까지도 자연스럽게 재현해 낼 정도다. 누군가가 나쁜 의도로 실존 인물이 등장하는 허위 영상물을 조작해 유포시키면 대중들은 그 영상물에 속아 넘어갈 수밖에 없다. 어떤 조작 흔적도 남기지 않기 때문에 가짜 영상물을 판별하기는 사실 쉽지 않다.

뉴스 리터러시 교육은 AI의 허위 정보 대응을 위한 궁극적인 해법인 AI 리터러시를 제공하는 시민교육의 성격을 지닌다. 최신 소프트웨어 기술에 따라 전문지식이 없이도 동영상을 자유롭게 편집할 수 있으며, 심지어 동영상 속의 인물을 교체하거나 기존 영상물 속에 다른 장면의 영상물을 삽입시켜 주는 기술까지 생겨났을 정도다. 우리는 AI에 의해 진짜 정보보다 가짜 정보가 더 범람하는 무서운 세상에 산다. AI가 세상을 이끄는 4차 산업혁명 시대를 맞아 우리는 AI의 긍정적인 효과에도 불구하고 앞으로 전개될 '가짜 현실(fake reality)'에 대해 불안감을 떨칠 수 없다. 사람의 뇌가 미지의 영역이듯이 AI가 앞으로 어떤 방향으로 진화, 발전할지 누구도 알 수 없다. 우리는 뉴스 리터러시, 특히 전문가가 쓴 칼럼 읽기를 통해 AI가 만들어 내는 허위 정보나 뉴스에 대한 분별력과 안목을 기를 필요가 있다.

첫째, 시사 칼럼은 불확실한 AI 정보에 대한 올바른 지식과 이해를 제공한다는 점에서 유용성이 크다. AI 챗봇 서비스인 '챗(CHAT)GPT'의 역량이 알려지면서 사람들은 AI 시대에 도태될지 모른다는 심리적 불안감에 시달린다. 과거의 AI는 기존에 존재하는 데이터를 분석하거나 분류만 했다. 하지만 챗GPT는 새로운 글이나 이미지·오디오·동영상 등을 자유롭게 생성해 낸다. 무엇보다 사람이 질문을 하면 스스로 학습을 통해 점점 더 진화된 창작물을 내놓는다. 사람들이 일상에 스며든 AI를 효과적으로 활용할 방안을 모색하는 학습이 필요한 이유이기도 하다. 전문가들이 쓰는 신문 시사 칼럼은 AI 시대에 올바른 지식과 함께 보다 나은 삶을 살아갈 방법과 지식을 배우는 데 도움을 준다.

둘째, 시사 칼럼은 AI 시대에 빈번해지고 있는 허위 정보의 정치화 문제에 대한 비평적 평가와 해석을 제공할 수 있다는 점에서 유용성이 크다. AI에 의해 생산된 허위 정보는 이젠 정치판에서 상대를 공격하고 여론을 호도하는 목적으로 널리 악용된다. 허위 정보를 가려내는 팩트체크 사이트나 프로그램이 등장했지만 한번 퍼뜨려진 거짓 소문은 되돌려 담기 힘들다. AI 시대에는 이런 정치적 목적의 허위 정보가 더 교묘하고 빈번해질 것이 확실하다. AI가 만들어 내는 허위 정보를 식별하는 방법에 대한 여러 가지 팁들이 주어 지지만 일반 시민들은 그럴만한 능력이 없다. AI는 민주주의를 위협하고, 사회적 갈등을 유발할 수 있다. 그런 점에서 시사 칼럼 읽기는 AI에 의해 위협받고 있는 '민주주의'를 유지하고, '정보의 정치화'에 대한 사회적 예방에 기여할 수 있다.

셋째, 시사 칼럼은 AI에 대한 허위 정보나 뉴스에 대한 올바른 이해와 평가를 하는 데 도움을 줄 수 있다는 점에서 가치가 있다. 일반 미디어는 물론 소셜미디어를 통해 AI에 대한 잘못된 허위 정보가 유포될 때 'AI 공포증'이 더 커질 수 있다. 특히 소셜미디어는 잘못된 선택적 정보가 퍼져나가는 채널로 작동하기 때문에 AI에 대한 올바른 이해를 방해한다. 시사 칼럼 교육은 AI와 관련한 음모론이나 허위 정보에 대한 문제를 올바르게 이해하고, 긍정적으로 수용하는 데 도움이 될 수 있다.

넷째, 시사 칼럼은 시민들이 정보 소비를 하는 과정에 판단과 의사결정을 할 때 어떤 기준을 적용해야 하는지, 미디어 보도가 그들에게 미치는 심리적 영향요인은 무엇인지 파악해 보는 데 도움이 된다는 점에서 가치가 있다. AI에 대한 시사 칼럼 교육은 허위 정보의 요인이 무엇이며, 판단과 선택 과정에 어떤 정보 처리(information processing) 전략이 필요한지를 교육현장에서 직접 설명해 줄 수 있다.

다섯째, 시사 칼럼은 AI 시대를 맞아 사람들이 왜 허위 정보에 쉽게 속아 넘어가는지에 대한 심리적 요인과 인간 행동에 대한 통찰력을 제공한다는 점에서 가치가 있다. 사람들이 일상적인 허위 정보에 속아 넘어가는 심리적 메커니즘과 행동 양태를 시사 칼럼 읽기를 통해 학습함으로써 앞으로 일어날 AI 허위 정보에 대응하는 자세와 지혜를 배울 수 있다.

교실에서 어떻게 교육할 것인가

시사 칼럼 읽기를 통한 뉴스 리터러시 교육은 일반 교육 프로그램과 본질적으로 다르다. 무엇보다 특정한 교과서가 따로 없으므로 가르치기가 쉽지 않다. 칼럼의 주제나 내용이 셀 수 없이 다양해 어떤 한 가지 문제에 집중할 수 없다. 세상에 대한 종합적인 식견이 없으면 가르치기 어려운 것이 시사 칼럼 교육의 특징이다. 특히 사회문제를 비판적으로 다루는 시사 칼럼에 대한 교육은 우리가 직면하고 있는 사회문제에 대한 종합적 지식을 갖고 있어야만 가능하다. 교사 스스로 시사 칼럼을 많이 읽고, 사회문제에 대한 이해와 비판적 사고를 할 수 있는 역량을 갖추어야 한다. 시사 칼럼의 기능, 구조와 특징을 학생들에게 가르치기 위해서는 뉴스의 특성, 사회문제에 대한 이해와 해석, 특정 문제에 대한 종합적 지식에 대한 기본적인 이해가 필수적이다. 시사 칼럼 교육은 다음에서 기술하게 될 몇 가지 방법을 사용하면 효과적일 수 있다.

첫째는 학생 전원에게 지정된 신문의 칼럼을 학기 내내 의무적으로 읽도록 한다. 수업이 있기 직전 주에 실린 신문의 시사 칼럼을 읽고 분석한 뒤 수업에 참여하도록 사전에 공지한다. 수업의 주 교재는 신문의 시사 칼럼이다. 시사 칼럼은 교사가 선정하며, 학생들에게 매주 적어도 두세 개 이상의 시사 칼럼을 사전에 읽고 준비해 오도록 한다. 칼럼의 주제는 정치, 경제, 사회, 문화, 과학, 기술, 역사 등 다양하게 선택할 수 있다.

둘째는 모든 수강생은 매주 해당 칼럼을 읽고, 분석한 간이 리포트를 제출한다. 간이 리포트는 칼럼 주제, 칼럼의 핵심논지, 주장의 타당성, 칼럼에 대한 개인 의견 등을 중심으로 정리한다. 학생들은 A4 용지 1-2장 분량으로 정리해 제출하도록 함으로써 학생들의 개인 생각을 요약해 볼 수 있는 기회를 제공한다. 모든 학생은 시사 칼럼을 읽고 사전에 준비해 온 간이 리포트를 바탕으로 토론에 참여하도록 한다. 토론 참여는 필수이며, 토론 참여가 평가에 중요한 부분을 차지하도록 한다. 토론의 방법과 절차에 대한 사전 교육 시간을 갖는다.

셋째는 매시간 시사 칼럼에 대한 내용과 관점을 대표 발제자를 정해 프레젠테이션으로 발표하도록 한 뒤 본 상호 토론을 해볼 수 있다. 발표자는 칼럼니스트가 칼럼을 통해 무엇을, 어떻게 주장하는가를 중심으로 정리해 발표하도록 한다. 이는 발제와 토론자의 역할을 배분하는 전문가 연구 집단의 학회발표 방식을 활용한다. 이런 방법은 발표능력과 토론역량을 키우는 데 상당히 도움이 된다.

넷째는 칼럼이 쓰인 이유, 칼럼 주제의 참신성, 칼럼의 내용과 구성, 글의 방식과 수준 등 칼럼 구성 체계에 대해 분석하고 토론한다. 이는 칼럼이 우리가 사는 사회의 무엇을, 어떻게 바라보고 있는지를 파악하는 동시에 이를 전달하고 표현하는 방식, 즉 커뮤니케이션과 글쓰기 방식에 대해서도 학습한다.

다섯째는 신문사에 종사하는 현직 또는 퇴직 칼럼니스트를 초빙해 칼럼이 왜 사회적으로 중요한지, 칼럼을 쓸 때 어떤 점이 중요하게 고려되는지, 좋은 칼럼 쓰기를 위한 준비와 조건은 무엇인지, 인공지능과 소셜 미디어 시대에 칼럼을 특별히 읽어야 하는 이유 등 칼럼니스트들의 경험과 견해를 직접 듣는 시간을 갖는 것도 좋은 교육방법이다. 언론인 교육자가 자신이 취재 현장에서 경험했던 사실을 학생들에게 전해주는 것은 의미가 있다. 학생들에게 영감을 주고, 동기를 부여할 수 있으며, 세상과 거리가 있는 교실에서 긍정적인 변화가 기대된다. 한 학기 동안 최소한 2-3명의 전현직 칼럼니스트를 초빙해 시사 칼럼을 쓸 때 어떤 점을 고려하는지, 어떤 관점에서 글을 작성하는지 현장의 경험을 듣는 시간을 갖도록 한다.

여섯째는 학생 전원의 최종 과제로 특정 사회문제에 대한 칼럼을 직접 작성해 보는 시간을 갖는다. 칼럼 주제와 형식은 교사가 사전에 정해 공지한다. 글을 읽는 것도 중요하지만 스스로 직접 글을 작성해 보는 것도 필요하다. 시사 문제에 대한 글쓰기는 사회 현안에 대해 비판적 사고를 표현하는 작문이나 논술 능력을 키우는 데 크게 도움이 된다.

요약하면, 뉴스 리터러시 교육으로써 시사 칼럼 읽기는 (1) 사회적 기능에 대한 이해 능력, (2) 정보, 지식, 그리고 관점 추구 능력, (3) 정보나 지식에 대한 인식과 식별 능력, (4) 사회현안에 대한 비평적 평가능력, (5) 읽기와 표현능력을 길러준다(Malik, Cortesi, & Gasser, 2013).

글을 맺으며

한국 청소년들이 신문 시사 칼럼을 읽고 토론해야 할 필요성은 여러모로 많다. 첫째는 오늘날 청소년들이 가장 취약한 부분이 읽기습관이다. 청소년들은 주로 유튜브나 스마트 미디어와 같은 보는 매체에 의존함으로써 책이나 신문읽기에 소홀하거나 심지어 서툴기까지 하다. 정보나 지식은 보는 행위만으로는 제대로 습득되지 않는다. 지혜나 통찰력을 키우지 못함은 말할 것도 없다. 따라서 읽기습관은 중요하다. 신문 칼럼 읽기만큼 일상생활 속에서 읽기습관을 쉽고, 효과적으로 키울 방법도 별로 없다. 시사 칼럼은 전문가가 쓴 정제(精製)된 글이다. 읽기가 쉽고 편안하다. 대중적인 시사 칼럼은 학술 논문과 달리 분량이 많거나 글의 내용이 어렵지 않다. 우리가 매일 보고 듣는 세상의 문제에 대한 글이기 때문에 생소하지 않다. 나의 문제이고, 내 이웃의 문제이기 때문이다. 세상의 문제를 종합적으로 이해하고 해석하는데 이것만큼 좋은 텍스트도 없다.

둘째는 한국 청소년들이 칼럼 읽기를 통해 사회문제에 관심을 기울일 수 있도록 동기를 부여할 필요성이 있다. 미래 사회의 주인인 청소년들이 지나치게 사회문제에 무관심한 것은 사회적으로 바람직하지 않다. 민주주의는 사회문제에 대한 관심과 정치 참여를 통해 발전한다. 사회문제에 대한 무관심은 정치적 무관심으로 이어지고, 궁극적으로 민주주의의 토대를 무너뜨린다. 시사 칼럼은 사회문제에 대한 관심을 환기(喚起)시켜 주며, 나아가 민주 시민으로서 적극적인 사회 참여로 이끈다. 시사 칼럼은 우리가 평소 주목하지 않았던 사회문제를 논객이나 칼럼니스트들이 다루기 때문에 자연스럽게 사회 의제에 관심을 기울이게 만든다. 민주주의 발전의 핵심은 그 사회 구성원들이 사회문제에 대해 관심을 기울이는 데 있다.

셋째는 칼럼의 요체라고 할 수 있는 세상에 대한 안목과 식견, 그리고 관점을 칼럼 읽기와 토론을 통해 청소년들에게 제공할 필요성이 있다. 시사 칼럼은 세상의 무엇을 보는 것에서 나아가, 어떻게 보는가를 제시해 주기 때문에 비판적 문제의식을 갖추도록 하는 데 큰 도움이 된다. 교양 있는 민주시민은 우리 사회가 직면한 문제가 무엇인가를 아는 것만으로는 충분하지 않다. 대신 이 문제의 본질적 이유와 해법을 이해하는 비판적 사고를 할 수 있는 역량을 갖추는 것이 중요하다.

넷째는 칼럼 읽기를 통해 가짜뉴스를 판별하고 진실과 거짓, 사실과 주장의 경계를 구분할 수 있는 안목을 키울 수 있도록 도움을 줄 필요성이 있다. 사실과 주장이 뒤섞이고, 자신의 생각만 옳다고 고집하는 합리성이 실종된 '반지성주의(anti-intellectualism)' 시대에 칼럼 읽기는 올바른 가치판단에 도움이 된다. 우리가 매일 보고 읽는 뉴스가 세상의 사실과 진실을 모두 보여주는 것은 아니다. 그 뉴스의 무엇이 중요하고, 어떻게 이해해야 하는지에 대한 비판적 안목은 일반 뉴스가 아닌 주로 시사 칼럼을 통해 길러진다.

다섯째는 민주시민으로서 교양인을 양성하는데 칼럼 읽기 수업은 필요하다. 복잡한 현대 사회에서 교양인은 단순히 정보를 많이 아는 사람이 아니라, 세상의 문제를 비판적이고 논리적으로 설명하고, 이를 통해 합리적 혜안을 갖춘 사람이다. 칼럼 읽기는 사회적 식견과 덕성을 갖춘 교양인을 키울 수 있는 자양분을 제공할 것으로 기대된다. 인공지능 시대가 도래하면서 사회문제를 올바르게 이해하고 해석할 수 있는 능력의 중요성이 커졌다. 시사 칼럼은 인공지능 시대 사회문제에 대한 분별력을 높이는 데 도움이 된다.

필자는 그 방법의 하나로 뉴스 리터러시, 구체적으로 시사 칼럼 읽기를 제안한다. 뉴스 보도 과정, 수정헌법 제1조, 언론법 및 윤리와 같은 주제를 학생들에게 가르치는 것도 물론 중요하다. 하지만 그것은 소수의 어린 학생들에게는 흥미로운 주제가 될 수 있겠지만, 일반 청소년들의 뉴스 리터러시 교육의 본질은 될 수 없다. 학생을 위한 뉴스 리터러시 교육은 그들이 세상의 문제에 대한 이해와 균형 잡힌 종합적 시각을 갖도록 하는데 맞춰져야 한다. 뉴스 리터러시 교육은 맹목적으로 현실을 믿는 '사회 문맹인'을 줄이는 것이 중요하다. 비판적 사고와 합리적 의사결정을 할 수 있는 교양 있는 시민의 양성은 민주주의 발전을 위한 토대가 된다. 따라서 뉴스 활용 프로그램은 오늘날 세계 뉴스와 시사 문제에 대한 학습자의 비판적 사고와 의사소통 기술을 구축하는 데 중점을 두어야 한다. 뉴스 활용 능력 교육이 한국 저널리즘 관행에 대해 학생들에게 좌절감을 안겨준다면, 그것은 불행한 일이다. 언론이 권력에 대한 감시자이자 민주주의의 촉매자로서 우리가 추구하는 이상주의적 비전을 충족시키지 못한다면, 미래 세대인 학생들은 우리 사회에 대한 실망과 함께 무서운 냉소주의를 갖게 될 것이다.

당파적 정치와 이념적 대결을 유포하는 뉴스 제작은 단순한 선전에 불과하며, 진실을 먼지 속에 덮어두는 불법행위나 마찬가지다. 우리는 언론인들이 정치적 이념 선전의 첨병 역할을 하거나, 기업 유인물에 의존해 특별한 이익을 추구하거나, 잘못된 허위 정보를 세상에 퍼뜨리는지 감시하고 비판하는 능력을 갖추는 것이 중요하다. 이에 대한 좋은 대안이 신문 시사 칼럼 읽기이다. 시사 칼럼 읽기는 학생들에게 교양 있는 민주시민으로 성장할 기회를 제공해 준다.

그런 점에서 뉴스 리터러시 교육으로서 시사 칼럼 읽기는 몇 가지 기대효과가 예상된다. 첫째는 신문읽기에 익숙하지 않은 어린 청소년들에게 시사 칼럼 읽기를 통해 신문읽기의 흥미, 가치, 의미를 배우고, 그리고 그 유용성을 학습하는 데 도움이 될 것으로 기대된다. 둘째는 시사 칼럼 읽기를 통해 우리 사회의 주요의제가 무엇인지, 그 의제가 어떤 관점으로 해석되는지를 배울 수 있을 것으로 기대된다. 셋째는 시사 칼럼 읽기를 통해 사회문제나 의제를 토론함으로써 시사 문제에 대한 토론역량을 키울 수 있을 것으로 기대된다. 넷째는 칼럼 읽기와 토론을 통해 세상에 대한 안목을 키우는 데 도움이 될 것으로 기대된다. 칼럼의 주제, 내용, 관점, 주장의 근거, 방향을 이해하고 이를 토대로 토론함으로써 세상에 대한 창(窓)을 들여다 볼 수 있다. 다섯째는 사회과학적 분석력과 논리력, 그리고 인문학적 소양과 식견을 배울 수 있을 것으로 기대된다. 신문 칼럼은 각 분야의 전문가가 자신의 시선과 지식을 바탕으로 사회문제를 진단하기 때문에 종합적 사고를 키우는 데 도움이 된다. 청소년들이여, 칼럼을 읽고 세상을 읽어라.

4장

웹 콘텐츠 활용 방안:
디지털 네이티브를 위한 교육

강진숙

중앙대학교 미디어커뮤니케이션학부 교수

요약

　　이 글의 목적은 어린이와 청소년의 문해력 증진을 위한 웹콘텐츠 활용 방안을 모색하는 데 있다. 웹콘텐츠 중에서도 웹툰과 웹소설은 10대 이용자층의 핵심적 이용 장르로서 이용률이 높고 재미와 흥미를 바탕으로 문화적, 교육적 측면에서 활용 가치가 높다. 실제로 교육 현장과 공공기관, 시민사회단체 등에서 웹콘텐츠를 활용한 디지털 문해력 교육이 지속해서 실행되고 있다. 그러나 아직 디지털 문해력 교육 및 활동 차원에서 이 웹콘텐츠들을 활용한 교육 프로그램이 체계적으로 정립되거나 제도적 지원이 이루어지는 상황은 아니다. 기본적으로 디지털 문해력 증진을 위한 콘텐츠는 학령과 수준을 고려한 맞춤형 교육의 시각으로 활용할 필요가 있다. 디지털 세대인 어린이와 청소년의 경우, 재미와 흥미를 주는 웹툰과 이야기에 몰입할 수 있는 웹소설 장르는 맞춤형 교육 콘텐츠로서 고무적이다. 물론 현실적으로 과의존성이나 특정 장르에 편중된 경향들은 문제점으로 지적된다. 그럼에도 웹툰이나 웹소설은 댓글과 연계된 개방성, 사회적 통념 및 다양성의 가치를 성찰할 수 있는 이야기와 형식을 갖추고 있다는 점에서 긍정적이다. 이 글은 디지털 문해력의 정의와 세부 영역을 탐색하고, 이를 토대로 어린이와 청소년의 웹툰과 웹소설 이용 현황 및 특징을 살펴본다. 나아가 어린이와 청소년의 디지털 문해력 관련 웹 콘텐츠 활용 사례 및 특징을 검토한 후 문제점과 시사점을 논의한다. 이 글의 의의는 디지털 문해력 증진을 위한 웹콘텐츠 활용의 가능성을 탐색하고 더욱 실효성 있는 어린이와 청소년 디지털 문해력 교육 및 활동 방안을 모색하는 데 있다.

📄 디지털 문해력의 정의 및 세부 역량

디지털 문해력이란 무엇인가? 영미권과 독일어권에서 '디지털 리터러시(digital literacy)'나 '디지털 능력(digitale Kompetenz)'으로 표현되는 디지털 문해력은 어린이와 청소년에게 중요하다. 이들은 다른 세대에 비해 '디지털 네이티브'라고 불릴 정도로 유아기부터 청소년기에 걸쳐 미디어 이용 습관이 체득된 상태지만(강진숙, 2023), 동시에 성찰적 이용 방법을 터득할 필요가 있기 때문이다. 즉 미디어 접근과 활용 능력이 곧바로 성찰적이고 창의적인 이용 역량을 보증해 주지는 않는다는 점에서 디지털 문해력 교육이나 활동이 중요한 것이다.

그러면, 디지털 문해력은 어떻게 정의되고, 그 세부 역량은 어떻게 구분되는가? 여기서는 지금까지 제기된 학술적 정의와 세부 역량을 바탕으로 이 물음을 풀어가고자 한다. 우선, 디지털 문해력의 정의를 보면 다음과 같다(〈표 1〉 참조). 초창기에 이 개념을 제기한 폴 길스터(Paul Gilster)(Gilster, 1997)는 '컴퓨터를 통해 다양한 출처로부터 찾아낸 여러 형태의 정보를 이해하고 평가하며 통합할 수 있는 능력'이라고 정의하였다. 강진숙(2007)은 광의적 측면에서 인터넷과 디지털 미디어를 이용하는 데 필요한 기술적, 문화적, 사회적, 성찰적 능력이라고 정의하며, 실용적 측면에서 디지털 미디어 관련 지식과 비평, 능동적 이용과 창의적인 구성/제작 행위 능력이라고 언급하였다. 또한 르네 홉스(Renee Hobbs)(Hobbs, 2010)는 '디지털 미디어 리터러시(Digital and Media Literacy)' 용어를 제기하며, 모든 인지적, 정서적, 사회적 능력을 포괄하는 능력을 강조하였다. 유네스코(UNESCO, 2018)는 '업무와 기업가 정신을 위해서 디지털 기술을 안전하고 적절하게 이용하여 정보에 접근, 관리, 이해, 통합, 평가 및 생성할 수 있는 능력'을 피력하였다. 교육부(2021.11.24.)는 '2022 교육과정 개정에서의 기초 소양에 디지털 소양을 포함하며 모든 교과에 디지털 문해력 강화를 명시하였다. 즉 '디지털 지식과 기술에 대한 이해와 윤리 의식을 바탕으로, 정보를 수집·분석하고 비판적으로 이해·평가하여 새로운 정보와 지식을 생산· 활용하는 능력'을 말한다. 황용석, 이현주, 그리고 황현정(2023)은 '다양한 디지털 기술을 이용해서 새로운 가치(자아실현, 경제적 가치 구현, 사회참여, 문화향유 등)를 창출하는데 요구되는 역량'으로서 디지털 문해력을 정의하였다.

이처럼 디지털 문해력의 정의는 이론가와 기구의 주요 목표와 시각에 따라 다양하게 제시되었다. 이를 바탕으로 디지털 문해력의 하위역량을 살펴보면 세 가지 공통점이 발견된다. 우선, 디지털 미디어를 통한 정보의 이해와 평가를 강조한다. 이는 정보의 출처나 디지털 지식, 기술 및 기기, 데이터의 이해 등을 바탕으로 비판적 평가 및 비평, 비판적 사고력 및 분석력, 데이터·정보 문해력, 정보 수집 및 분석 등을 포함한다.

〈표 1〉 디지털 문해력의 정의 비교

출처	정의	세부 역량
Gilster (1997)	• 컴퓨터를 통해 다양한 출처로부터 찾아낸 여러 형태의 정보를 이해하고 평가하며 통합할 수 있는 능력	• 정보의 이해 및 평가 • 통합 능력
강진숙 (2007)	• 인터넷과 디지털 미디어를 이용하는 데 필요한 기술적, 문화적, 사회적, 성찰적 능력 • 디지털 미디어 관련 지식과 비평, 능동적 이용과 창의적인 구성/제작 행위 능력	• 디지털 미디어 관련 지식·비평 • 능동적 이용 • 창의적 구성/제작
Hobbs (2010)	• '디지털 미디어 리터러시(Digital and Media Literacy)': 모든 인지적, 정서적, 사회적 능력을 포괄하는 능력	• 기술 및 도구, 텍스트 사용 능력 • 비판적 사고력과 분석력 • 의미 형성 능력 및 창의력 • 반성과 윤리적 사고 • 협동을 통한 시민적 참여 능력
UNESCO (2018)	• 업무와 기업가 정신을 위해서 디지털 기술을 안전하고 적절하게 이용하여 정보에 접근, 관리, 이해, 통합, 평가 및 생성할 수 있는 능력	• 기기와 소프트웨어 작동 • 데이터·정보 문해력 • 소통·협력 • 디지털 콘텐츠 창조 • 안전 • 문제해결 • 업무 관련 역량
교육부 (2021)	• 디지털 지식과 기술에 대한 이해와 윤리 의식을 바탕으로, 정보를 수집·분석하고 비판적으로 이해·평가하여 새로운 정보와 지식을 생산·활용하는 능력	• 디지털 지식 및 기술 이해 • 윤리 의식 기반 정보 수집·분석, 비판적 이해·평가 • 정보·지식 생산 및 활용
황용석, 이현주, 황현정 (2023)	• 다양한 디지털 기술을 이용해서 새로운 가치(자아실현, 경제적 가치 구현, 사회참여, 문화향유 등)를 창출하는데 요구되는 역량	• 데이터 및 정보 역량 • 소통·참여 역량 • 콘텐츠 생산과 공유 역량 • 안전과 권리보호 역량 • 문제해결 역량

두 번째로, 공통으로 성찰적·능동적인 접근 및 활용 역량에 대한 강조점이 나타난다. 즉 반성과 윤리적 사고, 안전과 권리보호 등의 성찰적 접근과 능동적 이용이 그것이다. 마지막으로, 정보 및 지식의 창의적 제작 측면을 강조하는 시각이다. 예컨대, 창의적 구성/제작, 의미 형성 능력 및 창의력, 디지털 콘텐츠 창조, 정보·지식 생산 및 활용, 콘텐츠 생산과 공유 역량 등이 여기에 해당한다. 이러한 디지털 미디어 관련 이해, 평가/비평, 이용, 제작의 네 가지 세부 역량 외에도 몇 가지 역량이 추가된다. 즉 참여와 소통, 문제 해결 역량이 부가적으로 중요하게 제기되고 있다. 특히 챗GPT와 같은 생성형 인공지능이 활용되면서 문제해결 능력뿐 아니라 질문 형성 역량도 점차 중요해지고 있다. 이러한 점에서 디지털 문해력의 하위역량으로서 질문 형성 및 문제해결 역량을 유기적으로 연관시켜 제시할 수 있다. 인공지능과의 소통 과정에서 질문을 명확히 제시하기 위해서는 질문 형성 및 문제 해결 역량을 개발할 필요가 있는데, 이는 디지털 미디어를 활용한 정보판별력과 문제의식을 강화하는 활동을 통해 이루어질 수 있기 때문이다.

요컨대, 디지털 문해력이란 디지털 미디어 관련 기술과 지식의 이해를 바탕으로 비판적인 평가와 비평을 통해 성찰적·능동적인 접근 및 활용과 창의적인 제작을 수행하며 소통과 참여를 통해 문제해결을 도모할 수 있는 역량을 의미한다. 구체적인 하위역량은 디지털 미디어 관련 기술 및 지식의 이해 역량, 비판적 평가 및 비평 역량, 성찰적·능동적 접근 및 활용 역량, 창의적 제작 역량, 소통 역량, 참여 역량, 질문 형성 및 문제 해결 역량 등을 핵심적으로 포함할 수 있다. 이러한 디지털 문해력의 정의 및 7대 세부 역량을 정리하면 다음 〈표 2〉와 같다.

〈표 2〉 디지털 문해력의 정의 및 7대 세부 역량

정의	세부 역량
디지털 미디어 관련 기술과 지식의 이해를 바탕으로 비판적인 평가와 비평을 통해 성찰적인 이용과 창의적인 제작을 수행하며 소통과 참여를 통해 문제 해결을 도모할 수 있는 역량	• 디지털 미디어 관련 기술 및 지식의 이해 역량 • 비판적 평가 및 비평 역량 • 성찰적·능동적 접근 및 활용 역량 • 창의적 제작 역량 • 소통 역량 • 참여 역량 • 질문 형성 및 문제해결 역량

 어린이와 청소년의 웹 콘텐츠
이용 현황 및 특징

여기서는 어린이와 청소년의 웹콘텐츠 이용 현황 및 특징을 살펴보기 위해 한국콘텐츠진흥원(2022)의 〈2022 만화·웹툰 이용자 실태조사〉와 〈2020 웹소설 이용자 실태조사〉에 근거해 웹툰과 웹소설을 중심으로 핵심적인 사례들을 살펴보고자 한다. 웹툰과 웹소설에 초점을 두는 이유는 어린이와 청소년의 이용 빈도가 가장 높은 웹 장르이면서 동시에 학교 교육 및 활동 과정에서 문해력 증진을 위한 활용 미디어로서 두드러진 경향을 보이기 때문이다.

어린이와 청소년의 웹툰 이용 현황 및 특징

어린이와 청소년의 주 연령대인 10대의 웹툰 이용 빈도는 20, 30대와 함께 높게 나타났다. 한국콘텐츠진흥원(2022)의 조사에 의하면, 최근 3년간 연도별 이용 빈도는 2020년에 63.4%, 2021년에는 66.9%, 그리고 2022년에는 69.0%로 약 3%씩 증가 추세를 보였다. 그중에서도 주 1회 이상 이용 빈도는 10, 20, 30대가 다른 연령대보다 높았고, 구체적인 수치는 20대(77.8%), 10대(75.6%), 30대(72.2%) 순으로 나타났다. 또한 웹툰 정보의 획득 경로는 주로 친구나 주변 사람(64.2%)이 가장 높게 나타났고, 그 외 인터넷 커뮤니티/카페/갤러리(33.4%), 포털사이트(32.2%), SNS(32.0%), 유튜브(30.1%), 웹툰 전문 사이트(21.0%) 순으로 웹툰 정보를 얻고 있다. 특히 '친구나 주변인'을 통해 정보 획득한다고 응답한 비율은 다른 20대(49.5%), 30대(42.5%)에 비해 10대(64.2%)가 더 높은 수치를 보였다. 뿐만 아니라 일주일에 감상하는 웹툰 작품 수(회차 기준) 역시 10대(15.6%)는 다른 연령대(20대 12.6%, 30대 10.1%) 보다 평균 편수가 가장 높게 나타났다.

한편, 웹툰 주 이용 서비스의 경우, 10대(94.3%)는 다른 연령대

(20대 92.8%, 30대 88.0%)보다 더 빈번히 네이버 웹툰을 이용하고 있고, 그다음으로 카카오페이지(36.8%), 카카오 웹툰(20.3%), 인스타그램(18.9%), 네이버시리즈(18.4%), 레진코믹스(15.5%), 그리고 탑툰(8.1%) 순으로 이용하는 비율이 높게 나타났다. 이를 정리하면 다음 〈표 3〉과 같다.

〈표 3〉 어린이와 청소년의 웹툰 이용 현황

구분	연령대		
	10대	20대	30대
웹툰 이용 빈도	75.6%	77.8%	72.2%
웹툰 정보 획득 경로 (친구나 주변인)	64.2%	49.5%	42.5%
웹툰 감상 작품 수 (일주일, 회차 기준)	15.6%	12.6%	10.1%
웹툰 주 이용 서비스 (네이버 웹툰)	94.3%	92.8%	88.0%

출처: 한국콘텐츠진흥원 (2022). 2022 만화·웹툰 이용자 실태조사.
나주: 한국콘텐츠진흥원. 일부 통계자료들을 종합하여 재구성. 원 저작권자의 모든 권리가 보호됨.

이러한 조사 결과를 정리하면, 10대의 웹툰 이용은 주로 주 1회 이상 친구나 주변인을 통해 웹툰 정보를 획득하며 네이버 웹툰 서비스를 통해 다른 20, 30대보다 더 많은 웹툰 작품을 감상하는 것으로 분석된다.

어린이와 청소년의 웹툰 이용 이유 및 고려 기준 등을 살펴보면 다음 〈표 4〉와 같다. 구체적으로 살펴보면, 웹툰 감상 시간대는 주

중에는 오후 8시 - 자정 이전(38.2%)이 오후 10시-자정 이전(37.5%) 보다 더 높았고, 주말에는 오후 10시-자정 이전(41.5%)이 가장 많 았으며 주중과 달리 다른 시간대(오후 8시-오후 10시 이전 36.3%, 오후 1 시-오후 6시 이전 32.5%)도 고른 분포를 보였다.

〈표 4〉 어린이와 청소년의 웹툰 이용 이유 및 선택 기준

구분	특징
웹툰 감상 시간대	주중) 오후 8시 - 자정 이전 주말) 오후 10시 - 자정 이전
웹툰 주 이용 장소	집
웹툰 주 이용 기기	스마트폰
웹툰 주 이용 이유	오래전부터 이용하던 서비스라서 (처음부터 이용하던 곳)
선호 웹툰 작품 유무	있음
웹툰 선택 기준 (외부 요소)	인기순, 최신작, 지인/만화 커뮤니티의 추천
웹툰 선택 기준 (내부 요소)	그림/그림체, 소재/줄거리, 장르
선호 장르	액션, 코믹/개그, 로맨스판타지, 학원물 등

출처: 한국콘텐츠진흥원 (2022). 2022 만화·웹툰 이용자 실태조사.
나주: 한국콘텐츠진흥원. 일부 통계자료들을 종합하여 재구성. 원 저작권자의 모든 권리가 보호됨.

또한 웹툰은 주로 집(88.3%)에서 이용하며, 교통수단(지하철, 버스 등)(6.7%)이나 학교/학원(4.3%)에서는 거의 이용하지 않았다. 웹툰 이용 기기는 '스마트폰'으로 이용한다는 응답이 87.1%로 매우 높았고, 그 외 태블릿 PC(6.9%)나 PC(5.7%)는 미미하게 나타났다. 웹툰 주 이용 이유는 대부분 '오래전부터 이용하던 서비스라서(처음부터 이용하던 곳이라서)' 응답(58.5%)이 가장 높았고, 그다음으로 감상할 수 있는 웹툰 작품의 수가 많아서(48.4%), 무료로 감상할 수 있어서(37.2%) 순으로 이용 이유를 나타냈다.

10대의 경우, 대부분 즐겨보는 웹툰 작품이 있고(81.4%)(없음 18.6%), 웹툰 이용 시 '인기순'(58.9%)을 가장 많이 고려하였고, 그다음 기준으로 가격(유/무료)(31.0%), 최신작(26.7%), 지인/만화 커뮤니티의 추천(16.7%), 그리고 댓글의 평가(13.6%) 순으로 응답하였다. 특히 10대의 외부 선택 기준은 다른 연령대보다 '인기순, 최신작, 지인/만화 커뮤니티의 추천'을 더 많이 고려하고 있고, 내부 선택 기준은 '그림/그림체'(31.7%)를 보는 것으로 나타났다. 그 외에도 소재/줄거리(26.3%), 장르(25.5%), 작품성/예술성(15.5%), 특정 작가의 작품(4.1%) 순으로 선택하고 있다.

10대가 즐겨보는 웹툰 장르는 액션(41.5%)과 코믹/개그(40.8%), 로맨스판타지(38.4%), 학원물(37.2%) 등이 가장 두드러지게 나타났고, 그 외 판타지(32.2%), 현대 로맨스(30.5%), 드라마(29.8%), 일상(27.7%), 공포/스릴러(17.9%) 순으로 즐겨보고 있다.

요컨대, 10대 어린이와 청소년은 주로 오후 8시에서 자정 이전까지 주중에 웹툰을 집에서 스마트폰을 통해 감상하며, 웹툰을 이용하는 이유는 주로 처음부터 오래전에 이용하던 서비스기 때문이고,

즐겨보는 고유한 웹툰 작품이 있는데 선택 기준은 인기순으로 그림/그림체, 소재/줄거리, 장르 등을 주요하게 고려하며 주로 액션, 코믹/개그, 로맨스판타지, 학원물 등을 즐겨 보는 것으로 분석된다.

어린이와 청소년의 웹소설 이용 현황 및 특징

어린이와 청소년의 웹소설 이용은 '거의 매일' 이용하는 경향이 두드러지게 나타났다. 한국콘텐츠진흥원(2020)의 조사에 따르면, 최근 1년간 '거의 매일' 웹소설을 이용하는 빈도는 10대(57.6%)가 다른 연령대(20대 31.8%, 30대 31.9%) 보다 두드러지게 높게 나타났다. 웹소설 정보의 획득 경로로서 10대의 인터넷 커뮤니티/웹사이트 이용 경향(59.8%)은 다른 연령대(20대 53.5%, 30대 51.9%)와 유사한 경향을 띠었다. 10대가 웹소설을 주로 이용하는 플랫폼은 카카오페이지(76.5%)였고, 이는 다른 연령대(20대 70.8%, 30대 69.8%)보다 높은 비율을 나타냈다. 그다음으로 네이버 시리즈(10대 48.9%, 20대 53.1, 30대 51.0%), 문피아(10대 34.1%, 20대 18.2%, 30대 9.9%) 순으로 주 이용 플랫폼을 이용하였다. 특히 문피아의 경우 다른 연령대에 비해 10대의 이용률이 훨씬 더 높게 나타났다는 점은 주목할 만하다.

웹소설 유료 결제 빈도(1개월에 2–3번)의 경우, 다른 연령대(20대 30.3%, 30대 31.1%)에 비해 10대(28.1%)는 상대적으로 낮은 비율을 보였다. 이를 정리하면 다음 〈표 5〉와 같다.

〈표 5〉 어린이와 청소년의 웹소설 이용현황

구분	연령대		
	10대	20대	30대
최근 1년간 웹소설 이용 빈도 (거의 매일)	57.6%	31.8%	31.9%
웹소설 정보 획득 경로 (인터넷 커뮤니티/ 웹사이트)	59.8%	53.5%	51.9%
웹소설 주 이용 플랫폼 (카카오페이지)	76.5%	70.8%	69.8%
웹소설 유료 결제 빈도 (1개월에 2–3번)	28.1%	30.3%	31.1%

출처: 한국콘텐츠진흥원 (2020). 2020 웹소설 이용자 실태조사.
나주: 한국콘텐츠진흥원, 일부 통계자료들을 종합하여 재구성. 원 저작권자의 모든 권리가 보호됨.

분석 결과를 정리하면, 10대의 웹소설 이용은 거의 매일 이루어지며, 다른 20, 30대 연령층보다 더 빈번히 인터넷 커뮤니티나 웹사이트를 통해 정보를 획득하며 카카오페이지 서비스 플랫폼을 활용하고 있다. 웹소설 유료 결제 빈도는 다른 연령대에 비해 낮지만 10대의 경우도 1개월에 2–3번 결제하는 것으로 파악된다.

어린이와 청소년의 웹소설 이용 이유 및 선택 기준 등을 살펴보면 다음 〈표 6〉과 같다. 웹소설 이용 시간대를 보면, 주중에는 '오후 10시–자정 이전'(62.9%)에 주로 이용하고, 주말에는 주중에 비해 시간대가 고루 분포되는 경향을 나타냈다. 즉 오후 10시–자정 이전(57.2%)과 오후 8시–오후 10시 이전(51.8%)의 시간대가 유사하게 나타나는 한편, 자정 이후(44.8%), 오후 1시–오후 6시 이전

(44.5%)에도 웹소설을 이용하고 있다. 또한 웹소설 이용은 교통수단
(8.0%)이나 학교/학원(5.1%)보다 대부분 집(88.5%)에서 이루어졌고,
주 이용 기기는 거의 모두 스마트폰(91.6%)을 이용하며 그 외 태블릿
PC(4.2%)나 PC(3.2%)는 저조한 경향을 나타냈다. 즉 어린이와 청소
년의 경우, 웹툰뿐 아니라 웹소설도 주로 집에서 스마트폰을 통해
이용하고 있는 것이다.

〈표 6〉 어린이와 청소년의 웹소설 이용 이유 및 선택 기준

구분	특징
웹소설 이용 시간대	주중: 오후 10시–자정 이전 주말: 오후 10시–자정 이전, 오후 8시–오후 10시 이전
웹소설 주 이용 장소	집
웹소설 주 이용 기기	스마트폰
웹소설 이용 이유	무료한 시간을 보내기 위해, 스마트기기로 감상하는 것이 편리해서, 친구나 주변들이 추천해서
웹소설 선택 기준(외부 요소)	소재/줄거리, 장르, 인기순, 가격
웹소설 선택 기준(내부 요소)	장면에 대한 묘사가 뛰어난 작품
선호 장르 (1+2+3순위)	판타지, 현대판타지, 로맨스판타지, 로맨스

출처: 한국콘텐츠진흥원 (2020). 2020 웹소설 이용자 실태조사.
나주: 한국콘텐츠진흥원. 일부 통계자료들을 종합하여 재구성. 원 저작권자의 모든 권리가 보호됨.

웹소설을 이용하는 이유(1+2+3순위 통합)는 10대(79.1%)뿐 아니
라 다른 연령대(20대 72.2%, 30대 70.2%)도 유사한 비율로 무료한 시

간을 보내기 위해서라고 응답했고, 그다음으로 스마트기기로 감상하는 것이 편리해서(10대 67.2%, 20대 68.6%, 30대 67.3%) 응답이 높게 나타난 반면, 친구나 주변들이 추천해서(10대 29.3%, 20대 31.8%, 30대 26.1%)에는 저조한 반응을 나타냈다. 즉 무료한 시간을 대체하는 재미와 흥미로운 활동으로서 혹은 스마트 기기의 편의성으로 인해 웹소설을 이용하는 것이다.

웹소설 선택 기준의 외부 요소를 보면, 10대의 경우 소재/줄거리(50.8)를 우선시하는 한편, 20, 30대는 모두 인기순(53.1%, 56.0%)을 높게 보고 있다. 두 번째 기준은 10대가 장르(41.2%)에 둔다면, 20, 30대는 동일하게 소재/줄거리(38.6%, 37.9%)에 우선순위를 두고 있고, 가격 기준은 다른 연령대(20대 25.3%, 30대 26.7%)에 비해 10대(23.2%)의 경우 낮게 나타났다. 이와 함께 10대의 웹소설 선택기준의 내부 요소로 장면에 대한 묘사가 뛰어난 작품(78.8%)을 선호하고 있는데, 이는 다른 연령대(20대 73.1%, 30대 61.9%)보다 매우 긍정적인 반응으로 분석된다.

10대의 웹소설 선호 장르(1+2+3순위 통합)는 판타지(72.7%), 현대판타지(47.6%), 로맨스판타지(42.1%), 로맨스(34.1%) 등으로 높게 나타났다. 한편, 20, 30대의 경우, 판타지(64.5%, 58.2%), 로맨스(44.1%, 49.8%), 로맨스판타지(43.3%, 42.4%), 현대판타지(41.8%, 38.3%) 순으로 10대와 다른 반응을 보였다. 비교하면, 20, 30대가 모두 판타지 다음으로 로맨스 장르를 선호하며 이 둘의 복합장르나 현대 판타지에는 상대적으로 저조한 반응을 보였다면, 10대는 주로 로맨스보다 판타지 계열의 장르를 선호하는 경향이 뚜렷하게 나타났다.

요컨대, 10대의 어린이와 청소년은 주로 오후 10시에서 자정 이전까지 주중이나 주말에 웹소설을 집에서 스마트폰을 통해 감상하며, 웹소설을 이용하는 이유는 주로 무료한 시간을 재미와 흥미를 갖고 즐겁게 보내거나 스마트기기의 편의성 때문이고, 웹소설의 선택 기준은 외적 측면에서 소재/줄거리, 장르, 인기순, 가격 등의 순서로 선택한다면, 내적 측면에서는 장면에 대한 묘사가 뛰어난 작품을 선호하는 경향을 나타냈다. 선호 장르는 판타지 계열의 작품이 가장 높게 나타났고, 다른 20, 30세대와 달리 로맨스 작품에 대한 선호도는 낮은 것으로 분석된다.

🔖 어린이와 청소년의 디지털 문해력 관련 웹 콘텐츠 활용 사례 및 특징

여기서는 디지털 문해력을 증진하기 위한 웹 콘텐츠 활용 사례 중에서도 웹툰 활용에 초점을 두고 살펴보고자 한다. 웹소설에 비해 웹툰은 교육 현장과 공공기관 등에서 빈번하게 교육 자료나 비평 자료로 활용되고 있기 때문이다. 따라서 교육 현장, 공공기관, 시민사회단체로 구분하여 다양한 웹툰 활용 사례들을 조명한다.

교육 현장의 웹툰 및 웹소설 활용 문해력 교육 사례

(1) 교육부의 미디어 문해력 증진을 위한 웹툰 활용 사례

2019년 7월 28일 교육부는 〈학교 미디어 교육 내실화 계획〉을 발표하였다. 그 내용은 학교 안에 유튜브 영상이나 웹툰을 제작, 전시할 수 있는 공간을 만들어 웹툰 활용 교육을 지원하는 것이다(주현지, 2019. 7. 28). 이는 유튜브뿐 아니라 웹툰 작가 등 콘텐츠 크리에이터를 희망하는 학생들이 많아지면서 교육 방안으로 고려되었다.

또한 교육부는 2020년 4월 21일, 공식 블로그를 통해 학생들의 미디어 문해력을 높이기 위해 웹툰 형식을 활용한 초등 5~6학년용 '슬기롭게 누리는 미디어 세상(이하 미디어 세상)' 콘텐츠를 개발하여 '에듀넷 티클리어(https://edunet.net)'에 게재하였다고 밝혔다. 미디어 세상은 초등학교 5, 6학년 국어과 교육과정에서 미디어 연계 성취기준에 근거해 개발되었고, 총 21개 주제로 구분하여 제시한다(교육부 공식블로그 https://if-blog.tistory.com/10335). 예컨대, 디지털 문해력의 세부 역량 중 디지털 미디어의 이해 및 평가와 관련된 '거짓 정보와 마녀사냥 바로잡기', 창의적인 디지털 미디어 제작 역량을 개발하기 위한 '브이로그 만들기', 소통 역량 개발을 위한 '올바른 언어 사용' 등을 포함하고 있다. 그 형식은 웹툰 형식으로 동영상, 애니메이션, 인포그래픽 등을 결합시켜 디지털 네이티브의 특성을 반영하였다.

(2) 교육 현장의 웹툰 활용 교육 사례

교육 현장의 웹툰 활용 교육 사례는 어린이와 청소년들의 선호도에 맞춰 웹툰을 활용하여 독서 및 문해력을 함양할 수 있다는 점에서 의미가 있다. 2015년 서울 강동구의 한 중학교 교사가 중학교 3학년 국어 수업 및 독서 동아리를 대상으로 실행한 융합 교육 프로젝트 사례가 그것이다(박유신·임세희·정현선, 2016). 이는 2015년 독서교육 분야의 우수 사례로 선정되어 '서울강동송파교육청장상'을 수상한 바 있는데, 이를 정리하면 다음 〈표 7〉과 같다.

〈표 7〉 교육 현장의 웹툰 활용 수업 사례와 교육 및 활동 방법

수업 유형	웹툰 활용 사례	교육 및 활동 방법
국어	• 강풀 작가의 웹툰 감상: 〈그대를 사랑합니다〉, 〈순정만화〉, 〈26년〉, 〈이웃사람〉, 〈아파트〉	• 감상 후 사진 재구성, 이야기 붙이기 활동
'도서반' 동아리	'웹툰 프로젝트' 기획: • 만화의 거리 '재미로' • 강동구 '강풀 만화거리' • 서울 애니메이션센터 및 한국만화박물관 내 체험 교실 방문 • 작가와의 만남 및 홈페이지 방문: '책임 있는 미디어 독자 되기'	• 보고서 작성, 발표, 의견 교환: 가장 인상 깊었던 점, 가장 즐겁고 감동적이었던 작품, 작품에 관해 새롭게 알게 된 점, 더 가보고 싶은 장소, 실제 만나보고 싶은 작가 등 • 웹툰(만화) 창작수업 및 전시회기획 • 직접 만화가 홈페이지 방문, 댓글 읽고 쓰기: 웹툰의 댓글, 인터넷 윤리 토론

그 내용을 보면, 국어 수업에서 인기 웹툰인 〈그대를 사랑합니다〉, 〈순정만화〉, 〈26년〉, 〈이웃사람〉, 〈아파트〉 등을 감상한 후,

사진 재구성과 이야기 붙이기 활동 등을 수행하는 교육 방법으로 이루어졌다. 또한 '도서반' 동아리 수업의 경우, 동아리 활동 주제로 '웹툰 프로젝트'를 기획하여 실제 웹툰 관련 지역 및 공간을 실 체험한다. 예컨대, 만화의 거리 '재미로', 강동구 '강풀 만화거리', 서울 애니메이션센터 및 한국만화박물관 내 체험 교실 방문 후 보고서로 작성하여 발표하고 의견을 교환하는 것이다. 보고서 주제는 가장 인상 깊었던 점, 가장 즐겁고 감동적이었던 작품, 작품에 관하여 새롭게 알게 된 점, 더 가보고 싶은 장소, 실제 만나보고 싶은 작가 등을 포함한다. 그 밖에도 웹툰(만화) 창작 수업 및 전시회 기획을 통해 웹툰 활용 디지털 문해력 개발 교육을 수행하였다는 점에서 의미가 있다.

공공기관의 웹툰 활용 디지털 문해력 교육 사례

여기서는 공공기관의 디지털 문해력 개발을 위한 웹툰 활용 교육 중 초등학생을 대상으로 한 사례들을 중심으로 살펴보고자 한다 (⟨표 8⟩ 참조).

우선, 성남 미디어 센터는 5학년 이상의 초등학생과 중학생을 대상으로 '웹툰작가 영화감독 되다' 교육을 실시하였다. 2018년 1월 22일에서 2018년 1월 27일까지 일일 3시간씩 총 18시간 동안 진행된 이 교육에서 학생들은 쉬운 웹툰 제작 도구를 이용 및 제작하고, 웹툰 스토리 제작과 캠코더 촬영 및 영상편집을 한 후, 각자 만든 웹툰을 스토리보드로 활용하여 3분 영화를 제작하며 웹툰 북과 영화 DVD를 제작하고 시사회를 개최하였다.

또한 금천구립 가산도서관은 초등 고학년과 중학생을 대상으로 '도서관 미디어 클라쓰' 수업을 진행하였다. 2021년 8월 16일부터 2021년 9월 13일까지 총 5회에 걸쳐 이루어진 이 수업은 삽화를 그리고 만드는 과정을 체험하고, 웹툰을 바로 보기 위한 윤리관을 만드는 시간을 가졌다.

〈표 8〉 공공기관의 디지털 문해력 개발을 위한 웹툰 활용 교육 사례

기관	교육명	교육 대상	교육 기간	내용
성남 미디어 센터	웹툰작가 영화감독 되다	초5~ 중학생	2018.1.22.– 2018.1.27. (일일 3시간, 총 18시간)	• 쉬운 웹툰 제작 도구를 이용, 제작 • 웹툰 스토리를 직접 만들고 캠코더 촬영 및 영상편집 • 각자 만든 웹툰을 스토리보드로 활용, 3분 영화 제작 • 웹툰 북과 영화 DVD 제작, 시사회 개최
금천구립 가산 도서관	도서관 미디어 클라쓰	초등 고학년~ 중학생	2021.8.16– 2021.9.13 (총 5회)	• 삽화를 그리고 만드는 과정 체험 • 웹툰 바로 보는 윤리관 시간
김해시	즐거운 독서 웹툰 리터러시	초등 4~6 학년	2022.8.30. (총 1회)	• 2020년 문화체육관광부·한국만화영상진흥원의 '웹툰창작체험관 운영 및 조성사업 • 웹툰 제작과정, 웹툰 작가 진로 체험, 웹툰을 잘 활용할 미디어 문해력 교육

덧붙여, 김해시는 4~6학년의 초등학생을 대상으로 '즐거운 독서 웹툰 리터러시' 수업을 진행하였다. 2022년 8월 30일에 이루어진 이 수업은 2020년 문화체육관광부와 한국만화영상진흥원의 '웹툰창작체험관 운영 및 조성사업'의 일환으로 실시되었고, 그 내용은 웹툰 제작과정, 웹툰 작가 진로 체험, 웹툰을 잘 활용할 수 있는 미디어 문해력 교육 등을 중심으로 이루어졌다.

시민사회단체의 웹툰 모니터링 활동 사례

시민사회단체의 웹툰 모니터링 활동은 주로 여성 단체의 성평등 관점을 고양하기 위한 취지에서 진행되었다. 여기서는 민우회에서 실시한 웹툰 모니터링 활동 사례를 중심으로 살펴보고자 한다.

2021년에 고양여성민우회(2021)는 과거에 실시했던 '10대 시청자들이 선호하는 12가지 예능프로그램' 모니터링(2019)의 분석 지표를 적용하여 웹툰 모니터링을 진행하였다. 여기서 웹툰은 총 9 작품을 대상으로 하였는데, 구체적인 사례들은 다음 〈표 9〉와 같다.

모니터링 결과, 6가지 평가 항목을 중심으로 이 웹툰 사례들에 대한 분석이 이루어졌다. 우선, 성적도구화·성적대상화·성상품화의 항목에서 15세 대상 액션 장르의 〈더복서〉는 딸을 협박과 거래(전리품)의 대상과 성적대상으로 삼는 장면 등이 평가되었고, 15세 대상 드라마 장르들인 〈외모지상주의〉나 〈프리드로우〉는 각각 이야기

〈표 9〉 고양여성민우회의 웹툰 모니터링 활동 사례

작품명	내용	장르/권장 연령	모니터링 범위
〈더 복서〉	주인공 유가 재능 있는 복서를 찾던 전설적인 트레이너 K에게 눈에 띄어 세계적 선수로 커가는 과정	액션/15세	54–73화
〈싸움독학〉	일진에게 맞고 사는 서열꼴등 유호빈이 일진 저격 방송으로 인생 역전의 기회를 맛보고, '싸움 독학'을 결심하는 이야기	액션/15세	61–80화
〈바른연애 길잡이〉	매일 다이어리에 세워 둔 계획을 지키며 바른 생활을 실천하는 정바름의 캠퍼스 로맨스	로맨스/전체	129–148화
〈이번 생도 잘 부탁해〉	전생을 기억하는 여자의 열아홉 번째 인생의 로맨스를 다룸	로맨스/전체	32–51화
〈재혼황후〉	동대제국의 완벽한 황후였던 나비에의 욕망, 로맨스를 그린 웹소설 원작	로맨스/12세	42–61화
〈참교육〉	교권을 바로잡기 위해 '참교육'을 하러 다니는 교권보호국 감독관 나화진의 이야기	액션/15세	10–29화
〈프리드로우〉	한태성을 중심으로 벌어지는 청춘들의 시트콤 드라마	드라마/15세	366–385화
〈여신강림〉	완벽한 메이크업으로 여신이 된 주경을 둘러싼 로맨스물	로맨스/12세	137–156화
〈외모 지상주의〉	못생기고 뚱뚱해 괴롭힘만 당하던 주인공이 완벽한 외모로 바뀌면서 인생이 바뀌는 줄거리	드라마/15세	320–339화

출처: 고양여성민우회 (2021). 우리는 더 나은 디지털 세상을 원한다.
URL: https://goyang.womenlink.or.kr/publications/?q=YToxOntzOjEyOiJrZXl3b3JkX3R5cGUiO3M6MzoiYWxsIjt9&bmode=view&idx=9143144&t=board, 재구성. 원 저작권자의 모든 권리가 보호됨.

맥락과 상관없이 근육질의 벗은 남성의 몸을 그린 사례라는 점, 혹은 여성의 신체를 과도하게 노출해 묘사했다는 점에서 비평되었다.

두 번째는 성별 고정관념의 항목이다. 예컨대, 전 연령의 로맨스 웹툰인 〈바른연애 길잡이〉가 남성을 듬직하고 믿음직하며 강해야 하는 것으로 묘사하고, 12세 대상 로맨스 웹툰인 〈여신강림〉은 연애와 사랑에서 '남자 주도 여자 호응'으로 묘사된 점이 비평되었다.

세 번째는 폭력 정당화·낭만화·희화화의 항목이다. 비평의 초점은 청소년들이 즐겨보는 학원물에는 '좋은 폭력'도 있지만, 과도한 폭력 묘사가 매우 빈번하게 등장하고 상황에 따라 정당화되며, 남자 주인공이 폭력을 써야 멋있는 것으로 낭만화되고 있기도 한다는 점에 있다. 일례로, 15세 대상 드라마 장르인 〈프리드로우〉는 일진, 폭력을 미화, 학교 내 집단 폭력이나 따돌림, 비행행위가 정당화되었다면, 15세 대상 액션인 〈싸움독학〉은 힘없고 공부 못하고 가진 게 없으면 일진의 먹잇감이 되거나 촉법소년이면 범죄자라도 가벼운 처벌을 받는다는 그릇된 인식을 심어줄 수 있다고 평가되었다.

그 밖에도 외모차별·외모지상주의 항목이나 불법촬영·유포·소지 희화화, 사소화의 항목, 그리고 혐오, 비하 표현 항목 등에서 모니터링되었다. 15세 대상 드라마인 〈외모지상주의〉는 앞의 두 항목 모두에 해당되었다면, 같은 연령대 장르인 〈프리드로우〉는 불법 사이트로 수익을 버는 것을 '돈이 되는' 사업으로 포장한다는 점에서 불법촬영 등의 항목에서 비평되었다. 그리고 15세 액션 장르들인 〈싸움독학〉과 〈참교육〉은 각각 조폭들 앞에서 조신하게 손을 모아 앉은 여자 통역사를 비하한 점, 학폭으로 자살한 친구의 죽음에 대해 가해자가 망자를 비하한 점 등이 비평되었다.

이러한 웹툰에 대한 성관념 비평 항목과 내용은 디지털 문해력 개발을 위한 교육 사례에도 적용할 수 있다. 이를테면, 연령대와 장르별로 어떠한 주제와 윤리관, 다양성의 가치들을 표현하고 있는지 스스로 비평하고 글쓰기 및 발표 수업을 진행할 경우 무의식 속에 체득되는 왜곡된 성 관념과 폭력성, 불법 촬영 및 유포행위의 문제점을 성찰할 수 있을 것이다.

문제점 및 시사점

이상에서 보았듯이, 어린이와 청소년 세대층은 웹툰과 웹소설과 같은 웹콘텐츠를 집에서 매일 이용할 정도로 접근성이 높고, 유료 웹툰을 이용하는 마니아층의 사례들도 빈번히 나타나고 있다. 이러한 점에서 웹툰과 웹소설은 디지털 문해력 증진을 위한 웹콘텐츠로서 교육현장, 공공기관, 그리고 시민사회단체 등에서 계속 활용되고 있다. 여기서는 기존의 사례를 바탕으로 웹콘텐츠의 활용이 어떠한 문제점과 가능성이 있는지 살펴보고자 한다.

우선, 웹툰의 문제점을 중심으로 살펴보면 다음과 같다. 조요한·고은정·오준성·신성만(2018)은 고등학생 1~3학년을 대상으로 한 실험연구의 결과에 근거해 웹툰에 노출이 잦은 청소년들에게 웹툰의 중독적인 사용이 나타날 수 있다고 지적하였다. 특히 청소년이 미디어에 중독되는 이유는 심리적 스트레스, 낮은 자기통제력, 충동성 등의 심리적 취약성에 기인하며, 기본심리욕구의 좌절이나 불만족도 웹툰중독으로 이어질 수 있다고 분석하였다. 또한 오윤주(2021)는 웹툰의 장르적 특성에 따른 편중성과 획일성을 지적하고 있다. 웹툰의 장르가 이윤 추구를 최대 목표로 하는 산업화의 논리 속에서 로맨스, 판타지, 학교 폭력물 등에 편중되고 획일화되는 경향을 보인다는 것이다. 그 밖에도 교육계에서 웹툰이 비평이나 중요한 숙고 대상이 아니라 가벼운 오락 장르로 인식되는 경향도 웹툰의 교육적 활용 가능성을 제한하는 요인으로 분석된다. 이러한 제한점에도 불구하고, 웹툰과 웹소설이 10대 이용자들의 주요한 일상의 웹콘텐츠 장르라는 점에서, 그리고 청소년 이야기와 목소리를 들려주는 흥미와 재미의 콘텐츠라는 점에서 교육적 활용의 가치와 가능성은 열려 있다.

그러면, 웹툰과 웹소설은 디지털 문해력 증진을 위한 웹콘텐츠로서 어떠한 가능성이 있는가? 웹툰과 웹소설의 활용은 다음과 같이 세 가지 측면에서 긍정적인 특성을 지닌다. 먼저, 디지털 문해력 개발을 위한 교육적 활용의 가능성이다. 웹툰과 웹소설은 어린이와 청소년들을 위한 학교 수업과 공공기관의 디지털 문해력 증진을 위한 교육 콘텐츠로 적합하다. 그 이유는 이 두 웹콘텐츠는 댓글을 통한 개방성, 판타지와 로맨스의 즐거움과 오락성, 이해가 용이한 대중성, 창작자와 이용자 간의 참여 및 공유를 통한 상호작용성 등 고유한 특질을 지니고 있기 때문이다. 특히 교과교육의 경우 웹툰의 교육적 활용 가치는 많다(설연경, 2020). 그 이유는 흥미로운 이야기로 자연스럽게 교육에 접근할 수 있을 뿐 아니라 웹툰의 배경 이야기를 활용해 교육의 맥락적 자료를 활용하는 창의적인 교육이 될 수 있기 때문이다.

두 번째로 웹툰과 웹소설의 활용은 취약계층 및 사회적 소수자에 대한 다양성의 가치를 체득하기 위한 어린이와 청소년의 디지털 문해력 활동에 적합하다. 예컨대, 장애인, 학교밖청소년, 노인 등의 이야기를 담은 작품들을 활용할 수 있다. 청각장애인의 자전적 이야기를 담은 〈나는 귀머거리다〉(2015~2017)나 학교밖 청소년 작가의 〈학교를 떠나다〉(2015~2016), 성 소수자의 이야기를 풀어내는 〈모두에게 완자가〉(2012~2015), 〈이게 뭐야〉(2014~2021) 등이 있다(오윤주, 2021). 또한, 70대 후반 노인들의 삶과 사랑을 다룬 강풀의 〈그대를 사랑합니다〉(2007)는 나이 듦의 의미나 독거 노인여성의 삶과 사랑을 이해할 수 있는 웹툰 사례들이다. 이러한 웹툰 활용의 방법은 어린이와 청소년들이 유년기부터 주변화되었던 목소리에 관심을 갖고 다양성 가치와 공동체 의식을 체득할 기회를 제공한다는 점에서 의미가 있다. 이를 위해 디지털 문해력의 세부 역량 중 비평, 접근/활용 역량을 목표로 어린이와 청소년 대상 교육 콘텐츠를 개발할 수 있다.

마지막으로, 웹툰 및 웹소설을 활용해 청소년 이야기와 사회적 이슈에 대한 성찰적인 디지털 문해력을 함양할 수 있다. 특히 청소년과 학교 이야기를 중심으로 하는 웹툰의 '학원물'이나 웹소설의 청소년 주인공 소설은 청소년 또래문화와 사회적 이슈들을 상호 연계하여 보다 큰 공감대를 형성할 수 있다. 이와 관련하여 웹툰을 중심으로 사례들을 살펴보면 다음 〈표 10〉과 같다.

〈표 10〉 청소년 이야기와 사회적 이슈 관련 웹툰 사례

이슈	제목	청소년 이야기와 사회적 이슈
학교 폭력	〈참교육〉 (시즌 1: 2020 ~ 2023, 시즌 2: 2023)	2011년 체벌금지법 통과 후 교권 붕괴 사회 배경, 가해 학생에게 피해 학생의 고통을 체험하게 함 • 학교 폭력의 문제점과 제한적인 대응 및 개선 방안에 대한 검토
외모 중심주의	〈외모지상주의〉(2014~2023)	• 외모 중심의 사회적 통념과 차별에 대한 검토
재난 대처	〈방과 후 전쟁활동〉 (2012~2013), 〈유쾌한 왕따〉 (2014~2016, 2023)	• 학교 배경의 재난에 직면해 청소년들이 겪는 혐오와 연대 검토
성별 고정관념	〈불릿 6미리〉 (2020~2021)	• 대부분 남성 캐릭터인데, 여기서는 여고생이 에어소프트 게임 마스터가 되는 이야기를 통해 성별 고정관념 검토
노동 문제	〈송곳〉(2013~2017), 〈미생〉(2012~2016)	• 노동과 삶, 사회적 이슈에 대한 검토

예컨대, 웹툰 〈참교육〉(시즌 1: 2020 ~ 2023, 시즌 2: 2023)은 2011년 체벌금지법 통과 후 교권 붕괴 사회 배경, 가해 학생에게 피해 학생의 고통을 체험하게 하는 이야기이다(최배은, 2021). 이를 통해 학교 폭력의 문제점과 제한적인 대응에 대한 찬반 토론, 나아가 학교 폭력 개선 방안 등을 논의 및 검토할 수 있다. 또한 〈외모지상주의〉(2014~2023)는 외모 중심의 사회적 통념과 차별에 대해 검토할 수 있는 사례이며, 〈방과 후 전쟁활동〉(2012~2013)이나 〈유쾌한 왕따〉(2014~2016, 2023)는 학교 배경의 재난에 직면해 청소년들이 겪는 혐오와 연대를 성찰할 수 있도록 한다. 덧붙여 성별 고정관념에 대한 이슈로 〈불릿 6미리〉(2020~2021) 사례를 들 수 있고, 〈송곳〉(2013~2017)과 〈미생〉(2012~2016)은 사회적 이슈와 관련해 현재적이고 즉각적인 문제의식을 담아낸다는 점에서 활용 가치가 높다(오윤주, 2021). 즉 노동의 현실과 불평등한 삶, 그리고 사회적 이슈 등을 검토하는 이야기라는 점에서 디지털 문해력 교육 콘텐츠로서 의미가 있다. 이러한 웹툰뿐 아니라 청소년 이야기를 담은 웹소설 등의 사례들도 디지털 문해력 증진을 위해 활용할 수 있기 때문에 체계적인 웹콘텐츠 개발이 요구된다. 윤미영(2022)은 고등학생 독자 250명을 대상으로 웹툰 및 웹소설 경험에 대한 설문 조사를 실시하였는데, 연구참여자 중 87.2%의 학생이 웹툰을 읽은 경험이 '있다'고 응답한 반면, 웹소설은 67.6%의 학생이 읽기 경험이 '없다'라고 응답하였다. 그 이유는 웹툰과 웹소설의 장르적 특징, 주요 독자층의 차이, 사회적 인식 등에 기인했는데, 주목할 것은 고등학생 독자들에게 웹툰은 '재미'로, 웹소설은 '독서 경험'이고 읽기 능력 향상에 도움이 된다는 인식이 두드러지게 나타났다는 점이다. 따라서 디지털 문해력 증진을 위한 웹툰과 웹소설 활용 방안으로서 흥미와 재미를 바탕으로 사회적 이슈를 검토하는 웹툰 활용과 읽기 능력 향상을 위한 웹소설 활용과 같은 교육 콘텐츠의 개발이 요구된다.

에필로그

이상과 같이 어린이와 청소년의 디지털 문해력 증진을 위한 웹콘텐츠 활용 사례 및 가능성을 살펴보았다. 디지털 문해력은 조기 미디어 교육을 위해 중요한 디지털 세대의 역량이다. 앞에서 정의했듯이, 그것은 디지털 미디어 관련 기술과 지식의 이해를 바탕으로 비판적인 평가와 비평을 통해 성찰적인 이용과 창의적인 제작을 수행하며 소통과 참여를 통해 문제해결을 도모할 수 있는 역량이다.

이러한 디지털 문해력을 증진하기 위해 웹콘텐츠 중에서도 웹툰과 웹소설은 교육적 활용의 가치와 의미를 담고 있다. 웹툰이 어린이와 청소년들의 일상성과 목소리를 키워나가는 재미와 흥미의 놀이터라면, 웹소설은 독서 경험을 확장할 수 있는 상상력의 실험 현장일 수 있다. 이들 웹콘텐츠에 대한 여러 비판적 평가도 존재하지만, 기본적인 문화적, 교육적 활용의 가능성은 아직도 긍정적으로 열려 있다.

중요한 것은 디지털 문해력을 증진하기 위해 웹툰이나 웹소설을 활용할 수 있고, 교육 및 활동 자료들에 대한 재정적, 정책적 지원을 누가 어떻게 할 것인가 하는 점이다. 교사 개인의 역량이나 개별 학교 및 가정에 전적으로 이 작업을 일임하기 전에 정부와 지자체, 관련 공공기관들의 범부처 단위의 디지털 문해력 정책과 웹 콘텐츠 활용 방안이 모색되어야 한다. 디지털 문해력뿐 아니라 미디어 문해력 관련 법안이 체계적으로 정립될 수 있도록 초당적 정책 기구가 필요한 것은 이 까닭이다. 더 중요한 것은 어린이와 청소년들에게 웹툰과 웹소설을 활용한 디지털 문해력 교육은 어른의 욕망 경제에서 벗어나 자기 목소리와 상상력을 키워나가는 지름길이라는 점이다.

5장

교과서 활용 방안:
문해력 중심의 교과서 개발 및 혁신 필요

윤세민

경인여자대학교 영상방송학과 교수

요약

　　오늘날 문해력은 인문학적·비판적 사고 함양에는 물론 실생활을 살아가는 데 필요한 능력과 지식과 지혜를 주는 든든한 버팀목으로 평가되고 있다. 교과서는 학교 교육의 기본 자료요 텍스트다. 학생들의 문해력을 증진시키는 데 있어, 교과서만큼 중요한 것도 없다. 실제로 학교 교육은 교과서 활용을 통해 여러 영역과 활동에서 학생들의 문해력을 증진시키고 있다.

　　학교 교육에서 문해력 교육의 문제점으로는 제도의 미비, 교사의 미비, 교재의 한계, 학생들의 참여 부족, 학생 수준 차이 등이 있는데, 이를 극복하기 위해서는 제도의 개선, 교사들의 노력, 교재의 개발과 개선, 학생들의 적극적 참여, 교육 및 학생 수준의 균형 유지, 실제적 '매체 문해력(미디어 리터러시)' 교육 강화 등이 절실히 요구된다.

　　문해력 증진을 위한 교과서 활용 방안으로는 문해력 중심의 교과서 개발과 개선, 학생들 수준 고려한 적절한 난이도 조정, 주제의 다양성 및 다양한 관점과 배경 반영, 실생활과 연결시키는 내용과 텍스트 구성, 비교와 비판적 사고 활동 촉진, 적극적 참여 활동 유도, 교사 스스로 문해력 전문가 되기 등이 있는데, 이 방안들은 교과서를 효과적으로 활용하여 학생들의 문해력을 증진시키는 데 실제적 도움이 될 것이다.

　　학교 교육에서 문해력 증진을 위한 교과서 활용은 앞으로 개별화된 학습 경험, 디지털 콘텐츠 활용, 인터랙티브한 학습 경험, 데이터 기반 학습 분석, 다양한 언어 및 문화적 배경 포용 등의 전망을 기반으로 더욱 발전할 것으로 예상된다. 학생들의 실제적 문해력 증진을 위해서 교과서는 계속해서 혁신과 발전을 이뤄가야 할 것이다.

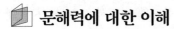 문해력에 대한 이해

인간이 한 사회의 구성원으로서 살아가는 데 있어, '읽고 쓸 줄 아는 능력'은 기본 중의 기본 능력이다. 오늘날 디지털 기술 발달에 힘입은 4차 혁명과 인공지능의 시대에 이 '읽고 쓸 줄 아는 능력'은 '문해력'으로 통용되어 쓰이고 있다.

문해력(literacy)의 원래 어원은 라틴어 'litteratus'에서 왔는데, 초기에는 '읽고 쓸 줄 아는 능력'이라는 좁은 의미로 사용되다가 근래에 와서는 그 의미가 점차 확장되고 있다.

문해력은 개인이 글을 읽고 이해하며 그 안에 담긴 의미를 파악하고 활용할 수 있는 능력이다. 이는 글을 읽는 능력뿐만 아니라, 문장의 구조, 단어의 의미, 문맥 등을 이해하고 해석할 수 있는 능력을 포함한다.

이 문해력은 교육과 학습을 통해 향상할 수 있다. 독서, 글쓰기, 문법 학습, 문맥 이해 등을 통해 문해력을 강화할 수 있다. 따라서 다양한 주제의 글을 읽고 이해하는 습관을 기르는 것이 중요하다.

오늘날 문해력은 단순히 글을 읽고 쓰는 능력만을 의미하지 않는다. 유네스코는 리터러시를 "다양한 맥락과 연관된 글과 출판물을 활용해 정보를 찾아내고, 이해하고, 해석하고, 만들어 내고, 소통하고, 계산하는 능력"(UNESCO 2018)이라고 정의한다. 단순히 종이에 쓰인 글의 내용을 읽는 것을 넘어 종합적으로 이해하는 능력, 즉 개인적으로 책을 읽고 이해하는 정도를 넘어서, 사람들 사이에서 제대로 의사소통하며 자신의 의사 표현을 분명히 하고 일상생활과 학업을 하는 데 문제가 없는 수준을 의미한다.

문자 매체 시대에서는 단순히 문자를 읽고 쓸 수 있는 능력으로 문해력을 이해해 왔다. 그러나 오늘날 영상 매체 시대로 오면서 문자뿐만 아니라 그것과 함께 전달되는 시각적 언어, 즉 '매체 언어'에 대한 이해를 포함하게 되면서, 이 문해력은 '매체 문해력(미디어 리터러시)'의 의미로도 사용되고 있다. 더 나아가 영상 매체 시대를 넘어 오늘날은 온오프라인 미디어는 물론이고 SNS(Social Network Service)로 대표되는 카카오톡, 페이스북, 인스타그램 및 챗GPT 등 훨씬 복합적인 의사소통에 대한 이해와 활용까지를 포함하는 '매체 문해력(미디어 리터러시)'의 개념으로 확대되고 있다.

문해력에 대한 이러한 개념 확대에 따라 오늘날은 문해력을 다음과 같은 세부 유형으로 나누기도 한다.

1) 문자 문해력 : 텍스트(문자)를 읽고 쓰며 이해하는 능력.

2) 영상 문해력 : 문자 언어가 아닌 여러 표현 언어 중에서 주로 시각적 표현 언어가 갖는 상징체계의 구조를 이해하고 분석하면서 표출된 영상 언어의 의미에 접근하는 능력.

3) 정보 문해력 : 정보를 효과적으로 이용, 처리할 수 있는 능력. 주로 컴퓨터활용에 대한 기본 능력을 의미하는 '컴퓨터 리터러

시' 개념으로 정보의 환경 전반에 대한 적응 능력을 의미함.

4) 네트워크 문해력 : 네트워크 정보 가치를 확인하고 다른 자원과 함께 상황 속에 포함시키는 능력, 개인적·전문적 활용을 위해 필요한 전자 정보 자원에 대한 이해 능력, 네트워크 이용 시기(상황)를 알고 이 정보를 새로운 상황에 적용하는 능력 등.

이러한 문해력은 사회적, 학업적, 직업적으로 중요한 역할을 한다. 문해력이 높은 개인은 정보를 쉽게 습득하고 신속하게 이해할 수 있으며, 문서와 정보를 효과적으로 작성하고 분석할 수 있다. 이는 학습 능력, 의사소통 능력, 문제해결 능력을 향상하는 데 도움이 된다. 더 나아가 문해력은 살아가는 데 있어 제반 상황을 이해하고 위기를 극복할 수 있는 사고 능력까지 제공한다. 오늘날 문해력은 인문학적·비판적 사고 함양에는 물론 실생활을 살아가는 데 필요한 능력과 지식과 지혜를 주는 든든한 버팀목으로 평가되고 있다.

그런데 이렇게 중요한 문해력이 부족하다면, 그것은 개인의 문제를 넘어 사회의 문제를 일으키게 된다. 개인 삶의 질 문제를 넘어 교육의 질 저하, 정치·경제 및 문화 발전 지연, 사회 위기 문제로 이어질 수 있는 것이다.

세계에서 가장 읽기 좋고 쓰기 좋은 과학적 언어로 알려진 한글을 사용하는 우리 사회에서도, 정작 단어의 뜻이나 맥락을 정확히 알지 못하거나 실제와 다르게 파악하는 '문해력 저하' 현상을 어렵지 않게 찾아볼 수 있다.

최근 온라인상에서, 3일을 뜻하는 순우리말 '사흘'을 숫자 4로 인식한다거나, 마음 깊이 사과한다는 의미의 '심심한 사과'를 동음이의어인 지루하다는 의미로 오해해 논란이 벌어지곤 했다.

또 최근에 야당 대표의 체포동의안 가결 뉴스가 주목받을 때, 네이버나 다음 등 포털 사이트엔 '가결'의 뜻을 찾는 검색어 찾기가 폭주했었다. 아울러 체포동의안 가결 기사 하단에 붙은 '함께 찾은 검색어' 목록에 '가결 뜻' '부결 뜻' '가결 부결 뜻' 등 관련 의미를 묻는 검색어가 대부분을 차지했다. 일반적으로 검색량이 쇄도해 일정 규모 이상 검색어가 쌓여야 리스트에 올라갈 수 있기에, 상당수 사람이 관련 기사를 읽은 후 '가결'의 뜻을 제대로 이해 못 해 관련 의미를 찾았다는 얘기다.

온라인만의 문제가 아니다. 한국교원단체총연합회가 2021년 5월 전국의 초·중·고교 교사 1152명을 대상으로 조사한 결과, 응답자 10명 중 4명(37.9%)이 "학생들의 문해력 수준이 70점대(C등급)에 불과하다"고 응답했다. 35.1%는 60점대(D등급)에 해당한다고 답했다. 이에 비해 90점대(A등급)는 2.1%, 80점대(B등급)는 15.4%에 불과했다. 교사들은 학생들의 문해력 수준이 낮은 이유에 대해, 학생들이 '유튜브와 같은 영상 매체에 익숙해서(73%)', '독서를 소홀히 해서(54.3%)' 등을 꼽았다(중앙일보, 2023.09.26. 참조).

사실, 우리 사회의 문해력 저하는 여러 요인에 의해 발생하고 있다. 문해력 저하의 주요 요인으로 다음과 같은 사안을 꼽을 수 있다.

–부족한 독서 습관 : 독서는 문해력을 향상하는 가장 효과적인 방법 중 하나이다. 따라서 독서 습관이 부족하거나 관심이 없으면 당연히 문해력이 저하될 수밖에 없다.

–언어적·문화적 문제 : 문해력은 어휘력, 문법 지식, 문맥 이해 등을 포함한 언어적 요소들이 중요하다. 따라서 언어적 능력이 부족하거나 언어적·문화적 배경 차이에 따라서 문해력도 영향을 받게 된다.

–집중력 부족 : 집중력이 부족하면 글을 읽을 때 중요한 정보를 놓칠 수 있다. 주의력과 집중력을 개선하는 것은 문해력 향상에 상당한 도움이 될 것이다.

–디지털 매체의 영향 : 디지털 매체의 보급으로 인해 짧고 빠른 정보에 의존하는 경향이 높아지고 있다. 특히 SNS(소셜네트워크서비스) 이용 등이 확대되면서 긴 글 대신 짧은 영상에 급속도로 익숙해지고 있다. 이에 따라 긴 문장이나 복잡한 글을 이해하는 능력이 저하되고 있다.

이러한 문해력 저하는 개인의 삶의 질을 떨어뜨릴 뿐 아니라, 아래와 같이 다양한 사회 문제를 일으킬 수 있다.

–학업 성취도 저하 : 문해력이 부족한 학생들은 수업에서 주어지는 글을 이해하거나 시험에서 필요한 정보를 파악하는 것이 어려

울 수밖에 없다. 이에 따라 학업 성취도가 저하될 수 있다.

–**의사소통 문제** : 글쓰기와 읽기는 일상생활에서 중요한 소통 도구이다. 문해력이 부족한 사람들은 글을 작성하거나 이해하는 데 어려움을 겪을 수 있으며, 이에 따라 의사소통 문제가 발생하게 된다.

–**취업 경쟁력 및 취업 기회 감소** : 현대 사회에서는 문해력이 중요한 역할을 한다. 이에 따라 취업 시장에서는 문해력이 높은 지원자를 선호하게 된다. 따라서 문해력이 부족하면, 그만큼 취업 경쟁력 및 취업 기회가 감소할 수 있다.

–**정보 접근성 제한** : 문해력이 부족한 사람들은 정보에 대한 접근성이 제한될 수밖에 없다. 이는 사회 구성원으로서 살아가는 데 있어서 중요한 교육, 문화, 보건, 복지, 법률 등 다양한 분야에 대한 정보 접근성에 제한을 가할 것이다.

–**독서 및 미디어 향유 제한** : 책을 읽는 독서를 비롯해 미디어에 대한 접근과 향유는 삶을 살아가는 데 있어 지식과 오락을 제공하는 활동이다. 문해력이 저하되면 다양한 독서 및 미디어 향유 경험을 제한받을 수 있으며, 이로 인해 개인적인 삶의 질 저하는 물론 사회문화적 질마저도 떨어뜨릴 것이다.

이러한 문해력 저하 문제를 해결하고 문해력을 향상하기 위한 대책으로는 전 사회적인 교육 및 학습이 필요하다. 즉 다양한 독서 활동과 꾸준한 쓰기 연습, 그리고 관련 자료와 자원에의 접근 편의성이 요구된다. 구체적으로 다양한 주제와 장르의 글을 읽고 쓰는 습관을 기르고, 문장 구조와 어휘를 학습하며, 문맥을 파악하는 능력 및 집중력을 향상하도록 해야 할 것이다. 아울러 디지털 매체 사용 및 디지털 문해력 향상에 대한 전 사회적 교육이 필요하다.

교과서에 대한 이해

교과서는 학교 교육의 기본 자료요 텍스트다. 교과서는 교육과정에 사용되는 기본 학습 자료로서, 특정 교육기관이나 교육 체계에서 정해진 내용과 구성을 가지고 있다. 그래서 교과서는 학생들이 학문적인 지식과 개념, 기술, 가치 및 사회적인 이해 등을 습득하는 데에 사용된다.

한편, 우리나라 '초·중등교육법'의 하위법(대통령령)인 '교과용 도서에 관한 규정' 제2조에서는 관련 용어를 아래와 같이 정의(국가법령정보센터, 2023)하고 있다.

1) '교과용 도서'라 함은 교과서 및 지도서를 말한다.

2) '교과서'라 함은 학교에서 학생들의 교육을 위하여 사용되는 학생용의 서책·음반·영상 및 전자저작물 등을 말한다.

3) '지도서'라 함은 학교에서 학생들의 교육을 위하여 사용되는 교사용의 서책·음반·영상 및 전자저작물 등을 말한다.

교과서는 다양한 유형이 있는데, 주요한 교과서 유형은 다음과 같다.

1) 학교 교과서 : 국가 혹은 지역의 교육기관에서 표준 교육과정에 맞게 개발된 교과서이다. 학교 교과서는 학생들이 학년별로 사용하며, 일반적으로 학교에서 지원하거나 배포한다.

2) 교과과정 외 교과서 : 학교 교과과정에는 포함되지 않지만, 특정 주제나 학문 분야에 대한 자세한 내용을 다루는 교과서이다. 예를 들어 과학, 역사, 예술 등 특정 분야에 대한 심층적 이해를 위한 교과서가 있다.

3) 보조 교과서 : 학교 교과서와 함께 사용되는 보조 자료로서, 학생들의 학습 이해도를 높이고 보충 자료를 제공한다. 보조 교과서는 학생들의 학습 스타일과 수준에 따라 선택적으로 사용될 수 있다.

4) 참고서와 백과사전 : 특정 주제나 학문 분야에 대한 참고 자료로서, 교과서 외에도 학생들의 지식을 보완하는 데 사용된다. 이러한 자료는 보다 심층적인 정보나 다양한 시각을 제공할 수 있다.

이와 함께 교과서의 종류는 국가, 지역, 교육 체계에 따라 다를 수 있다. 예를 들어, 과목별로 교과서가 나뉘거나 국가별로 다른 교과서 체계가 존재할 수 있다. 또한, 디지털 교과서와 같은 형태의 새로운 교과서도 시대의 흐름에 맞춰 등장하고 있다.

교과서는 일반적으로 다음과 같은 특성이 있다.

1. 교육 목표와 교육 체계 : 교과서는 교육 체계의 목표와 교육기관의 교육 방향을 반영한다. 실제로 정부나 교육기관에서는 교육 목표와 내용을 정하고, 이를 교과서에 반영하여 학생들에게 전달한다.

2. 학습 내용과 구성 : 교과서는 특정 학문 분야나 주제에 대한 핵심 개념과 내용을 포함한다. 이러한 내용은 연령, 학년 및 교육 단계에 맞게 구성되어 있다. 교과서는 일반적으로 목차, 단원, 그림, 표, 예제 문제 등으로 구성되어 있다.

3. 표준화와 일관성 : 교과서는 교육 체계 내에서 표준화되어 일관된 내용과 형식을 가지고 있다. 이는 학생들이 일관된 교육을 받을 수 있도록 도와준다.

4. 학습 도구 : 교과서는 학생들의 학습을 돕는 도구로 사용된다. 개념 설명, 예제 문제, 연습 문제 등을 포함하여 학생들의 이해도와 학습 능력을 향상하는 데에 도움을 준다.

교과서는 학생들의 기본적인 학습 도구로 사용되며, 학습의 기반이 되는 중요한 자료이다. 그러나 교과서만으로는 학생들의 학습 요구를 모두 충족시키기 어렵기 때문에 다양한 학습 자료와 방법을 활용하는 것도 필요하다.

교과서는 교육과정에서 다양한 기능을 수행한다. 교과서의 주요한 기능은 다음과 같다.

1. 지식 전달 : 교과서는 학생들에게 필요한 지식을 전달하는

기능을 한다. 주제별로 구성된 내용을 통해 학생들은 새로운 개념, 이론, 사실 등을 습득할 수 있다.

2. 학습 가이드 : 교과서는 학생들에게 학습을 진행하는 데 필요한 가이드로 기능한다. 내용의 구성, 예제 문제, 연습 문제 등을 통해 학생들은 학습의 방향성과 절차를 이해하고 따를 수 있다.

3. 학습 자료 제공 : 교과서는 보조 자료, 그림, 차트, 표 등을 포함하여 학습에 필요한 다양한 자료를 제공한다. 이를 통해 학생들은 개념을 시각적으로 이해하고 복습할 수 있으며, 실생활과의 연관성을 파악할 수 있다.

4. 문제 해결과 응용 능력 향상 : 교과서는 예제 문제와 연습 문제를 제공하여 학생들의 문제 해결과 응용 능력을 향상한다. 학생들은 교과서의 내용을 바탕으로 문제를 해결하고 실생활에 적용할 수 있는 능력을 기를 수 있다.

5. 학습 평가 : 교과서는 학습 평가를 위한 내용과 문제를 포함할 수 있다. 학생들은 학습의 정도와 이해도 평가를 통해 필요한 부분을 보완하며 성장할 수 있다.

6. 참고 자료와 확장 학습 : 교과서는 학생들에게 참고 자료와 확장 학습의 기회를 제공한다. 관련 도서, 인터넷 자료, 외부 자료 등을 통해 학생들은 교과서 내용을 보완하고 깊이 있는 학습을 할 수 있다.

교과서는 교육과정의 매체로서 학생들이 지식과 이해력을 습득하고 학문적인 성장을 이루는 데에 중요한 역할을 한다. 그러나 교과서는 단 하나의 교육 자료에만 의존하는 것이 아니라, 다양한 학습 자료와 활동을 활용하여 학생들의 다양한 학습 스타일과 흥미를 고려해야 한다.

교과서는 교육과정에서 다음과 같은 중요한 역할을 수행한다.

1. 표준화된 내용 제시 : 교과서는 교육 체계에 따라 표준화된 내용과 구성을 하고 있다. 이는 학생들이 동일한 지식과 이해를 얻을 수 있게 도와준다. 또한, 교사들이 교육 계획을 수립하고 수업을 진행하는 데에도 도움을 준다.

2. 구조화된 학습 지침 제공 : 교과서는 학생들에게 구조화된 학습 지침을 제공한다. 주제별로 내용이 체계적으로 구성되어 있어, 학생들이 학습을 진행하면서 점진적으로 지식을 습득할 수 있다.

3. 핵심 개념 강조 : 교과서는 학문 분야의 핵심 개념을 강조한다. 이는 학생들이 주요 개념을 이해하고 학습의 핵심에 집중할 수 있게 도와준다.

4. 참고 자료 제공 : 교과서는 보조 자료, 예제 문제, 연습 문제 등을 포함하여 학습에 도움이 되는 자료를 제공한다. 학생들은 이를 활용하여 예습, 복습하며 실력을 향상할 수 있다.

5. 교육 체계와의 일관성 유지 : 교과서는 교육 체계와 밀접한 관련이 있으며, 교육 목표와 일관성을 유지한다. 이는 학생들이 교육

체계의 목표를 이해하고, 학습의 일관성과 효율성을 높일 수 있다.

문해력 증진 위한 교과서 활용 영역과 활동

위의 '문해력과 교과서에 대한 이해'에서 보듯, 문해력과 교과서는 떼래야 뗄 수 없는 관계이다. 학생들의 문해력을 증진하는 데 있어, 교과서만큼 중요한 것도 없을 것이다. 실제로 학교 교육에서 교과서 활용을 통해 다음과 같은 영역에서 학생들의 문해력을 증진하고 있다.

1. 텍스트 이해 : 교과서에 수록된 텍스트를 읽고 이해하는 과정을 통해 학생들은 문해력을 향상할 수 있다. 교과서에서 텍스트의 내용을 파악하고 주요 아이디어, 세부 사항, 인과 관계 등을 이해하며, 핵심 개념을 추론하고 해석할 수 있다.

2. 문맥 파악 : 교과서에서 학문적인 내용을 읽을 때, 문맥을 파악하는 것이 중요하다. 학생들은 단어, 구절, 문장 등을 주변 문맥과 연결하여 의미를 유추하고, 글의 의도와 목적을 이해할 수 있다.

3. 시각 정보 해석 : 교과서에는 사진, 그림, 그래프, 차트, 표 등의 시각적인 자료가 포함되어 있다. 학생들은 이러한 시각적 자료 등을 읽고 해석함으로써 사진과 그림의 의미 및 그래프와 표 등에서 수량, 비율, 추세 등을 이해하고 분석할 수 있다. 이는 문해력

과 함께 시각적인 정보를 읽고 이해하는 능력을 향상한다.

4. 예제 문제 해결 : 교과서에 포함된 예제 문제를 풀면서 학생들은 문해력을 활용하여 문제를 이해하고 해결하는 과정을 경험할 수 있다. 문제 상황을 파악하고 필요한 정보를 찾아내며, 문제 유형을 이해하고 적절한 접근 방법을 선택할 수 있다.

5. 비판적 사고 : 교과서에는 다양한 의견과 관점이 제시될 수 있다. 학생들은 이러한 의견을 비판적으로 분석하고 평가함으로써 문해력을 발전시킬 수 있다. 다양한 시각을 이해하고 비판적 사고를 통해 자신의 의견을 형성하고 논리적으로 주장할 수 있게 된다.

교과서를 통해 학생들은 다양한 텍스트를 읽고 이해하는 능력을 키울 수 있으며, 문해력을 증진하는 다양한 활동을 수행할 수 있다. 교사들은 교과서를 적절하게 활용하여 학생들의 문해력을 지원하고 발전시킬 수 있다. 교사들은 학생들의 문해력 증진을 위해 일반적으로 다음과 같은 활동 등을 지원하고 있다.

1. 읽기 활동 : 교사들은 학생들에게 효과적인 읽기 전략을 가르치고 있다. 예를 들어, 교과서 읽기 활동을 통해 학생들이 적절한 문맥을 파악하고 예측하며, 중요한 정보를 강조하고, 새로운 단어를 파악하고, 핵심 내용을 요약할 수 있도록 돕는다.

2. 토론 활동 : 교과서를 바탕으로 학생들끼리의 토론 활동을 지원하고 있다. 학생들은 교과서 내용에 대해 서로 다른 시각을 제

시하고, 자신의 의견을 논리적으로 주장하며, 다른 의견에 대해 비판적으로 생각하게 된다.

3. 문제 해결 활동 : 교과서의 예제 문제와 연습 문제를 활용하여 학생들이 문제 상황을 이해하고 필요한 정보를 추론하며, 문제 유형에 맞는 해결 방법을 선택하는 활동을 지원하고 있다.

4. 비교 활동 : 교과서 내용을 바탕으로 다른 문서나 자료와 대조하고 비교하는 활동을 지원하고 있다. 학생들은 다양한 자료를 비교하며, 서로 다른 접근 방식과 시각을 이해하고, 비판적 사고력과 문제 해결 능력을 함께 발전시킬 수 있다.

5. 작문 활동 : 교과서를 바탕으로 학생들이 작문하는 활동을 지원하고 있다. 학생들은 교과서 내용을 바탕으로 주제를 선정하고, 관련 서술문이나 논술문을 작성함으로써 자신의 생각과 의견을 표현하고 비판적 사고력을 발전시킬 수 있다.

교과서를 바탕으로 한 위와 같은 다양한 활동 지원을 통해 학생들의 문해력 증진이 진행되고 있다. 이러한 활동 지원은 학생들의 독해력과 비판적 사고력을 향상하는 가운데 문해력 증진에 큰 도움이 되고 있다.

'2022 개정 교육과정'에 포함된 문해력 교육

학교와 같은 교육기관에서는 교육 목표를 달성하기 위한 다양한 교육 활동의 기준을 체계적으로 선정하고 조직한다. 나아가 이를 실행하는 과정과 성취한 결과를 포함하는 일련의 계획 및 관련 문서를 '교육과정'이라고 한다.

현재 우리나라 교육과정은 최근의 '2022 개정 교육과정'(2024년부터 시행 예정)에 기반하고 있다. 새 교육과정 개발은 학습자들이 디지털 전환, 기후환경 변화 및 학령인구 감소 등 미래 사회 변화에 적극적으로 대응할 수 있는 기초소양과 역량을 함양하여, '포용성과 창의성을 갖춘 주도적인 사람'으로 성장할 수 있도록 우리 교육의 체제를 혁신하고자 추진되었다.

'2022 개정 교육과정'의 주요 개정 방향(교육부 보도자료, 2021.11.24.)은 다음과 같다.

1. 미래 사회가 요구하는 역량 함양이 가능한 교육과정을 개발한다. 이를 위해 삶과 연계한 깊이 있는 학습과 탐구 능력을 강조하고, 디지털 기초소양과 생태전환·민주시민 교육을 강화한다. 또한, 학습 부진 학생, 특수교육 대상 학생과 다문화 학생 등 다양한 특성을 가진 학생을 지원하는 '모두를 위한 교육'을 강화한다.

2. 학습자의 삶과 성장을 지원하는 맞춤형 교육과정을 개발한다. 학습자 주도성을 강화하고, 진로연계 교육과정 운영 및 고교학

점제 등 모든 학생의 개별 성장 맞춤형 교육과정을 구현한다.

3. 지역·학교 교육과정 자율성 확대 및 책임 교육을 구현한다. 학교 자율시간을 도입하여 다양한 지역 연계 교육과정 운영이 가능하도록 선택과목 개발·운영, 교사의 교육과정 운영 자율권을 확대하고, 지역사회와 교육공동체 간 상호 협조 체제 마련을 통해 지역·학교 간 교육격차를 완화할 수 있도록 지원한다.

4. 디지털·인공지능 교육환경에 맞는 교수·학습 및 평가체제를 구축한다. 실생활 맥락과 연계한 수업, 온·오프라인 연계 수업 및 평가, 창의력 및 비판적 사고력 함양을 위한 교수·학습 및 평가로 개선한다.

그리고 '2022 개정 교육과정'의 주요 추진 과제(교육부 보도자료, 2021.11.24.)는 다음과 같다.

1. 미래 변화에 대응하는 교육과정 혁신

2. 현장의 자율적인 혁신을 지원·촉진하는 교육 강화

3. 교육과정 혁신을 통한 학습자 맞춤형 교육 강화

4. 교육환경 변화에 적합한 교과 교육과정 개발 및 지원

다행히 '2022 개정 교육과정'에는 '문해력 증진'을 위한 정신과 내용이 직간접적으로 표현돼 있다. 즉 추진 배경에서 "학습자들이 '포용성과 창의성을 갖춘 주도적인 사람'으로 성장할 수 있도록 우리 교육의 체제를 혁신하고자 추진되었다"고 밝히고 있다. 아울러

'2022 개정 교육과정'의 주요 개정 방향 및 주요 추진 과제에도 문해력 정신과 철학이 녹아져 있다고 볼 수 있다.

사실, '포용성과 창의성을 갖춘 주도적인 사람', '미래 사회가 요구하는 역량'은 '문해력'을 제대로 갖추지 않고서는 성립할 수 없을 것이다. 아울러 '학습자의 삶과 성장을 지원하는 맞춤형 교육과정', '미래 변화에 대응하는 교육과정'은 곧 '문해력 교육'에 초점을 맞추는 교육과정이어야만 할 것이다.

교육과정에 대한 기본적 질문은 "교수자와 학습자가 만났을 때 '무엇'을 가르치고 배울 것인가?"이다. 이 질문은 위로는 '왜' 그것을 가르치고 배우는 가의 교육목표, 아래로는 '어떻게' 가르치고 배울 것인가의 교수학습이나 수업, 나아가 '제대로' 가르치고 배울 것인가의 교육 성과평가 및 개선과 차례로 관련된다. 즉 교육과정은 위로는 교육목표 달성의 수단이자, 아래로는 교수학습을 위한 계획이자 준비이며, 교육평가의 대상이 된다(한국학중앙연구원, 2023, 참조).

따라서 우리나라의 교육과정은 "'무엇'을 '왜' 또 '어떻게' 가르치고 배울 것인가?"에 대한 명확한 대답이 되어야 할 것이다. 여기에 대해서도 '문해력'을 중심 키워드로 제시하고자 한다.

문해력 관련 국어과 교과서 활용 현황

우리나라의 '2022 개정 교육과정'('2015 개정 교육과정' 포함)의 각 교과별 내용 체계 및 성취 기준에는 각 교과의 학습 내용에 문해력(리터러시) 관련 내용이 반영되어 있다. 특히 문해력과 가장 가까운 교과라고 할 국어와 사회의 교과 교육과정의 내용 체계 및 성취 기준에는 해당 교과의 특성에 따라 문해력 관련 내용이 포함돼 있다. 이 성취 기준은 문해력 관련성이 높으며. 문해력의 수행 목표와 관련된 내용을 담고 있다.

즉 '2022 개정 교육과정'의 국어과 교육과정에는 다음 내용을 핵심 목표로 삼고 있다.

　－ 초등 저학년 한글 및 기초 문해력 교육 강화

　－ 디지털·미디어 환경 변화에 대응하는 매체 교육 강화

　－ 실생활 활용과 학습자 주도성을 길러주는 교과 내용 마련

　－ 독서·작문 연계 활동을 강화하여 비판적·창의적 사고 역량과 서술·논술 능력 향상(교육부, 정책브리핑, 2022. 11. 18.)

국어과 교육과정에 나타난 국어과의 교과 역량, 내용, 문해력 관련 수행 목표를 표로 제시하면 다음과 같다.

〈표 1〉 국어과의 교과 역량, 내용, 문해력 관련 수행 목표

교과 역량	내용	문해력 관련 수행 목표
비판적, 창의적 사고 역량	다양한 상황이나 자료, 담화, 글을 주체적인 관점에서 해석하고 평가하여, 새롭고 독창적인 의미를 부여하거나 만드는 능력	비판적 분석과 평가
자료·정보 활용 역량	필요한 자료나 정보를 수집·분석·평가하고, 이를 효과적으로 활용하여 의사를 결정하거나 문제를 해결하는 능력	정보 검색과 선택
의사소통 역량	음성 언어, 문자 언어, 기호와 매체 등을 활용하여 생각과 느낌, 경험을 표현하거나 이해하면서, 의미를 구성하고 자아와 타인, 세계의 관계를 점검·조정하는 능력	의미 이해와 전달, 사회문화적 이해
공동체, 대인관계 역량	공동체의 가치와 공동체 구성원의 다양성을 존중하고 상호 협력하며 관계를 맺고 갈등을 조정하는 능력	책임 있는 미디어 이용

현행 국어과 교과서에서는 비판적 분석과 평가, 의미 이해와 전달, 감상과 향유 등 문해력의 핵심 요소들이 직접적으로 반영되어 있으며, 기본적으로 언어를 통한 의사소통을 강조하는 가운데 문해력 관련 내용이 제시되어 있다.

국어과의 내용 체계에는 듣기·말하기, 읽기, 쓰기를 위시해, 문학 영역의 '핵심 개념', '일반화된 지식', '학년군별 내용 요소'에서 문해력 관련 내용이 직접 반영되어 있으며, '기능' 차원에서도 '자료 수집하기', '자료·매체 활용하기' 등 미디어 활용 및 정보 검색과 선택 차원에서 문해력 관련 내용이 반영되어 있다.

특히 문해력 중 '매체 문해력(미디어 리터러시)' 관련해서는, 국어과 초등학교 3~4학년 과정에서는 '매체'라는 용어가 직접 언급되고 있지는 않지만, 교수·학습 자료 차원에서 만화 및 애니메이션 등을 자료로 사용하도록 언급되어 있다. 초등 5~6학년 과정부터는 내용 요소 및 성취 기준에 매체 관련 내용이 직접 언급된다. 매체를 이용한 발표와 표현을 강조하고, 매체에 따른 읽기 방법을 이해하고 적용하는 것을 강조한다. 중학교에서는 매체 자료의 특성을 고려하여 읽고 쓰기뿐만 아니라 관련 자료를 찾는 정보 검색을 강조한다.

내용 체계의 '일반화된 지식'에서는 '매체'가 중요하게 고려할 요소로 드러난다. 초등학교 1~4학년에서는 그림책·만화·애니메이션, 5~6학년에서는 블로그·영상물·뉴스·광고, 중학교 1~3학년에서는 연설·광고·매체를 활용한 발표·뉴스·문자 메시지·전자우편·블로그·인터넷 게시판·영상물 등이 제시된다. 고등학교 선택 중심 교육과정 '언어와 매체'는 초·중·고 공통 '국어'의 문법 영역과 매체 관련 영역을 심화·확장한 과목으로 영역 '언어와 매체의 본질', '매체 언어의 탐구와 활용', '언어와 매체에 관한 태도'에서 직접적으로 매체 문해력(미디어 리터러시)과 관련된 내용을 다루고 있다.

문해력 관련 사회과 교과서 활용 현황

사회과는 사회 현상을 파악하는 데 있어 다양한 정보를 활용하여 사회 과학의 기본 개념과 원리를 탐구하는 교과이다.

'2022 개정 교육과정'의 사회과 교육과정에는 다음 내용을 핵심 목표로 삼고 있다.

- 교과 내, 교과 간 내용 중복 해소 및 학습량 적정화

- 실제 삶의 맥락이 담긴 주제 중심 토의·탐구 활동 강화

- 지도를 읽고 실생활에 활용할 수 있는 지리적 기능 활동 강화

- 디지털 전환, 기후·생태환경 변화 등 사회 변화에 대응할 수 있는 교과 역량 강화

- 고교학점제 대비 '세계시민, 기후변화, 금융생활' 등 관련 과목 신설(교육부, 정책브리핑, 2022. 11. 18.)

사회과 교육과정에 나타난 사회과의 교과 역량, 내용, 문해력 관련 수행 목표를 표로 제시하면 다음과 같다.

〈표 2〉 사회과의 교과 역량, 내용, 문해력 관련 수행 목표

교과 역량	내용	문해력 관련 수행 목표
비판적 사고력	사태를 분석적으로 평가하는 능력	비판적 분석과 평가

의사소통 및 협업 능력	자신의 견해를 분명하게 표현하고 타인과 효과적으로 상호작용하는 능력	의미 이해와 전달
정보 활용 능력	다양한 자료와 테크놀로지를 활용하여 정보를 수집, 해석, 활용, 창조할 수 있는 능력	정보 검색과 선택

사회과 교육과정에서는 사회 현상을 파악하는 데 있어, '매체(미디어) 이해' 및 '매체 문해력(미디어 리터러시)'을 중요시하고 있다. 미디어(매체)는 현대 사회를 구성하는 주요한 요소이기 때문이다.

학생들은 미디어를 통해 사회와 문화를 이해하고, 정보 검색과 선택을 통해 지식을 구성하며, 사회를 비판적으로 분석하고 평가하게 된다. 따라서 미디어와 우리의 삶을 성찰하는 '매체 문해력(미디어 리터러시)' 교육의 내용은 의사소통 수단의 발달에 따른 사회와 생활의 변화, 대중매체에 대한 비판적 이해와 필요성, 정보화로 인한 삶의 방식 변화·문제점·대응방안 등을 논의하는 내용 체계로 구성되어 있다.

현행 사회과 교과서의 내용 체계를 살펴보면, 매체 문해력(미디어 리터러시)과 관련된 영역과 내용 요소는 '정치' 영역의 '시민 참여', '사회·문화' 영역의 '대중 매체, 대중문화' 등이다. 사회과에서는 사회 현상을 파악하는 데에 있어 필요한 정보를 획득, 조직, 활용하는 것을 강조하고 있다. 학년별 내용에서는 미디어 리터러시 외에도 인터넷을 통한 조사 활동, 영상 자료를 활용한 탐구 등에 관한 내용이 등장하여, 디지털 리터러시도 어느 정도 수용하고 있음을 알 수 있다.

문해력 관련 학교 교육 및 교과서 활용의 문제점 및 대안

학생들의 문해력 증진을 위해서는 무엇보다도 학교 교육이 중요하다. 오늘날 '문해력'이 점차 중시되면서, 학교 교육에서도 문해력 교육에 점차 관심을 가지면서 그 교육에 임하고 있다. 그러나 학교 교육에서 직접적인 문해력 교육은 아직 초기 단계이기에, 여러 문제점을 표출하기도 한다. 학교 교육에서 문해력 교육의 문제점으로는 다음과 같은 사안을 지적할 수 있다.

1. 제도의 미비 : 문해력 교육에 대한 학교 교육 제도는 아직 제대로 갖추어지지 않은 것이 현실이다. 문해력 교육에 대한 학교 교육의 목표, 교육과정, 교육방법, 교육 인력 등을 서둘러 준비하고 구축해야 할 것이다.

2. 교사의 미비 : 일부 교사들은 문해력 교육에 대한 이해와 노력이 아직 충분치 않을 수 있다. 이에 따라 교사들이 학생들에게 적절한 문해력 교육을 제공하지 못할 수 있다.

3. 교재의 한계 : 아직 우리 교과서에서 직접적인 문해력 교육

을 담당하는 교과서는 거의 없는 형편이다. 관련 교과서에서도 문해력을 증진하는 데 충분한 예제나 연습 문제도 부족한 상태이다. 이러한 교재의 한계는 학생들의 문해력을 증진하는 데 걸림돌로 작용하고 있다.

4. 학생들의 참여 부족 : 일부 학생들은 문해력 교육을 받아도 실제로 문제를 해결하는 데 적극적으로 참여하지 않을 수 있다. 이는 학생들이 문해력 교육의 목적을 인식하지 못하거나, 문제를 해결하는 데 필요한 노력을 기울이지 않기 때문일 것이다.

5. 학생 수준 차이 : 문해력에 대한 학생들의 수준 차이가 교육 시스템 내에서 불균형을 발생시킬 수 있다. 일부 학생들은 문해력을 증진하는 데 있어 제도적인 도움을 받지 못할 수 있으며, 이에 따라 문해력 증진은 물론 학업 성취도에도 영향을 미칠 수 있다.

이와 함께 근래 학교 교육에서 활발히 이루어지고 있는 매체 문해력(미디어 리터러시) 교육이 주로 미디어 제작 교육에 치중해 있는 실정도 문제점으로 지적되고 있다. 매체 문해력 교육이 학교 교육과정에 도입되어 이루어지고 있는 점은 고무적인 현상이지만, 21세기를 살아갈 학생들의 핵심 역량으로 간주 되는 매체 문해력(미디어 리터러시) 함양 교육이 본디 취지에서 제대로 이루어지지 않고 있는 것이 현실이다. 이는 근본적으로 초·중·고 교과과정 및 교과서의 구성이 미디어에 대한 비판적 이해와 활용의 측면보다는 미디어 제작 교육에 편중된 현실에서 기인하는 바가 크다.

위와 같은 문제점을 극복하기 위해서는 학교 교육에서 제도의 개선, 교사들의 노력, 교재의 개발과 개선, 학생들의 적극적인 참여, 교육 및 학생 수준의 균형 유지, 실제적 매체 문해력(미디어 리터러시) 교육 강화 등이 절실히 요구된다고 하겠다.

그리고 학생들의 문해력 증진을 위해서는 적극적인 교과서 활용이 중요하다. 그러나 아직 우리 교과서에서 직접적인 문해력 교육을 담당하는 교과서는 거의 없는 형편이며, 또 관련 교과서에서도 문해력을 증진하는 데 충분한 내용을 제대로 갖추지 못하고 있다. 학생들의 문해력을 증진하는 데 있어 걸림돌로 작용하는 교과서 활용의 문제점으로는 다음과 같은 사안을 지적할 수 있다.

1. 어려운 텍스트 : 교과서에 수록된 텍스트가 학생들에게 어려운 수준일 수 있다. 학생들이 이해하기 어려운 어휘나 복잡한 문장 구조가 포함되어 있다면, 이에 따라 학생들이 교과서의 텍스트를 이해하고 해석하는 데 어려움을 겪을 수 있다.

2. 문맥 부족 : 교과서에 수록된 텍스트가 현실적인 문맥이나 실생활과의 연결이 부족할 수 있다. 이에 따라 학생들이 교과서의 텍스트의 의미를 이해하는 데 어려움을 겪을 수 있으며, 텍스트의 응용과 실제 상황에서의 활용 능력도 부족할 수 있다.

3. 다양성 부족 : 교과서의 텍스트가 다양한 주제, 관심사, 문화적 배경을 다루지 못할 수 있다. 이에 따라 학생들이 다양한 시각과 관점을 개발하는 데 어려움을 겪을 수 있으며, 문화적 이해와 상호

이해 능력 부족을 야기할 수 있다.

4. 비교와 비판 부족 : 교과서에는 다른 텍스트나 자료와의 비교, 비판적 사고를 촉진하는 요소가 부족할 수 있다. 이에 따라 학생들이 다양한 자료를 비교하고 분석하는 능력, 비판적 사고력을 계발하는 데 어려움을 겪을 수 있다.

5. 학생 개별 차이 무시 : 교과서는 보편적인 학습을 기준으로 작성되기 때문에 학생들의 개별 차이를 고려하지 못할 수 있다. 이에 따라 학생들의 학습 요구에 부합하지 않을 수 있으며, 학생들의 학습 동기와 흥미를 저하할 수 있다.

문해력 증진을 위한 교과서 활용에서 나타나는 위와 같은 문제점을 극복하기 위해서는, 교과서의 텍스트를 학생들의 수준과 흥미에 맞게 조정하고, 다양한 주제와 문화적 배경을 다루는 등의 개선이 필요하다. 또한, 비교와 비판적 사고를 촉진하는 활동과 다양한 자료를 활용하는 방법 등을 교과서에 포함하는 것도 중요하다.

📔 문해력 증진 위한 교과서 활용 방안 및 전망

학생들의 문해력 증진을 위해서는 학교 교육에서 적극적인 교과서 활용이 중요하다. 문해력 증진을 위한 교과서 활용 방안을 다음과 같이 제시한다.

첫째, 문해력 중심의 교과서를 개발하고 개선하라. 아직 우리 교과서에서 직접적인 문해력 교육을 담당하는 교과서는 거의 없는 형편이다. 관련 교과서에서도 실제로 문해력을 증진하는 내용이 부족한 상태이다. 문해력이 점차 중요시되는 이 시점에서 속히 문해력 중심의 교과서를 개발하고 개선해야 할 것이다.

둘째, 학생들 수준을 고려한 적절한 난이도 조정이 필요하다. 교과서의 텍스트를 학생들의 수준에 맞게 조정하여, 개별 학생들이 읽기·이해하기·실천하기 등을 쉽게 할 수 있도록 해주어야 한다. 가능한 어휘 선택과 문장 구조를 간결하고 명확하게 만들어, 학생들이 교과서의 텍스트에 쉽게 접근하고 이해할 수 있도록 도와주어야한다.

셋째, 주제의 다양성 및 다양한 관점과 배경을 반영하라. 교과서는 다양한 주제를 다루고 다양한 관점과 문화적 배경을 반영해야한다. 이를 통해 학생들이 다양한 주제에 관심을 갖고, 다양한 시각과 관점을 개발할 수 있도록 도와야 한다. 또한, 다양한 문화적 배경을 다루는 내용을 통해 학생들의 문화 이해와 상호 이해 능력 향상을 도와주어야 할 것이다.

넷째, 실생활과 연결하는 내용과 텍스트를 갖추라. 문해력은 학생들이 장차 사회 구성원으로서 실제 생활을 살아갈 때 쉽게 활용되어야 한다. 따라서 교과서의 내용과 텍스트 역시 현실적인 문맥과 연결해 학생들이 그 의미와 활용 방법을 실제 생활에 적용할 수 있도록 해주어야 한다. 예를 들어, 실제 상황에서의 대화나 사례를 활용하여 그 내용과 텍스트를 더욱 의미 있는 것으로 만들 필요가 있다.

다섯째, 비교와 비판적 사고 활동을 촉진시켜라. 교과서에서 다른 텍스트나 자료와의 비교를 통해, 비판적 사고를 촉진하는 활동을 충분히 포함해야 한다. 학생들이 스스로 다양한 텍스트를 비교하고 분석하면서 독창적인 자신의 의견을 형성하도록 유도해 주어야 한다. 이를 통해 학생들의 비판적 사고력을 향상할 수 있다.

여섯째, 교사 스스로 문해력 전문가가 되어라. 학교 교육의 주체는 교사이다. 교사가 먼저 문해력에 대한 깊은 관심을 갖고서 전문가가 되어야 한다. 그런 마음가짐과 전문성을 갖춰야 학생들을 올바르게 가르칠 수 있다. 이를 위해 교육부와 산하 공공기관이 적극적 지원 체계를 갖추고 도와야 할 것이다.

일곱째, 적극적인 학생 참여 활동을 꾀하라. 교과서를 활용한 학생 참여 활동을 도입해, 학생들의 실제적 문해력 증진을 도와야 한다. 학생들에게 텍스트를 읽고 이해하는 데 관련된 질문이나 문제를 제시하고, 그에 대한 토론이나 작문 활동도 진행한다. 교과활동 외에도 학생들 스스로 문해력 증진을 꾀할 수 있는 스터디 그룹이나 동아리 활동 등에 적극적으로 참여하고 실천하도록 해주어야 한다.

위의 방안들은 교과서를 효과적으로 활용하여 학생들의 문해력을 증진하는 데 실제적 도움이 될 것이다.

오늘날 문해력은 인문학적·비판적 사고 함양에는 물론 실생활을 살아가는 데 필요한 능력과 지식과 지혜를 주는 든든한 버팀목으로 평가되고 있다. 따라서 문해력을 증진해 줄 학교 교육에서의 교과서 활용도 계속해서 발전할 전망이다. 결론적으로, 이에 대한 전망을 제시한다.

1. 개별화된 학습 경험 제공 : 교과서의 활용은 학생들의 다양한 학습 수준과 스타일에 맞춰 개별화될 수 있다. 학생들은 자신의 수준과 관심에 맞는 교과서의 콘텐츠를 선택하여 학습할 수 있으며, 개별화된 문제와 활동을 통해 자신의 학습을 조절할 수 있을 것이다.

2. 디지털 콘텐츠의 활용 : 기술의 발전으로 인해 오늘날의 교과서는 종이책 형태에 국한되지 않고 디지털 형태로도 제공되고 있다. 이를 통해 교과서는 보다 다양하고 상호작용적인 콘텐츠로 발전하고 있다. 디지털 콘텐츠로 구성된 음성, 비디오, 애니메이션 등 다양한 매체를 활용하여 학생들의 흥미와 참여를 유발할 수 있을 것이다.

3. 인터랙티브한 학습 경험 : 교과서는 보다 인터랙티브한 학습 경험을 제공할 수 있다. 학생들은 교과서를 통해 퀴즈, 게임, 시뮬레이션 등의 활동을 진행하며 적극적으로 참여할 수 있다. 이를 통

해 학생들은 즐겁게 학습하며 동시에 문해력을 증진시킬 수 있을 것이다.

4. 데이터 기반 학습 분석 : 교과서의 활용은 학생들의 학습 데이터를 수집하고 분석하는 데에도 사용될 수 있다. 학생들의 읽기 속도, 이해력, 어휘 습득 등의 데이터를 분석하여 개별 학습 계획을 수립하고 효과적인 지도를 제공할 수 있을 것이다.

5. 다양한 언어 및 문화적 배경의 포용 : 다문화 및 글로벌 시대를 맞아 교과서는 다양한 언어와 문화적 배경을 포용하는 방향으로 발전하리라 전망된다. 다양한 언어로 제공되는 교과서는 학생들의 언어 능력을 강화할 뿐만 아니라, 다양한 문화적 배경을 이해하고 존중하는 데에도 도움을 줄 것이다.

앞으로 문해력 증진을 위한 교과서 활용은 이러한 전망을 기반으로 더욱 발전할 것으로 예상된다. 따라서 학생들의 실제적 문해력 증진을 위해서 교과서는 계속해서 혁신과 발전을 이뤄가야 할 것이다.

2부

문해력 증진을 위한
미디어 활용 :
해외사례

1장

미국
비판적 사고 능력 키우기가 핵심

이정훈
대진대학교 미디어커뮤니케이션학과 교수

요약

21세기 버전의 문해력으로 간주되는 미디어 리터러시는 디지털 미디어 환경에서 초래된 사회적 폐해에 대처하기 위한 해법으로 최근 주목받고 있다. 관련 단체들의 활발한 교육 활동에도 불구하고 미국의 미디어 리터러시 교육은 여러 현실적 한계에 직면하고 있다. 이러한 한계를 극복하면서 미디어 리터러시를 체계적으로 교육하기 위한 관련 교육 정책들이 최근 제정되는 등 미디어 리터러시의 공공교육 편입을 위한 환경이 조성되고 있다. 다양한 개념적 요소를 포함하는 미디어 리터러시 교육을 체계화하기 위해, 편향된 정보의 영향을 최소화하고 신뢰할 수 있는 뉴스를 선별할 수 있는 뉴스 리터러시 역량을 갖추는 것을 구체적인 학습 목표로 제시하고, 이에 따른 평가 근거를 설정하고 구체적인 학습 경험과 교육 방법을 계획하는 프레임을 토대로 하는 체계적인 커리큘럼을 제시하였다. 또한 뉴스 리터러시의 학습 목표를 반영하는 평가 방법이나 학습 활동의 창의적인 사례들 역시 논의하였다. 미국 교육 현장의 현황과 최근 활발하게 진행 중인 관련 논의들은 유사한 사회적 문제에 대한 해답을 탐색하고 있는 국내 교육 현장에도 유용한 시사점을 제공할 수 있고 현실적인 교육 방안을 수립하는 데 참고할 만한 사례를 제공할 수 있을 것이다.

📖 미디어 리터러시 교육의 필요성

　디지털 매체나 소셜미디어 플랫폼을 통한 다양한 사회적 소통이 일상화되면서 리터러시(문해력)측면에서 이전보다 복합적인 역량들이 요구되고 있다. 특히 정보의 과잉뿐만 아니라 가짜 뉴스로 인한 사회적 부작용이 현실화되면서 단순한 읽기와 검색 역량만으로는 대처하기 어려운 상황이 많아지고 있다. 복합적인 미디어 환경에서 다양한 디지털 미디어나 플랫폼을 이용할 수 있는 실무적 기술(skill)뿐만 아니라 다양한 형식의 뉴스와 정보를 평가하면서 신뢰할 수 있는 뉴스와 사실을 선택할 수 있는 비판적 사고(critical thinking) 능력이 중요해지고 있다.

　디지털 플랫폼이나 소셜미디어 등을 통한 뉴스나 정보 이용은 일상화되었지만 학생들은 다양한 형태의 뉴스와 정보를 평가하고 구분하는 것에는 어려움을 보이고 있다. 온라인 정보 평가 능력을 연구하는 스탠포드 대학 역사 교육 그룹(SHEG)은 중, 고등, 대학교 학생들을 대상으로 한 2016년 연구에서 학생들이 검색한 뉴스와 정보를 적절하게 판단하지 못하고 있다고 분석했다. 참여 학생들 대부분이 뉴스와 광고를 정확하게 구분하지 못했는데, 특히 참여한 중학생 중 80% 이상이 광고와 뉴스를 명확하게 구분하지 못한 것으로 나타났다(Wineburg & McGrew, 2016).

　12개 주 대도시 지역 중, 고등학생과 6개 대학의 학생들을 대상으로 한 연구에서도 학생들은 다양한 정보원 중에서 신뢰할 수 있는 정보원을 명확하게 구분하지 못하는 것으로 보고되었다. 참여 학생 중 6%의 대학생과 9%의 고등학생들만이 제시된 주장의 실질적인 후원자(backer)를 정확하게 지적하였고 참여한 학생들 대부분은 정보원의 이해관계나 신분을 명확하게 밝히지 않은 웹사이트를 믿을 수 있는 정보의 출처로 인식하는 것으로 나타났다(McGrew, Ortega, Breakstone, & Wineburg, 2017).

가짜 뉴스나 편향된 정보에 많이 노출된 젊은 세대들은 사회적 현상에 대한 왜곡이나 공적 이슈에 대한 확증 편향(filter bubble) 등의 부정적인 영향을 크게 받게 된다. 미국 K-12 사회과 담당 교사들을 대상으로 한 설문조사에 따르면 최근 학생들이 전반적으로 신뢰할 수 없는 정보원에 의존하는 미디어를 활용하여 사회적 현실(reality)을 파악하는 문제적 행동을 많이 보이는 것으로 나타났다 (Hamilton, Kaufman, & Hu, 2020). 또 다른 전국 단위의 미디어 리터러시 핵심 역량 조사에서도 대부분 학생들의 전반적인 미디어 리터러시 역량이 매우 저조한 것으로 나타났다(Breakstone et al., 2019). 이러한 현상은 학생들이 디지털 매체들을 적극적으로 활용하는 세대 (digital native generation)라는 점을 고려할 때 상당히 모순적인 현상이라고 할 수 있고 이러한 역량의 부족 현상은 오히려 심각한 사회 문제로 연결될 수 있다.

이러한 사회적 현상에 대한 대응책으로 미디어 리터러시에 대한 사회적 관심이 커지고 있다. 새로운 교육 방안들을 탐색하고 있는 미국에서는 다양한 관련 단체들의 활동만이 아니라 미디어 리터러시 관련 교육 정책에도 많은 변화를 보이고 있다. 이러한 미국의 현황을 살펴보고 관련된 논의들을 살펴보는 것은 국내 현장에 유용한 시사점을 제시할 수 있고 국내 교육 현장에 적용할 수 있는 다양한 시도에 대한 논의를 이끌어 낼 수 있을 것이다.

미국 미디어 리터러시 교육 현황

미디어 콘텐츠를 효율적으로 검색하고 뉴스와 정보를 적절하게 활용할 수 있는 역량은 미국 교육의 핵심 목표 중 하나이지만 이를 교육하는 현장에서 현실적 한계는 존재한다. 우선 기존 교육 과정과의 공존 문제를 들 수 있는데 주 교육청과 각 지역 교육청에서 지정한 기본 교과목(basic course requirement)과 사립학교들의 주요 핵심 교과목들로 인해 새로운 정규 교과목의 추가는 현실적으로 매우 한정적이다. 여기에 연방 정부의 "No Child Left Behind Act(NCLB)" 정책은 읽기와 수학 등의 표준 성과지표(standardized test)의 향상을 강조하게 되면서 미디어 교육 같은 비표준화된 성과지표 성격을 지닌 과목들은 상대적으로 축소되기 마련이다(Powers, 2010).

또 다른 어려움은 교육 현장에서 미디어 리터러시를 교육할 수 있는 역량이나 자원의 한계를 들 수 있다. 미디어 리터러시 교육에 관심이 많은 교사는 미디어 교육에 활용할 수 있는 교육 부교재의 부족과 상대적으로 분명한 교육 지침의 부족 등을 주요한 장애 요인으로 거론하고 있다. 미디어 리터러시 교육을 담당하는 교사들은 교육에 대한 명확하고 구체적인 지침뿐만 아니라 기존의 정규 교육에 미디어 교육을 통합할 수 있는 구체적인 교육 지침이 절실하게 필요하다. 내부적으로 사용할 수 있는 재원이나 담당할 수 있는 교원 인력의 부족들도 주요한 장애 요인 중 하나이다(Baker, Faxon-Mills, Huguet, Pane, & Hamilton, 2021).

이러한 현실적 어려움에도 불구하고 미국의 공공교육은 다양한 미디어 리터러시 교육을 제공하고자 노력하고 있다. 미국 초, 중, 고등학교(K-12) 교사를 대상으로 한 설문 조사에 따르면 응답자의 80%는 자신들의 학교에서 다양한 형태의 미디어 리터러시 교육을 하고 있다고 응답했다. 학교가 위치한 지역의 사회, 경제적 상황에 따라 일정 정도 차이는 있지만, 전체 응답자 중 상당한 비율(약 41%)의 학교에서 정규 수업 과정에 미디어 리터러시 교육 프로그램을 통합해서 교육하고 있다고 응답했다(Baker, Faxon-Mills, Huguet, Pane, & Hamilton, 2021). 대체로 미디어 리터러시 교육은 재원이 풍부한 학교를 중심으로 일종의 특성화 교육의 일환으로 방과 후 수업 혹은 여름학기 수업 형식으로 진행되는 경향이 높다(Tiemann, Melzer, & Steffgen, 2021).

미국의 미디어 리터러시 교육에서 공공 교육이 부차적인 역할에 머물러 있는 동안 다양한 사회단체(NGO)들의 자발적인 노력으로 다양한 관련 프로그램이 발전되면서 활발하게 이루어지고 있다. 지역 기반을 갖춘 관련 사회단체나 저널리즘 산업의 지원을 받은 다양한 전문 연구기관들이 다양한 지역적 맥락이나 상황을 반영한 미디어 교육 프로그램들을 제공하는 일종의 '상향식(bottom-up)'으로 각 교육 프로그램이 구성된다고 할 수 있다(Kubey, 2004). 하지만 오랜 역사적 경험을 갖춘 관련 사회단체들의 방과 후 수업이나 사회운동 차원의 활동만으로는 미국 학생들의 미디어 리터러시 역량의 전반적인 부족 현상을 적절하게 해결하기에 여전히 제한적이라고 할 수 있다.

미디어 리터러시 교육 관련 정책 변화

미디어 리터러시에 대한 사회적 관심이 커지고 있는 가운데 미디어 리터러시 교육에 관한 정책적 변화도 나타나고 있다. 가짜 뉴스의 폐해에 대한 우려뿐만 아니라 이에 대한 사회적 대처에 대한 요구들이 커지는 가운데 주(state) 정부 차원에서 미디어 리터러시 교육에 대한 논의들이 최근 활발하게 진행되고 있다. 특히 2022년 기준으로 텍사스, 플로리다, 뉴저지 등 18개 주에서 공공 교육 과정에서 미디어 리터러시 교육을 장려하는 관련 법안들이 제정되는 등 실질적인 결과물이 나타나고 있다(Media Literacy Now, 2023).

각 주에서 통과된 미디어 리터러시 관련 법안들은 각 주의 지역적 특성도 반영하지만 핵심적인 개념을 공유하고 있다. 핵심 개념 중 하나는 주 정부, 구체적으로 주 교육청이나 주 교육부는 교육 현장에 실제로 적용할 수 있도록 미디어 리터러시 관련 교수법(instruction)을 구체적으로 포함할 교육 방안을 제시할 것을 의무화하는 것이다. 미디어 리터러시 교육은 교육 주체의 성향에 따라 독특한 교육 목표를 가지는 교육을 지향하기보다는 보편적인 교육 목표를 추구하는 정규 교과목 형태로 체계화하고자 하는 노력의 일환이라고 할 수 있다. 예를 들어 델라웨어의 주 교육청이 유치원부터 고등학교까지 사용될 수 있는 증거 기반 미디어 리터러시(evidence-based media literacy) 교육 기준을 채택할 것으로 의무화하고 주 교육청이 미디어 리터러시 교육을 집행하고 지원할 주체로 선정하는 법안을 2022년에 통과시켰다. 2014년부터 소셜미디어 사용법에 대한 교육을 시작한 뉴저지에서도 모든 유치원부터 고등학교까지 적용할 수 있는 정보 리터러시(information literacy)의 교수법을 명시하는 법안을 2022년에 통과시켰는데 이 법안에서는 정보 리터러시를 미디어 리터러시의 주요 구성요소로 정의하고 있다(Media Literacy Now, 2023).

또 다른 공통 요소는 각 주의 교육을 담당하는 교육청 혹은 교육부는 공공 의무 교육과정(K-12)에 적용할 수 있는 미디어 리터러시 교육의 기준을 만드는 것을 의무화하는 것이다. 기존의 K-12 교육 과정인 언어와 예술, 사회, 건강 등 과목에 미디어 리터러시 교육을 통합하는 공식 모델이나 제시하거나 해당 교과목 통합 기준을 확립하고 이러한 적용을 의무화하는 경우도 3개 주 정도에 머물러 있었다(Media Literacy Now, 2023). 새로운 법안들에서는 이러한 한계를 극복하려는 방안을 공통으로 포함한다. 플로리다주에서는 2013년, 오하이오주에서는 2009년 이후 미디어 리터러시 교육이 모든 학년의 교과 과정에 통합될 수 있도록 주 교육청이 교과 기준을 발전시킬 것을 의무화하였다(Media Literacy Now, 2023).

🗂 미디어 리터러시 교육의 새로운 지향

미디어 리터러시 교육에 대한 이론적 논의 방향과는 별개로 미국 내 미디어 리터러시 교육의 방향 혹은 지향점은 시기에 따라 다양하게 나타났다. 다양한 주체들로 이루어진 교육 현장에서는 시기나 상황에 따라 실용적 방식으로 교육 내용이 제시됐던 것으로 보인다(Hobbs et al., 2019). 미디어 리터러시 교육의 체계화를 위해서는 시기나 교육 주체의 특성에 따른 차이를 최소화하면서 보편적인 교육 목표나 지향점을 구체적이고 명확하게 확립할 필요가 있다.

미디어 리터러시라는 용어는 개념화 초기부터 다양한 이론적 요소들과 개념을 포함하는 복합적인 개념으로 논의됐다. 대표적으로 미디어 콘텐츠의 사전적 의미를 해석하고 이를 이해하는 능력을 의미하거나 미디어 콘텐츠를 통해 구성된 사회적 현실을 파악하는 능력이나 미디어 콘텐츠에 표현된 서사 구조나 내포된 상징을 파악하는 역량을 의미하기도 하였고(Potter, 2018) 미디어 산업을 구성하는 요소들의 구조적 특성이나 이를 통해 반영된 사회적 영향력을 분석하는 역량 등 상당히 광범위한 개념들이 주어진 문맥에 따라 복합적으로 다양한 역량이나 역할을 의미하는 개념이나 주제의 형태로 제시되어 왔다(Hobbs, Moen, Tang, & Steager, 2022).

이러한 개념적 다양성을 반영하는 미디어 리터러시 교육은 다양한 교육 프로그램이나 활동(initiative)들로 이루어지는데 교육 주체에 따라 차별적인 학습 목표를 제시하는 경우도 많다. 예를 들어 다양한 실습 활동을 강조하는 프로그램은 창의적인 미디어 생산자를 훈련하는 것에 두고 있는 경우가 많지만 비판적인 활동에 초점을 맞추는 미디어 리터러시 교육은 비판적인 미디어 소비자를 양성하는 것에 초점을 두는 경우가 많다. 또한 미디어 리터러시 교육은 교육 현장에서 각기 다른 교육적 위상을 가지는 경우도 많다. 단독 과목의 형태인 경우도 있지만 언어, 수학, 과학, 혹은 시민 교육 등 주요 과목들의 내용 중 일부로 통합된 형식으로 이루어진다. 예를 들어 어떤 학교는 언어나 예술 수업(language & art)의 일부로, 다른 학교는 과학이나 건강 교육(health education), 또 다른 학교는 사회 수업(social studies)의 일환으로 이루어지는 방식이다. 또 다른 사례에서는 여러 과목의 교육 방법(pedagogy)중 하나로 포함되는 것으로 미디어 리터러시 교육은 하나의 수업 활동이나 지침 정도의 위상을 가지는 경우도 있다(Tiemann et al., 2021). 하지만 이러한 교육 목표나 위상의 차이에도 불구하고 미디어 리터러시 교육 프로그램들은 교과목 구성 요소나 교과 활동 측면에서 서로 유사한 경우가 많다. 미디어 리터러시 교육 프로그램이나 활동들이 명확하고 보편적인 교육 목표를 가진 체계적인 커리큘럼을 제공하지 못하는 경우가 많다.

이른바 가짜 뉴스로 주로 알려진 조작적인(manipulative) 정보에 대항하기 위한 해결 방안의 하나로서 젊은 세대에 대한 교육적 방안들이 사회적 관심을 받고 있다. 미디어 리터러시 교육의 다양한 지향점 중에서 미디어 콘텐츠의 정보나 뉴스를 비판적으로 사용하는 능력에 초점을 맞춘 뉴스 리터러시(news literacy) 교육이 최근 중요하게 부각되고 있다. 이전에는 뉴스 리터러시는 실용적 가치를 특정하지 않는 일종의 교양 활동(civic activities)정도로 인식되거나 특정한 사회 이념이나 정치적 가치관들을 파악하거나 표현하기 위한 일종의 이론적 도구 중 하나로 주목받는 경향이 많았다. 하지만 복잡한 미디어 환경에서 일상생활을 위해서 필요한 정보나 뉴스를 적절하게 이용하기 위한 기본적 역량을 갖추는 것이 필수적이라는 공감대가 확산하면서 뉴스 리터러시의 교육적 가치가 커지고 있다.

따라서 최근 다양하게 이루어지는 미디어 리터러시 교육의 논의에서는 민주 시민으로서의 개인의 적절한 정보 능력(capacity)을 개선하는 것이 주요 목표로 제시되고 있다(Buckingham, 2019).

미디어 리터러시 교육을 초. 중, 고등 교육(K-12)에 적용하는 대표적인 주 중 하나인 델라웨어의 경우 교육청이 제시하는 미디어 리터러시 모델은, 모든 학생이 믿고 신뢰할 만한 정보나 정보원을 이용할 수 있는 탐구적인 자세를 견지하면서 안전하게 미디어를 검색하고 사용할 수 있는 최선의 방법에 대한 사려 깊은 교육을 받을 수 있도록 하는 것을 미디어 교육의 기준으로 제시하고 있다. 이러한 접근은 학생들에게 특정한 아이디어에 대해서 옳고 그름을 제시하는 것이 아니라 학생들 스스로 주어진 정보나 뉴스 등을 이해하고, 평가하고, 분석할 수 있는 비판적 사고(critical thinking)역량을 교육하는 것을 핵심적 목표로 삼고 있다고 할 수 있다(Media Literacy Now, 2023).

미디어 리터러시 교육 방안들

미디어 리터러시 교육 혹은 미디어 교육 프로그램은 다양한 이론적 개념을 반영하면서 서로 다른 교육 목표와 교육 형태로 시행됐다(Reese, 2012). 하지만 보다 보편적이고 체계화된 교육 체계를 갖추고 최근 사회적 요구에 대응하기 위해서 미디어 리터러시의 다양한 영역을 포괄적으로 포함하기보다는 뉴스 리터러시 위주로 교과목 구성이나 전반적 학습 내용의 초점을 맞추는 것이 유용하다. 이를 위해 뉴스 리터러시 교육에 대한 전반적인 교과목 구성에 대한 원칙뿐만 아니라 다양한 수업 형태에 적용할 수 있는 창의적 아이디어들도 활발하게 논의되고 있다.

뉴스 리터러시 커리큘럼 개발 프레임

미디어 리터러시 교육의 다양한 지향점으로 인한 편차를 최소화하고 명확한 학습 목표와 체계적인 수업 구성을 위해 뉴스 리터러시 교육에 초점을 맞추는 것이 유용하다. 뉴스 리터러시 수업의 설계에 필요한 가이드라인은 미디어 리터러시 교육의 개념 중 많은 부분을 공유한다. 반면 뉴스 리터러시 수업은 학습 범위나 교육 방식, 평가 기준이나 교육 활동 등에서는 보다 구체적이고 실용적인 형태를 제시할 수 있다.

뉴스 리터러시 교과목을 개발하기 위해서 단독 강좌를 위한 수업 디자인뿐만 아니라 기존의 교과목에 뉴스 리터러시 교육을 통합하는 방식에 적용할 수 있는 이론적 근거가 중요하다. 인지 심리학을 토대로 하는 백워드(backward) 개발 프레임은 목표로 하는 학습 결과를 강조하는 교과목 개발 프레임으로 학습 계획(planning), 핵심 교육 내용, 그리고 평가 과정을 최적으로 구성하고자 하는 교과목 개발 프레임(Understanding by Design: Ubd)(Wiggins & McTighe, 2005)이다. 이 교과목 개발 프레임은 학습 목표를 명확하게 제시하고 교육 시간뿐만 아니라 학습 시간도 적절하게 제공하여 심화된 이해라는 원하는 교육적 성과를 달성하는 방법을 제시하게 된다. 구체적으로 해당 과목의 강좌별 공통 학습 기준, 핵심 질문들, 지식이나 기술 목표, 실습이나 학습 활동들을 포함한 뉴스 리터러시를 체계적인 교과 과정(curriculum)을 구성하기 위한 이론적 틀(framework)로 제안한다(News Literacy Project, 2023).

미디어 리터러시 교육 관련 대표적인 비영리 단체 '뉴스 리터러시 프로젝트(News Literacy Project: NLP)'는 능동적인 이용자들이 뉴스나 그 밖의 미디어 콘텐츠의 신뢰성을 판단할 수 있는 역량을 훈련하기 위한 뉴스 리터러시 교과목 개발 프레임을 제안한다. 뉴스 리터러시 수업을 위한 백워드 교과목 개발 프레임은 크게 세 가지 단계(stage)로 구성되어 있는데 첫 번째 단계는 달성하고자 하는 학습 목표를 파악하는 것, 두 번째 단계는 학습 결과 평가 근거 혹은 기준을 선정하는 것, 세 번째 단계는 구체적인 학습 경험이나 지도 방법을 계획하는 것으로 이루어진다. 이 교과목 개발 프레임은 개념적 이해를 구축하면서 뉴스 리터러시 능력을 갖추고 학생들이 자신의 배움을 실제로 적용할 수 있도록 훈련하는 것을 목표로 하게 된다(News Literacy Project, 2023).

(1) stage 1: 학습 목표 확인

교과목 설계의 첫 번째 단계는 수업의 목표를 고려하면서 수업 내용을 검토하고 예상 교과 과정(curriculum)을 평가하는 단계이다. 수업을 디자인하는 과정에서 수업 기간 동안 다룰 수 있는 수업 내용은 한정적이라는 점을 이해하고 적절하게 수업 내용을 현실적으로 선택하는 것이 필수적이다. 그래서 첫 번째 단계에서 핵심 역량을 반영하는 학습 목표를 제시하고 그것을 달성할 수 있도록 수업 내용의 우선순위를 정하는 것이 중요하다. 학습해야 할 핵심 역량을 명확하게 반영하는 학습 목표를 제시하는 것이 중요하다.

잘못된 정보에 의해 악용되는 것을 피하면서 신뢰할 만한 정보를 인식하고 근거를 토대로 한 결정을 스스로 내릴 수 있는 핵심 역량들은 다섯 개의 주요 기준(primary standards)에 의해서 규정된다〈표 1〉. 제시된 주요 기준들을 통해서 뉴스 문해력(news-literate)에 필요한 관련 지식(knowledge), 기술(skills), 그리고 태도(mindset)를 적절하게 통합할 수 있는 수업을 구성하는 것을 목표로 하게 된다.

<표 1> 뉴스 리터러시 핵심 역량의 주요 기준들

기준 구분	기준 내용
기준 1	뉴스와 다른 형식의 정보를 구분할 수 있다(전통적인 광고뿐만 아니라 새로운 형태의 광고를 구분, 인식)
기준 2	민주주의 사회에서 표현의 자유와 사실에 근거한 판단을 가능하게 하는 언론 자유의 중요성을 인식할 수 있다
기준 3	양질의 언론이 충족해야 하는 평가 기준을 이해하고 기준을 활용해서 신뢰할 수 있는 정보와 정보원을 판별할 수 있다
기준 4	효율적 검증 능력을 활용하여 잘못된 정보와 불완전한 증거를 식별하고 주어진 콘텐츠를 비판적으로 검토할 수 있다
기준 5	자신들이 다른 사람들과 공유한 정보에 대해서 책임감을 느끼고 보다 적극적인 사회 참여를 할 수 있다

첫 번째 단계에서는 수업에서 학습한 내용을 현실에 적용할 수 있도록 하는 구체적인 방법(transfer of learning)에 대해서 고민해야 한다. 뉴스 리터러시는 교실이나 강의실에서의 논의만이 아니라 다양한 상황에서 배운 내용을 구체적으로 적용하는 방법을 통해 수업의 핵심을 심층적으로 학습할 수 있도록 수업을 설계, 구성하는 것이 필요하다. 또한, 첫 번째 단계에서는 반드시 이해해야 할 주요 개념과 필수 질문(essential questions)을 체계적으로 제시하고 수업 내용 중 핵심 지식과 역량(knowledge and skills)을 명확하게 설정하는 것이 필요하다.

학생들이 스스로 현실에 적용할 수 있는 뉴스 리터러시 역량을 갖추기 위한 학습 목표들은 구체적으로 제시되어야 한다. 먼저 학생들은 뉴스와 다른 종류의 정보를 구분할 수 있어야 한다. 그리고 정보에 대한 건강한 회의적 태도(skepticism)를 보여주어야 한다. 또한, 학생들은 신뢰할 만한 정보와 정보원을 식별할 수 있어야 한다. 여기에 잘못된 정보와 불완전한 증거를 감지할 수 있어야 한다. 마지막으로 검증된 정보를 공유하고 잘못된 정보를 지적함으로써 긍정적으로 사회에 이바지할 수 있어야 한다.

(2) stage 2: 평가 기준과 근거 설정

이번 단계는 교과 과정을 설계하면서 수업의 성과를 어떻게 평가할 것인지에 대한 구체적인 기준과 평가 방법을 결정하는 단계이다. 뉴스 리터러시 수업에서 학생들은 필요한 개념이나 이론을 학습하고 다양한 평가 과제(performance task)를 수행하게 되는데, 담당 교사들은 학생들이 수행 평가 과제나 해당 내용들을 잘 학습했는지를 평가할 방법에 대해 사전에 명확하게 준비하여야 한다. 첫 번째 단계에서 제시된 학습 목표를 적절하게 반영하는 수업 내용에 대한 이해도와 수행 평가 과제에 대한 성취도를 평가할 수 있는 구체적인 평가 근거(assessment evidence)를 만드는 것은 수업 구성의 집중도를 향상하는 매우 중요한 요소가 될 수 있다. 따라서 첫 번째 단계의 학습 목표와 두 번째 단계의 평가 방법을 서로 정렬함으로써 수업 내용과 학습 단위를 보다 일관되고 집중되도록 구성할 수 있다.

뉴스 리터러시 교육의 성취도를 위한 평가는 크게 두 가지 유형으로 구분될 수 있다. 첫 번째 유형은 수행 능력(performance task)을 평가하는 것으로 학생들이 수업 내용을 얼마나 잘 이해하고 있는지와 이해한 내용을 실제 상황에 필요한 역량으로 전환해서 사용할 수 있는지를 평가하는 것이다. 이를 평가하기 위해서 학생들에게 자신들이 수업에 배운 내용을 실습 상황뿐만 아니라 새로운 상황에도 적용해야 하는 여러 활동을 수행하게 하고 이를 평가하게 된다. 또 다른 평가 방법은 전통적인 퀴즈나 시험, 관찰, 그리고 수업 내용 요약 등 기타 평가 방법들도 적절하게 사용될 수 있다.

수업 내용이나 학습 목표에 따라 다양한 평가 방법이 선택될 수 있지만 평가 방법을 결정하는 기준은 명확해야 한다. 평가 방식을 결정하는 과정에서 평가하기 수월한 항목을 측정하는 것이 아니라 수업의 학습 목표를 반영하는 항목을 선택하는 것이 중요한 기준이라고 할 수 있다. 뉴스 리터러시 교육에 적합한 평가 방법은 수업 내용의 특성과 학생들의 관심사를 고려하면서 핵심적인 학습 내용과 학습 목표에 적합한 기준에 대한 평가 방법을 구성하는 것이다.

평가하는 교사나 강사들은 학생들이 얼마나 각자의 수행 평가를 잘 수행하였는지를 평가할 기준을 명확하게 인식하여야 한다. 평가 기준은 얼마나 명확한지(clarity), 얼마나 정확한지(accuracy), 학생들이 얼마나 자신들의 생각을 분명하게 설명하였는지, 학생들이 정보원 혹은 출처를 명확하게 분석하였는지 등을 판단할 수 있는 평가 기준을 적용하는 것이 중요하다. 물론 현실 수업에서 적용된 평가 기준이 모든 요소를 포괄할 수는 없지만 상황에 따라 다양한 창의적인 평가 방식들도 유연하게 활용될 수 있다.

〈표 2〉 뉴스 리터러시 평가 사례들

평가 기준 (standard)	평가 근거(assessment evidence) 활용 사례
기준 1	관심 있는 이슈나 사안을 선택하고 관련된 다양한 정보원에서 최대 다양한 사례를 찾아내는 과제
기준 2	'온라인 언론 자유 지표'를 이용, 언론의 자유 순위에 영향을 미치는 요인이나 조건 조사
기준 3	뉴스 작성을 통해 양질의 저널리즘에 대한 기준을 적용
기준 4	주요 팩트 체크 웹사이트에서 잘못된 정보에 관한 사례들 검토, 주어진 주제에 대한 루머의 형태 파악
기준 5	사회적 참여 활동 리스트 작성, 수행되어야 할 참여 활동의 우선순위 결정
기준 1, 3, 5	지난 한 주 동안 사람들과 공유했던 소셜미디어 포스팅을 추적, 사실에 토대를 둔 주장을 한 포스팅의 비율 계산

위에서 제시된 〈표 2〉는 교과목 개발 첫 번째 단계(stage 1)에서 제시한 기준에 호응하는 평가 근거 사례를 제시한 것이다. 위 표에서 설명한 것처럼 해당 수업의 학습 목표에 따라 개별 기준마다 호응하는 평가 근거를 제시하거나 복수의 평가 기준을 적용한 평가 근거를 제시할 수 있다. 그리고 평가 근거들은 해당 수업의 학습 목표, 학생들의 특성 등을 고려해서 명확하고 객관적인 평가 근거를 제시할 수 있어야 한다.

(3) stage 3: 학습 경험과 교육 방법 계획

뉴스 리터러시 교육을 설계하는 세 번째 단계에서는 담당 교사들이 학습 목표를 달성하기 위해 가장 적절한 수업 내용과 수업 활동들을 계획한다. 첫 번째 단계에서 제시된 뉴스 리터러시 교육의 학습 목표는 크게 세 가지로 구분될 수 있다: 현실 상황에서의 적용(transfer), 반드시 이해해야 할 핵심적인 지식이나 개념, 그리고 필수 핵심 기술이나 역량. 담당 교사들은 세 가지 학습 목표를 달성하기 위한 구체적인 활동을 구상하고 각 학습목표에 적합한 구체적인 지도 방법(instruction)을 가지고 있어야 한다. 많은 경우 교사들은 필요한 지식이나 기본적 기술들을 학생들에게 전달하는 것에 초점을 두면서 학생들이 이러한 개념들에 대한 깊이 있는 이해를 갖거나 배운 지식이나 기술들을 구체적인 현실에 적용(transfer)하는 방법을 교육하는 것에는 크게 주목하지 않는 경향이 있다.

교사들이 해당 지식이나 개념에 대해서 수업을 통해서 단순하게 제시하는 것만으로는 심층적인 이해를 이끌어내기 어렵다. 학생들이 배운 내용에 대한 심층적인 이해를 갖추기 위해서는 학생 스스로 배운 내용에 대한 유추나 일반화를 시도할 수 있는 다양한 시도를 할 필요가 있다. 학생들은 배운 내용에 대해서 오해하거나 잊어버리는 과정을 통해서 스스로 배운 내용에 대한 자신만의 이해나 해석을 구성할 수 있게 된다.

학생들이 자신의 지식이나 기술을 실제로 적용할 수 있게 하기 위해서는 담당 교사의 역할이 매우 중요하다. 교사는 수업에서 일방적인 지식 전달자의 역할뿐만 아니라 학습 내용의 의미를 구성하는 과정에서의 조력자 또한 배운 지식을 어떻게 사용할 수 있는지에 대한 일종의 조언자 혹은 상담사의 역할도 해야 한다. 배운 지식을 다양한 상황에 적용할 수 있는 역량을 학습하기 위해 학생들은 지식이나 기술을 적용할 수 있는 여러 상황을 제공받고 과제에 대한 피드백을 통해서 역량을 향상시킬 수 있다.

뉴스 리터러시 수업은 학생들을 뉴스 리터러시에 스스로 관심을 가지고 적극적으로 참여하게 하는 방법을 중심으로 구성되는 것이 필요하다. 핵심 이론이나 중요한 개념들을 소개하고 논의하는 수업은 학생들이 뉴스 리터러시에 대한 핵심적인 개념이나 질문을 스스로 생각하고 궁금하게 만들도록 구성되어야 한다. 또한 실습, 수행평가에 대한 교사의 피드백, 팩트 체크와 같은 특별 과제, 혹은 언론인 초대 강좌 등 학생들의 역량을 시험하거나 뉴스 리터러시 관련 어휘, 개념 등을 요약, 반복하거나 도발적인 이슈를 다루는 논의를 이끌어내면서 학생들의 이해를 심화시키기 위한 다양한 활동이나 학습 기회를 제공하는 것이 중요하다.

미디어 리터러시 평가 과제 방안들

미디어 리터러시 수업의 평가 과제들은 수업에서 학습한 내용을 실제 상황에 적용할 수 있는 구체적인 활동을 제시하고 이를 통해 학습한 내용의 이해를 심화시키는 중요한 역할을 할 수 있다. 학생들의 흥미나 관여도를 높일 수 있는 창의적인 방식을 채택하면서 전반적인 학습 목표에 적합한 실습 과제를 제공할 필요가 있다. 뉴스, 광고, 소셜미디어 포스팅 등 다양한 미디어 콘텐츠를 도구로 활용하면서 현실적인 미디어 리터러시 역량을 함양할 수 있는 평가 과제를 고민하는 것이 핵심이다.

(1) 정보원 검증(Vetting sources)

다양한 미디어 콘텐츠, 특히 뉴스에 대한 평가에서 정보원(source)에 대한 검증은 기본적이면서도 핵심적이라고 할 수 있다. 미디어 콘텐츠의 신뢰도를 판단하기 위해 이용자들이 인용된 정보원의 전문성이나 사회적 평판 등을 고려하기도 하지만 현실적으로 정보원의 정체성이나 특성을 비판적으로(critical) 검토하기보다는 다소 자의적(heuristic) 판단하는 경향이 높다. 하지만 정보원에 대한 검증은 다층적인 접근이 필요하고 정보원을 적절하게 검증하기 위해서는 상식적인 접근을 넘어서는 복합적인 역량이 요구된다.

정보원을 검증하기 위해서 우선 정보원의 종류나 특성을 이해해야 한다. 정보원의 신분이나 정체성은 해당 정보원의 전문성이나 신뢰성을 파악하는 데 핵심적인 근거라고 할 수 있다. 일반적으로 특정 정보원이나 특정 단체들은 특정한 이해관계나 지향점을 대표하기 때문에 이러한 정보원의 정체성을 파악하는 것은 제시된 정보나 정보에 포함된 이해관계나 편향성을 가름하는 데 중요한 기준이 될 수 있다. 이런 점에서 정보원의 정체성 명시 여부는 주장의 신뢰성을 파악하는 과정에서 중요한 요소이다.

신뢰할 만한 뉴스나 정보를 얻기 위해서는 정보원의 명시적 정체성을 확인하는 것도 필요하지만 다양한 정보원을 이용하는 것이 근본적인 해결책이 될 수 있다. 모든 정보원은 오류의 가능성이 있으므로 소수 정보원의 신뢰성에만 의존하는 것은 적절하지 못하다. 또한 정보원의 정체성, 전문성, 이전의 이력, 혹은 역사 등을 파악하는 것은 단순히 해당 정보원을 무조건 신뢰하거나 배제하기 위해서라기보다는 똑같은 정보원에만 의존하지 않고 다양한 정보원을 선택하고 서로 비교하기 위한 사전 조건이라고 할 수 있다.

편중된 정보원의 선택은 개인화된 미디어 환경에 의해 심화하고 있다. 이른바 필터 버블(filter bubble)이라 불리는 이 현상은 구글 등의 검색 플랫폼이나 다양한 소셜미디어를 통해 이용자의 성향을 반영해서 필터링된 정보를 제공하게 되면서 사람들이 이용하는 정보의 양이 증가하더라도 실제로는 동일하거나 유사한 관점의 뉴스나 정보에만 노출되게 된다. 이러한 현상은 정보 과잉의 미디어 환경과 결합되어 사회적 현실에 대한 잘못된 결론을 내리게 될 가능성이 커지게 됩니다.

이러한 정보원 편중 현상을 탈피하기 위해서 몇 가지 기본 원칙을 적용할 필요가 있다. 먼저 평소에 본인이 주로 사용하는 뉴스 매체나 정보원의 종류나 특성을 파악하고 스스로 특정한 종류의 정보원에만 지나치게 의존하고 있다고 판단되면 사용하는 정보원의 종류의 전반적인 균형을 맞추도록 노력할 필요가 있다. 여기에 가능한 다양한 뉴스 매체나 정보원을 사용함으로써 다양한 측면이나 관점에 노출될 수 있도록 할 필요가 있다. 특히 최근 미디어 환경에서는 전통적인 뉴스 매체나 공식 정보원 이외에도 신뢰할 수 있거나 관련 전문성 있는 소셜미디어 플랫폼을 지속해서 검색하고 일상적인 정보원으로 적극적으로 활용하는 것도 좋은 방법이라고 할 수 있다.

① 평가 과제 1: 과학적 증거, 근거의 구분

레거시 미디어(legacy media)뿐만 아니라 소셜미디어나 유명 인플루언서들도 자신들의 주장을 정당화하기 위해 다양한 형태의 과학적 지식이나 정보를 활용하고 있다. 이렇게 인용되는 과학적 연구나 분석 자료들은 제시된 주장이나 결론을 정당화할 수 있는 구체적인 증거들을 제시하면서 뉴스나 정보를 보다 설득적으로 보이게 한다. 반면 객관적 사실(fact)을 제공하는 과학적 지식이나 정보들이 오히려 현실에서는 사람들에게 상당한 혼란이나 오해를 가져오는 경우도 많다. 같은 현상이나 이슈를 다룬 뉴스나 정보들이 각기 서로 다른 결론을 제시하는 과학적 연구 결과를 인용하는 경우를 흔히 볼 수 있기 때문이다. 예를 들어 동일한 식품이 건강에 유익하다는 연구 결과를 보도하는 뉴스가 있는 반면에 해당 식품이 위험하다는 의사의 견해를 전달하는 뉴스도 있다. 이러한 모순적인 상황에 대해서 사람들은 해당 주장에 대한 의혹뿐만 아니라 제시되는 주장 자체에도 의심을 품게 한다.

이러한 현상들은 사람들이 주어진 증거나 근거의 특징을 명확하게 판단할 수 있는 역량이 충분하지 못한 것과 연관이 있다고 할 수 있다. 뉴스나 정보에 포함된 모든 근거나 증거들이 같은 수준으로 만들어지는 것이 아니고 또한 똑같은 성격의 주장을 목표로 하지 않는다는 것을 이해하는 것이 중요하다. 모든 과학적 연구나 객관적 조사들이 나름대로 근거가 있지만 연구 방법의 종류, 연구 대상의 범위나 특성, 그리고 연구 목적에 따라 제공할 수 있는 증거의 수준이 차이가 발생하게 된다. 아래 제시된 〈표 4〉에서 구분된 여덟 개의 과학적 증거는 각기 다른 과학적 지식의 수준을 반영하는데 하단의 과학적 지식은 상단의 지식보다 오류와 편향을 포함할 가능성이 현저하게 크다. 이러한 구분은 과학 지식의 탐구 과정을 반영하는데 하단의 과학적 지식은 초기 연구 과정에서 주로 생산되고 상단의 지식은 더욱 엄격한 과학적 지식의 특성을 반영한다.

〈표 4〉 신뢰 수준 별 과학적 증거

신뢰도 순위	과학적 증거 종류	설명
1	메타 분석 & 체계적 리뷰	직접 연구를 시행하지는 않지만 조사 방법과 논리의 수준을 기준으로 선택된 다수의 연구를 분석하고 비평하여 가장 신뢰할 만한 연구나 결론을 제시하는 연구방법. 다양한 복수의 과학적 연구의 결과들을 결합하는 메타 분석(meta-analysis), 메타 분석에서 요약된 모든 데이터를 종합한 체계적 리뷰(systematic review)
2	무작위 테스트	과학적 연구의 핵심 기준인 무작위 추출법을 적용하여 연구 대상을 선택하고 그룹화함으로써 비교군(control group)과 조작군(treatment group)사이 최소의 편향을 가지고 실험 조작이나 자극의 영향을 비교, 분석할 수 있는 연구 방법
3	코호트 연구	다양한 그룹(cohort)에 노출된 공통 요인들의 영향을 관찰하기 위해 오랫동안 큰 규모의 연구 대상을 관찰하는 연구 방법, 다양한 이유로 무작위 추출법이 적용하지 않는 연구방법
4	대조군 연구	어떤 현상의 원인을 찾아내기 위해 특정 조건을 가진 연구 대상들과 특정 조건이 없는 연구 대상을 비교하는 연구 방법, 유용한 연구 방법이지만 우연한 발생을 완전히 배제하는 것은 제한적인 방법.
5	횡단 연구	특정한 한 시점에 특정한 연구 대상들을 관찰하는 연구 방법. 유용한 단면 사진을 제공하지만 인과 관계를 규명하기에는 충분하지 않다.
6	케이스 연구	특정한 특성을 가진 연구 대상(특정 개인이나 단체, 등)을 조사하는 연구 방법. 새로운 질병 연구처럼 연구 단계 초기에 시행되는 방법으로 특정 비교군을 고려하지 않는 연구 방법
7	전문가 의견	해당 영역의 전문가의 의견은 관련 근거를 전제하지만 관련 근거나 정보가 부족한 경우 전문가의 주관적 의견, 주장이 제시될 수 있다.
8	일화	특정 이슈나 사건, 사고에 대한 개인적인 경험이나 주장. 흥미뿐만 아니라 이해도 돕지만 주관적이고 신뢰하기 어려운 경우가 많다.

출처: News Literacy Project(2022)

② 평가 과제 2: 평행 읽기(lateral reading)

특정 뉴스나 정보를 구성하는 정보의 출처를 파악하는 것은 뉴스의 신뢰성을 파악하는 과정의 핵심적인 요소 중 하나라고 할 수 있다. 하지만 자신들이 잘 모르는 주제나 이슈에 대한 자료나 근거를 스스로 판단하는 것은 상당히 어렵고 전문적인 지식이 필요하게 된다. 따라서 관련 전문 지식이나 직접적 경험이 부족한 일반 이용자들이 사용할 수 있는 현실적 전략 중 하나로 특정 논증의 근거나 자료의 출처를 비교, 분석하는 것을 들 수 있다.

특정 이슈나 주제에 관한 뉴스나 정보에 포함된 주장(claim)의 신뢰성을 파악하기 위해 특정 주장과 이에 관련된 정보원이나 근거의 정체성을 파악하는 것은 매우 유용하다. 정체성 파악은, 단순하게 조직의 소속 여부나 명시적 관계(affiliation)를 넘어서, 뉴스나 정보에서 인용된 특정 정보원, 혹은 특정 이해 당사자, 전문가, 관련 기관이나 회사 등의 이해관계나 신념 혹은 가치관을 이해하는 것이라고 할 수 있다. 이는 특정 정보원의 신뢰성 더 나아가서 해당 정보원의 주장에 대한 신뢰성을 평가하는 데 핵심적인 요소라고 할 수 있다, 특히 제시된 개별적인 진술의 정확성 여부와는 별개로 해당 정보원이나 자료의 정체성이 투명하게 제시되어 있지 않을 경우 해당 뉴스나 정보원의 신뢰성을 의심할 수 있는 중요한 근거가 될 수 있다.

모든 주장이나 정보들은 예외 없이 특정한 관점이나 이해관계가 반영되는데 특정한 사실(fact)에 대한 강조, 생략, 혹은 배제의 형태로 이루어진다. 예를 들어 특정한 식품이 특정한 질병에 대한 치료 능력이 있다고 주장하는 뉴스에 포함된 주요 정보원이 해당 식품을 판매하는 회사이거나 혹은 관련 연구소의 연구 자료인 경우 해당 식품의 장점을 보다 강조하게 되거나, 혹은 증권 거래 회사나 증권 분석 전문가들은 자신들이 거래하는 종목이나 주식에 대해 보다 긍정적으로 제시하거나 상대적으로 자세하게 설명함으로써 사람들에게 특정한 주식이나 부동산의 가치가 높다고 주장할 수 있다. 따라서 주어진 정보원의 이해관계나 특정 정보의 맥락을 이해하지 못한다면 주어진 뉴스나 정보의 신뢰성을 평가하기 어렵다.

다양한 매체의 뉴스나 소셜미디어의 포스팅 뒤에 누가 있는지 파악하는 좋은 방법 중 하나는 평행 읽기(lateral reading)이다. 평행 읽기는 간단하게 정의하면 특정한 웹이나 소셜미디어 포스팅을 벗어나서 동일한 주제나 이슈에 대한 다른 사이트나 뉴스에서 제공하는 정보나 자료를 이용해서 불확실하거나 미지의 정보원을 비교, 검토하는 것이다. 반대로 수직 읽기(vertical reading), 즉 주어진 뉴스 혹은 사이트의 정보들을 제시된 순서나 구성대로 읽고 그대로 받아들이는 수동적 읽기만으로는 제시된 뉴스나 정보의 신뢰성을 평가하기 충분하지 않다. 제시된 스토리텔링 안에서만 사고하게 된다면 다양한 이야기 혹은 심층적인 정보나 사실을 살펴보더라도 여전히 원초적인 한계를 띨 수밖에 없다(Wineburg, Breakstone, McGrew, Smith, & Ortega, 2022).

국내 교육 현장을 위한 제안

미디어 리터러시는 21세기 버전의 문해력(literacy)이라고 할 수 있는데 구체적으로는 디지털 미디어 환경에서 다양한 형태의 미디어를 활용해서 정보나 뉴스를 검색, 이용, 평가하고 콘텐츠를 제작할 수 있는 다양한 역량을 포함한 개념이라고 할 수 있다. 최근에는 '가짜뉴스(fake news)'의 부작용에 대처할 수 있는 역량이라는 점에서 주목받게 되면서 정보 과잉 미디어 환경에서 효율적으로 정보를 판단하고 이용할 수 있는 비판적 사고(critical thinking)가 핵심적 요소로 부각되고 있다.

최근 이러한 사회적 문제에 대한 대응책으로 미디어 리터러시에 대한 관심이 커지면서 미국에서는 관련 교육 정책이 제정되고 미디어 리터러시 교육이 본격적으로 이루어질 수 있는 정책적, 사회적 토대가 마련되었다. 오랜 역사와 전문성을 갖춘 다양한 사회단체들의 활동이 활발했던 미국은 비정규적 교육 성격의 미디어 리터러시 교육을 본격적으로 공공교육에 편입하고자 하는 정책적 움직임을 보이고 있다. 이에 다양한 교육 목표를 포함하는 기존 미디어 리터러시 교육 프로그램을 뉴스 리터러시라는 보다 명확한 교육 목표를 규정한 프로그램 형태로 체계화할 수 있는 논의들이 활발하게 진행되고 있다. 또한, 교육 목표에 적합한 평가 기준이나 창의적인 평가 과제들에 대한 아이디어들도 다양하게 제시되고 있다.

국내에서도 정보 과잉 디지털 미디어 환경에 의한 다양한 사회 문제에 대한 지적과 함께 가짜 뉴스에 관련된 대처 방안 필요성에 대한 사회적 요구가 커지고 있다. 물론 미국과 한국은 사회적, 문화적 특성의 차이가 분명히 존재하지만 유사한 사회적 문제를 가지고 있다는 점에서 최근 미국 교육 당국의 움직임을 주목할 필요는 있다. 특히 미국의 경우와 비교할 때 국내 미디어 리터러시 교육 관련 단체들의 영향력이나 전문성이 크지 않다는 점을 고려한다면 국내의 경우 공공교육의 중요성이나 영향력이 훨씬 더 크다고 할 수 있다. 따라서 미국의 정책적 변화에 대한 이해는 국내 상황에 대한 대비책을 세우는 데 유용한 시사점을 제공할 수 있을 것이다. 그리고 현재 미국에서 논의되고 있는 다양한 교육적 시도들에 대한 탐색은 국내 교육 현장에 적용할 수 있는 창의적인 해답을 고민하는 데 좋은 참고가 될 것이다.

2장

영국

사회적 약자 고려한
공공 캠페인

오광일

캑터스 커뮤니케이션즈 코리아(에디티지) 이사

요약

영국의 미디어 리터러시(Media Literacy) 교육은 사회 전반적인 계몽 프로그램에 가깝다. 국가 교육과정에 정식 교과목은 아니지만 개별 교과목에서 관련 내용을 통합적으로 다루고 있다. 관련 교육자료는 과학·혁신·기술부(Department for Science, Innovation and Technology)와 디지털·문화·미디어·스포츠부(Department for Digital, Culture, Media & Sport)에서 제공한다. 미디어 리터러시 교육은 기존 ICT 교육의 연장이라고 볼 수도 있으나 '비판적 사고'에 더 초점을 맞춘다는 점에서 차이가 있다. 아울러 영국의 '미디어 리터러시' 교육에서는 사회 경제적 약자와 소외계층에 대한 대책을 함께 고민하고 있다는 점도 주목할 만하다. 영국 정부는 미디어 리터러시 교육이 사회 전반적인 캠페인이 될 수 있도록 온라인 미디어 리터러시 전략(Online Medial Literacy Strategy)을 2021년 7월 공식 발표하고 정책적으로 시행하고 있다. 이번 장에서는 영국 정부가 시행하고 있는 미디어 리터러시 전략의 내용을 간략히 소개한 후에 관련된 사례들을 소개하고자 한다.

온라인 미디어 리터러시 전략

(Online Medial Literacy Strategy)

영국 DCMS(Department for Digital, Culture, Media and Sport: 디지털·문화·미디어·스포츠부)는 2021년 7월 영국 내 기관 및 단체의 미디어 리터러시 교육을 지원하기 위해 3개년 전략 계획서를 발표했다. 이 계획서는 아래와 같이 총 9장으로 구성되어 있고 영국 정부가 지향하고 있는 미디어 리터러시 정책 방향을 망라하고 있다.

Chapter 1 Media Literacy

Chapter 2 Media Literacy Framework

Chapter 3 The Media Literacy Landscape

Chapter 4 Media Literacy and User Groups

Chapter 5 Disinformation and Misinformation

Chapter 6 Literacy by Design

Chapter 7 Media Literacy Challenges

Chapter 8 Activity Across Government

Chapter 9 The Role of Ofcom in Promoting Media Literacy

1) Year 1 Action Plan (2021/22)[1]: 미디어 리터러시 전략을 실행하기 위한 전문가 위원회 및 기본 체계 구축

- 미디어 리터러시 태스크포스 구성
- 교사 훈련 프로그램
- 소셜 미디어 인플루언서와 협력
- 지방 정부와 협업하기 위한 포럼 운영
- 미디어 리터러시 정책 홍보 및 인식 개선 캠페인
- 도서관 지원 프로그램 운영
- 청년 지원 프로그램 운영

Year 2 Action Plan (2022/23)[2]

영국 정부의 확장된 미디어 리터러시 프로그램 진행: 예산 2백만 파운드 투입

- 온라인 미디어 리터러시 전략 실행
- 이미 성공적으로 진행된 미디어 리터러시 센터 지원

---

1 https://www.gov.uk/government/publications/online-media-literacy-strategy

2 https://www.gov.uk/government/publications/year-2-online-media-literacy-action-plan-202223

- 6개 도전 과제 (영국 정부가 3년 동안 집중)

 – 섹터 상호 간 협력 부족

 – 체계적인 평가 도구 부족

 – 취약 계층 지원

 – 미디어 접근이 어려운 소외계층 지원

 – 재정 지원 부족

 – 조작된 정보와 허위 정보를 식별하고 대응하는 능력 향상

오브콤 (Ofcom)[3]

오브콤은 영국 정보 통신(communication) 산업의 독립적인 감시 기관이며 주로 아래와 같은 활동을 지원한다.

- 미디어 리터러시 프로그램 촉진

- 국민의 통신 기술에 대한 지식 및 사용 능력에 관한 연구활동 지원

- 국민이 방송이나 온라인상에서 접하는 내용을 잘 이해하고 사용하고 있는지 파악하기 위한 연구 활동 지원

---

3 https://www.ofcom.org.uk/__data/assets/pdf_file/0027/256554/MSOM-Annual-Plan-2023-24.pdf

(1) 메이킹 센스 오브 미디어(Making Sense of Media)

오브콤은 국민의 미디어 리터러시 향상을 위한 다양한 활동들을 지원한다. 그중에서 메이킹 센스 오브 미디어는 영국 국민과 아이들이 온라인상에서 알아야 할 것들에 대한 이해를 증진시키기 위해 운영하는 프로그램이다. 미디어 리터러시는 오프라인 상태에서도 다양한 형태가 존재하지만 메이킹 센스 오브 미디어 프로그램은 온라인 환경에 집중한다. 온라인 미디어 리터러시에 대한 오브콤의 접근법은 다면적이면서 다양한 것들을 고려하고 있다. 특히, 사람들이 온라인상에서 무슨 활동을 하고 어떤 경험을 하는지, 미디어 리터러시 정책들이 어떻게 디지털 기술들을 향상하는지, 그리고 다양한 교육 프로그램이 사람들이 온라인에서 생활하는 능력에 어떻게 영향을 주고 있는지에 대해 집중적으로 연구하고 있다. 이런 배경으로 오브콤은 미디어 리터러시 활동들을 아래의 영역에 집중시키고 있다.

- 미디어 리터러시 실무자와 광범위하게 교류하기
- 온라인 미디어 리터러시를 촉진하기 위한 시범 사업 및 캠페인 실시하기
- 미디어 리터러시를 위한 최적의 실행안 원칙 수립하기
- 미디어 리터러시 활동들의 효과성 평가하기
- 미디어 리터러시에 대한 상황을 연구하고 연구 결과를 공유하기

• 미디어 리터러시 활동을 적극적으로 홍보하기

온라인 미디어 리터러시 교육자료[4]

영국 정부 산하 과학·혁신·기술부(Department for Science, Innovation and Technology)와 디지털·문화·미디어·스포츠부(Department for Digital, Culture, Media & Sport)는 학교를 포함하여 다양한 기관에서 미디어 리터러시 교육에 활용할 수 있는 다양한 자료를 아래와 같이 주제별로 구분하여 제공하고 있다.

• 불쾌감을 주거나 잠재적으로 유해한 콘텐츠 피하기

• 부적절한 콘텐츠 신고하기

• 온라인 괴롭힘 방지하기

• 개인 정보 관리

• 잘못된 정보 및 허위 정보 식별하기

• 안전한 온라인 생활

• 극단적이고 과격한 내용에 대처하기

• 디지털 육아 기술

---

4   https://www.gov.uk/guidance/online-media-literacy-resources#avoiding-upsetting-or-potentially-harmful-content

- 타깃 광고에 현혹되지 않기
- 사이버 왕따 예방하기
- 건강한 온라인 생활하기
- 보복성 포르노에 대항하기
- 성적 학대 신고하기
- 온라인상에서의 법률적인 내용과 권리 이해하기

영국의 미디어 활용 사례

버넷 뉴스 클럽(Burnet News Club)

버넷 뉴스 클럽은 현재 일어나고 있는 다양한 사건들에 관한 뉴스를 읽고 토론하면서 학생들의 비판적 사고력과 문해력을 키우기 위한 프로젝트이다. 버넷 뉴스클럽은 이코노미스트 교육 재단(Economist Educational Foundation)이 운영하고 있으며 교사들에게 다양한 뉴스 자료들을 제공한다. 이런 뉴스 자료들은 교육과정에 포함될 수도 있고 과외 활동(extracurricular activity)으로 활용될 수도 있다. 영국의 국가 교육과정에서 미디어 리터러시는 정식 교과목은 아니지만, 각 교과목에 통합하여 자연스럽게 지도하고 있다. 버넷 뉴스 클럽은 그런 활동 중 하나라고 할 수 있다.

출처: Burnet News Club, https://economistfoundation.org/news/category/burnet-news-club/

(1) 활동 목표

아이들은 세상에서 벌어지고 있는 다양한 사건들에 관해 관심을 가질 수 있고 뉴스를 통해 전달되는 정보를 해석하고 비판하는 연습을 하다 보면 정보 문해 능력을 향상할 수 있다. 그뿐만 아니라, 뉴스 기사가 다루는 주제에 대해 친구들 또는 교사와 토론하면서 말하기 능력도 함께 발달하게 된다. 뉴스를 읽으면서 정보를 수집하고, 수집된 정보를 비판적으로 받아들이게 된다. 해당 정보의 진위 여부를 판단하고, 이해한 내용을 바탕으로 다른 사람들과 토론 또는 다른 사람들에게 설명할 수 있는 능력을 키우게 될 것이다.

예시: 뉴스 읽고 토론하기 활동 구성[5]

- 탐구하기: 뉴스가 다루는 내용 탐구하기
- 비판적으로 사고하기: 뉴스가 제공하는 정보의 출처 또는 편향성을 판단하기
- 토론하기: 뉴스에서 다루는 사건들에 대해 생각하고 토론하기
- 연결하기: 뉴스를 읽고 토론하면서 생긴 개념들을 정리하기

고 바이럴 게임(Go Viral!: Education through gaming)[6]

고 바이럴(Go Viral)은 코로나바이러스에 관한 허위 정보를 구별하기 위해 캐임브리지 대학교와 영국 정부가 협력하여 개발한 흥미로운 게임이다. 이 게임은 허위 정보가 어떻게 만들어지는지 쉽게 이해할 수 있도록 도와주며, 5~7분 정도 길이의 게임을 하면서 온라인에서 벌어지는 조작들에 대한 기본적인 사항들을 소개해 준다.

(1) 게임의 목표

게임의 참가자들이 팬데믹(pandemic)에 관한 가짜 뉴스를 만들어 내는 사람들이 되어 보게 함으로써 전 세계에 번진 코로나바이러스

---

5 https://economistfoundation.org/news/category/burnet-news-club/

6 https://www.cam.ac.uk/stories/goviral

에 관한 허위 정보들을 식별할 수 있는 능력을 키우게 된다. 아이들은 코로나바이러스에 관련된 허위 정보를 퍼뜨리는 사람들의 동기를 알게 되고 허위 사실들을 온라인에 유포하는 기법에 대해 배우게 된다.

예시:

- 분노와 공포를 부추기는 감정적인 언어 사용하기
- 가짜 전문가를 내세워 의심의 싹틔우기
- SNS상에서 사람들의 관심을 받기 위한 음모론 기사들을 발굴하기

출처: Go Viral game, https://www.goviralgame.com/books/go-viral/

BBC 'Own It' 앱(App)[7]

(1) 오운 잇(Own It) 앱의 등장 배경

영국 BBC는 인터넷 매터스(Internet Matters)라고 하는 비영리 단체와 협력하여 2019년 9월에 '오운 잇'이라는 앱을 내놓았다. 이 앱은 7-12세 아이들이 인터넷을 좀 더 안전하게 사용할 수 있게 도와주는 플랫폼이라고 할 수 있는데, '스마트' 키보드가 아이들을 인도해 준다.

디지털 세상에서 건강한 경험을 할 수 있게 도와주는 것이 주목적이라고 할 수 있다. 온라인 채팅을 하는 동안 아이들이 부적절한 언어나 해로운 주제에 노출되는 것을 줄여주는 효과가 있다. 이 앱은 아이들에게 실시간으로 피드백을 제공하는 특별한 키보드를 제공하고 있는데, 이 키보드는 사용자가 입력하는 내용에 근거해서 작동하는 게 특징이다.

예를 들면, 저속한 표현을 사용하려고 하면 메시지를 보낼 것인지 다시 한번 주의를 주는 식이다. 또한 채팅 중에 "왕따" 같은 해로운 주제들이 있다면 사용자에게 주의를 주기도 한다. 아이들이 느끼는 감정을 기록하고 지원하는 기능도 있는데, 아이들이 앱을 사용하면서 감정의 일기장을 기록할 수 있도록 도와준다. BBC 오운

---

7   https://www.bbc.com/ownit

잇 페이지는 영국 안에서만 접근이 허용된다. 하지만 인터넷 매터스 페이지에서는 이 앱에 관한 정보를 더 찾아볼 수 있다.

출처: BBC Own IT, https://www.internetmatters.org/resources/bbc-own-it/

(2) 주요 기능[8]

- 메시지를 보내기 전에 메시지의 내용과 사용된 언어 분석
- 아이들의 감정을 추적하여 필요한 경우 상황 개선을 위한 조언 제공
- 소셜 미디어상에서 자신의 휴대전화 번호를 공유하기 전에 다시 생각하게 하는 메시지 제공

---

8   https://www.internetmatters.org/resources/bbc-own-it/#online-safety-videos

- 스마트 키보드: 온라인 채팅 중에 일반적인 키보드처럼 사용하지만 메시지에 따라서 조언이나 주의 사항 제공
- 일기장: 아이들이 자신의 감정을 재미있는 방식으로 표현하고 기록할 수 있게 도와주는 기능
- 아이들이 사용할 수 있는 다양한 이모티콘 제공
- 아이들이 즐길 수 있는 퀴즈와 동영상: 아이들이 온라인 활동 중에 올바른 결정을 할 수 있게 하는 내용들로 구성
- 사생활 보호

구글의 '비 인터넷 레전드(Be Internet Legends)'[9]

구글은 페어런트 존(Parent Zone)[10]과 협력하여 '비 인터넷 레전드'라고 하는 아이들을 위한 미디어 리터러시(Media Literacy) 프로그램을 시작했다. 아이들이 안전하게 인터넷을 사용하면서 온라인에서 스스로 생활할 수 있게 도와주는 것을 목적으로 한다. 이 프로그램은 아이들에게는 가짜와 진짜를 구별하는 방법이나 개인 정보를 보호하는 방법 등을 알려주고, 부모와 교사들에게는 아이들의 학습을 촉진할 수 있는 자료들을 제공한다. 비 인터넷 레전드 프로

---

9   https://beinternetlegends.withgoogle.com/en_ie

10   https://www.parents.parentzone.org.uk/

그램은 인터랜드(Interland)라고 하는 게임 기반 학습 플랫폼도 제공한다. 인터랜드에서 아이들은 자신들이 알고 있는 것들을 적용하여 온라인 세계에서 안전하게 살아가는 법을 배우게 된다. 비 인터넷 레전드 교육과정은 5개의 인터넷 레전드 코드로 구성되어 있고, 인터랜드 게임은 그중 4개의 인터넷 레전드 코드(The Internet Legends Code)[11]를 따라 만든 재미있고 도전적인 게임들로 구성되어 있다. 아이들은 재미있는 게임으로 구성된 미션을 완수하면서 온라인 세계에서 자신을 보호하는 방법을 자연스럽게 배우게 된다.

인터넷 레전드 코드(The Internet Legends Code)
- 비 인터넷 샤프(Be Internet Sharp): 공유하기 전에 생각하기
- 비 인터넷 얼러트(Be Internet Alert): 진짜인지 체크하기
- 비 인터넷 시큐어(Be Internet Secure): 개인정보와 사생활 보호하기
- 비 인터넷 카인드(Be Internet Kind): 서로 존중하기
- 비 인터넷 브레이브(Be Internet Brave): 의심이 들면 상의하기

---

11   https://beinternetlegends.withgoogle.com/en_ie

가디언 재단: 미디어 리터러시 앰버서더 프로그램
(Media Literacy Ambassador Programme)[12]

가디언 재단이 운영하는 미디어 리터러시 앰버서더 프로그램은 9-13세 아이들의 미디어 리터러시 능력을 향상하기 위한 훈련을 제공한다. 주로 영국의 미들랜드(Midlands)와 맨체스터, 사우스 요크셔, 웨스트 요크셔 지역에 있는 학교들을 지원하고 있다. 앰버서더로 활동하는 아이들은 교사와 함께 친구들에게 미디어 리터러시 교

---

12 https://theguardianfoundation.org/programmes/behind-the-headlines/media-literacy-ambassador-programme

육을 진행한다. 이 프로그램에 참여하는 앰버서더와 교사들에게는
아래와 같이 다양한 혜택이 주어진다.

- 미디어 리터러시 앰버서더와 교사들을 위한 현장 훈련 제공
- 앰버서더들은 교사를 도와 미디어 리터러시 교육에 참여함.
- 친구들에게 미디어 리터러시 교육을 한 후에 후속 교육 제공
- 정기적인 업데이트와 학생들을 위한 축하 행사

미디어 리터러시 앰버서더 프로그램을 통해 아이들은 비판적 분
석 능력과 온라인상에 떠돌아다니는 조작 정보 및 허위 정보들을
구별하는 능력을 키울 수 있다.

출처: The Guardian Foundation Media Literacy Ambassadors Programme, https://theguardianfoundation.org/
programmes/behind-the-headlines/media-literacy-ambassador-programme

인터넷 매터스(Internet Matters): 디지털 회복탄력성 툴킷

(Digital Resilience Toolkit)[13]

2014년부터 활동하기 시작한 인터넷 매터스는 아이들의 건강한 디지털 생활을 위해 부모들이 알아야 하는 다양한 정보와 도구를 제공하고 있다. 비티(BT), 스카이(Sky), 틱톡(TalkTalk), 버진 미디어 (Virgin Media)가 인터넷 매터스의 파트너로서 참여하고, 구글, 삼성, 메타같은 주요 기업들과도 협업하고 있다. 미디어 리터러시는 정식 교과목이 아니기 때문에 부모들의 역할이 더 크다고 할 수 있지만 체계적이고 전문적인 정보를 찾는 것은 쉽지 않다. 인터넷 매터스는 인터넷에서 범람하는 가짜 정보로부터 아이들을 보호하기 위한 조언을 제공하고 있다. 특히 나이에 따라서 그 시기에 부모들이 알아야 할 정보들을 제공하고 있어서 도움이 된다.

- 취학 전 아동(0–5세)
- 초등 저학년(6–10세)
- 초등 고학년(11–13세)
- 청소년(14세 이상)

---

13   https://www.internetmatters.org/

인터넷 매터스에서는 다양한 시각 자료를 제공하고 있는데 그
중에 아이들이 온라인상에서 건강하게 적응할 수 있게 도와주는 디
지털 회복탄력성 툴킷을 제공하고 있다. 이 툴킷은 부모에게 아이
들의 나이에 따라 알아야 할 적합한 정보를 제공한다. 툴킷은 6-10
세, 11-13세, 14세 이상으로 구분하여 제공한다.

인터넷 매터스는 온라인에서 등장하는 아래와 같은 사건들과 관
련된 조언을 제공하고 있다. [14]

- 사이버 왕따
- 가짜 뉴스와 잘못된 정보
- 부적절한 콘텐츠
- 온라인 그루밍(grooming)
- 온라인 증오
- 온라인 포르노그래피(pornography)
- 온라인 평판도
- 개인 정보 및 신분 도용
- 극단적 정보
- 디지털 도구(인터넷 포함) 사용 시간 조절
- 자해

---

14   https://www.internetmatters.org/resources/digital-resilience-toolkit/

- 성적인 문자 및 이미지 공유

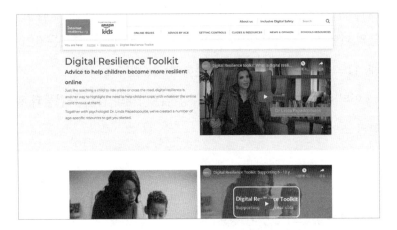

비비씨 아더 사이드 오브 더 스토리

(BBC Other Side of the Story(Media Literacy – Teacher Guides))[15]

아더 사이드 오브 더 스토리(Other Side of the Story)는 가짜 뉴스, 편향성, 잘못된 정보, 허위 정보에 대해 학생들이 더 잘 알 수 있도

---

15 https://www.bbc.co.uk/teach/teach/media-literacy-teacher-guides/
zpd9wsg

록 도와주는 것을 목표로 하는 뉴스 리터러시 캠페인인데 비비씨(BBC) 바이트사이즈(Bitesize)가 운영하고 있다. 학생들은 다양한 활동을 통해 소셜 미디어 알고리즘이 사람들의 관점과 사건을 어떻게 변화시키는지 배우게 된다. 그뿐만 아니라 소셜 미디어에 등장하는 내용들과 신뢰할 수 있는 뉴스 사이의 차이점을 찾아내는 비판적 사고를 할 수 있게 된다. 아더 사이드 오브 더 스토리는 교사들이 교실에서 활용할 수 있도록 주제에 대한 요약과 교사용 지도안을 제공한다. 지도안은 PDF로 다운로드 받을 수 있다. 지도안에는 학생들에게 공유할 수 있는 주제 관련 비디오 링크가 포함되어 있다.

예시: BBC The Other Side of the Story

출처: https://www.bbc.com/mediacentre/2022/other-side-of-the-story

비 인터넷 시티즌(Be Internet Citizens)[16]

유튜브와 ISD(Institute for Strategic Dialogue)[17]는 청소년들에게 미디어 리터러시, 비판적 사고, 디지털 시민의식을 교육하기 위해 "비 인터넷 시티즌"이라는 프로그램을 만들었다. 이 프로그램은 2017년 시작되었는데 아이들이 웹상에서 건강하게 생활하면서 더 창의적으로 스스로를 표현할 수 있게 도와주는 것이 목표이다. 이 프로그램을 통해서 아이들은 온라인 콘텐츠 제작자가 될 수도 있고 스스로의 생각을 표현하면서 사회적으로 영향력을 키울 수도 있을 것이다. 비 인터넷 시티즌의 교육과정은 몇 개의 교과목으로 구성되어 있는데 형식적인 교육환경과 비형식적인 환경에서 모두 진행이 가능하다. 교과목은 다양한 창의적 활동을 통해서 온라인 세계에 대한 지식을 키우면서 아이들의 비판적 사고력을 키울 수 있게 구성되어 있다. 교사들이 아이들을 잘 지도할 수 있도록 교육지도안뿐만 아니라 다양한 자료를 제공하고 있다.

- 비 인터넷 시티즌(Be Internet Citizens) 소개영상[18]

---

16 https://internetcitizens.withyoutube.com/#about

17 https://www.isdglobal.org/

18 https://www.youtube.com/watch?v=TFig6dwPehY

가디언 재단(The Guardian Foundation): 뉴스와이즈(NewsWise)[19]

뉴스와이즈는 가디언 재단이 7-11세 아이들을 지도하기 위해
제공하는 뉴스 리터러시 프로그램이다. 뉴스를 활용한 다양한 활동
을 통해 아이들은 뉴스를 재미있게 대할 수 있다. 뉴스와이즈는 교
사나 부모를 위해 지도안 및 다양한 자료들을 무상으로 제공하고
있다. 아이들은 뉴스가 제공하는 정보를 비판적으로 받아들이고 정
보들의 진실성을 확인하기 위한 질문을 하게 된다. 이런 활동을 통
해 아이들은 세상에 대한 지식을 쌓으면서 자신만의 가치관을 형성
하게 될 것이다. 아이들은 아래와 같은 단계를 거치면서 자신의 실

---

19   https://theguardianfoundation.org/programmes/newswise

생활과 주변의 이야기와 관련된 뉴스를 만들게 된다. 이런 단계별 활동을 거치면서 아이들은 뉴스가 어떻게 만들어지는지 더 깊이 이해하게 될 뿐만 아니라 뉴스를 비판적으로 받아들이는 능력을 갖추게 된다.

- 뉴스의 목적과 제작 방법 이해하기
- 어떤 이야기가 뉴스가 될 수 있는지 알기
- 뉴스가 감정에 미치는 영향 고려하기
- 뉴스가 권력에 어떻게 저항할 수 있는지 이해하기
- 가짜 뉴스와 그 결과를 식별하기
- 온라인 뉴스가 독자를 공격의 대상으로 삼는 것을 이해하기
- 사실과 의견을 구별하기
- 뉴스 보도가 균형을 맞추고 있는지 평가하기
- 뉴스 보도에 사용된 편향적 언어 사용 분석하기
- 보도할 실제 뉴스 찾아보기
- 뉴스 보도의 구조 분석하기
- 뉴스 보도에 사용되는 언어를 구별하기
- 독자에게 제공할 기사의 초안 작성하기
- 뉴스 기사 작성을 위해 초안을 편집하고 수정하기
- 뉴스 게시하기

비비씨 영 리포터(BBC Young Reporter)[20]

비비씨 영 리포터는 11-18세 아이들이 자신들의 이야기를 뉴스로 만들고 방송해 볼 수 있도록 지원해 주는 프로그램이다. 아이들은 자신의 이야기를 비비씨 영 리포터 대회에 제출한다. 비비씨의 심사를 거쳐서 이야기가 선정되면 아이들은 비비씨 프로그램 제작자들이나 언론인들과 함께 자신의 이야기로 프로그램 제작에 참여할 기회를 얻을 수 있다. 아이들의 이야기로 만든 내용이 팟캐스트(podcast)로 방송될 수도 있다.

비비씨의 지원을 받는 이 프로그램을 통해 아이들은 실제 방송 제작 현장을 경험할 수 있고 스토리텔링 기법, 가짜뉴스와 허위 정보를 식별하는 방법을 배울 뿐만 아니라 언론이 공정성을 유지하는 것이 얼마나 중요한지 배우게 된다. 아울러 아이들은 방송이나 뉴스 매체와 관련된 다양한 직업이 있다는 것을 알게 되고 자신의 미래 직업에 대해 생각하는 기회가 될 수 있다.

---

20 https://www.bbc.co.uk/teach/young-reporter

출처: https://www.bbc.co.uk/news/education-41001549

3장

독일
디지털 미디어 활용도
높이기

신종락

제주대학교 독일학과 교수

요약

　　최근 발표된 국제 초등학교 읽기 능력 테스트 결과에 의하면 독일 초등학생 읽기 능력 수준은 수년 전보다 더 떨어졌다고 보고되었다. 심지어 어린이의 4분의 1은 학습에 필요한 최소한의 읽기 수준에 도달하지 못하는 것으로 나타났다. 독일 학교는 학생들의 문해력 증진과 효과적인 학습을 위해 디지털 미디어를 사용하고 있다. 디지털 미디어는 읽고 쓰고 말하고 듣는 능력을 향상하는 데 중요한 역할을 하고 있다. 그러나 독일의 디지털 미디어 활용을 볼 때 초등학교 디지털 장비 및 디지털 미디어 수준과 사용 빈도는 국제 비교에서 평균 이하이다. 독일 학교에서는 학생들의 문해력 증진을 위해 어떤 미디어가 사용되고 있는지 살펴보았다. 과연 디지털 미디어는 읽고 쓰기 학습을 하는 데 도움이 될까? 문해력이 하락한 것 때문에 미디어 사용과 문해력이 어떤 관계가 있는지에 대해서 의문이 제기되고 있다. 과연 스마트폰과 태블릿 사용이 문해력 하락에 원인이 되었는지, 만약에 그렇다면 미디어를 어떻게 사용해야 하는지에 대해서 논의가 신중하게 이루어지고 있다. 디지털 미디어가 읽고 쓰는 데 어떤 영향을 미치는지는 미디어 사용빈도와 미디어를 어떤 목적으로 사용하느냐에 따라서 달라진다. 디지털 미디어를 통해 학생들이 더욱 적극적으로 수업에 참여하고 상호작용할 수 있도록 해야 한다. 디지털 미디어는 현대를 사는 학생들에게 중요한 요소이기 때문에 미래를 대비하기 위해 반드시 필요한 교육이다. 이것을 통해 더 많은 세계를 경험하고 이해의 폭을 넓히고 더 다양한 지식을 습득하면 글을 읽고 이해하는 문해력은 자연스럽게 상승할 것이다.

독일 어린이 청소년의 문해력 현황

문해력은 단순히 글을 읽고 쓰는 것을 의미하지 않는다. 유네스코는 리터러시를 "다양한 맥락과 연관된 글과 출판물을 활용해 정보를 찾아내고, 이해하고, 해석하고, 만들어 내고, 소통하고, 계산하는 능력(UNESCO 2018)"이라고 정의한다. 종이에 쓰인 글의 내용을 읽는 것을 넘어 종합적으로 이해하는 능력을 말한다. 이것은 개인적으로 책을 읽고 이해하는 정도를 넘어서 사람들 사이에서 의사소통하고 자신의 의사 표현을 분명히 하고 일상생활과 학업을 하는 데 문제가 없는 수준을 의미한다. 장기적으로 문해력 부족은 교육의 질 저하, 정치, 경제 및 문화 발전 지연, 사회 위기 문제에 대한 이해 부족으로 이어질 수 있다. 읽고 쓰는 능력을 향상하는 것은 어린이 청소년에게 제반 상황을 이해시키고 위기를 극복할 수 있는 사고 능력을 제공한다.

2023년 5월 16일에 발표된 국제 초등학교 읽기 능력 테스트(International Primary School Reading Survey, IGLU 2021)[21]의 결과에 따르면 독일 초등학교 4학년 학생들은 수년 전보다 읽기 능력이 떨어

21　IGLU(Internationale Grundschul-Leseuntersuchung: International Primary School Reading Study)는 초등학생의 읽기 능력을 국제적으로 측정하는 비교 연구이며, 국제적으로는 PIRLS(Progress in International Reading Literacy Study)로 더 잘 알려져 있다.

졌다고 보고된다. 심지어 어린이의 4분의 1은 학습에 필요한 국제적으로 인증된 최소한의 읽기 수준에 도달하지 못하는 것으로 나타났다. 독일 초등학교 학생들이 텍스트를 얼마나 잘 읽고 이해하는지 IGLU에서는 4학년 학생들의 읽기 능력을 테스트해서 국제적으로 비교를 한다. 이러한 조사들이 문해력 향상을 위한 기초자료로 쓰이는데 문해력이 부족하면 학생들에 대한 교육이 어렵기 때문이다. 읽기는 사회 참여를 위한 기본적인 핵심 역량 중 하나다. 초등학교 교육은 읽기 능력을 향상하는 데 매우 중요하며 학생들에게 읽기 학습의 기초를 제공하고 상급학교에서 가르치는 내용을 이해할 수 있도록 한다. 독일에서는 학교발전연구소(Institut Primary Schulentwicklungsforschung)의 연구원들이 주로 이에 관한 연구를 수행하고 있다.

IGLU 연구는 여러 국가의 초등학교 4학년 학생들의 읽기 능력을 비교한다. 테스트에서 읽기 능력을 평가하기 위해 문학 텍스트와 실용 텍스트가 사용된다. 테스트 과제는 텍스트 이해의 다양한 수준과 이 연령대의 어린이가 일반적으로 읽는 두 가지 유형의 텍스트, 즉 단편 소설과 같은 문학 텍스트와 연령에 적합한 백과사전 기사 또는 전단지와 같은 정보 텍스트를 대상으로 한다. 학생들은 텍스트를 주의 깊게 읽은 다음 일련의 질문에 답해야 한다. 단어 문제는 다양한 읽기 능력을 다루기 위해 난이도가 다양하다. IGLU 연구는 또한 읽기 동기, 읽기 습관 및 읽기에 대한 학생들의 태도를 조사한다. 이를 위해 읽기 텍스트 외에도 설문지를 학생뿐만 아니라 학부모와 교사에게 배포하고 평가한다.

이 연구는 5년마다 실시된다. 독일은 지금까지 2001년, 2006년, 2011년, 2016년, 2021년 총 5차례 참가했다. 따라서 20년 동안 평균 읽기 능력의 추세를 관찰할 수 있다. 독일에서는 16개 연방주 전체에 있는 약 400개의 초등학교와 특수학교의 4학년 학생이 2021년 설문조사에 참여했다고 학교발전연구소가 밝혔다. 세계 약 60개국의 어린이들이 참여하며 참여 학생 수는 국가마다 다르다. 2016년에는 31만 명 이상의 어린이가 참여했고 해마다 전 세계적으로 수십만 명의 학생들이 참여한다. 이것은 초등학생의 읽기 능력 분야에서 가장 광범위한 국제 비교 평가 중 하나이다. 독일에서는 이때 처음으로 학생들이 노트북으로 시험을 치렀다.

2001년 이후 2016년까지 독일 초등학교 4학년 학생들의 읽기 능력은 국제 평균 이상이며 EU 국가 및 OECD 국가 평균과 비슷했다. 국제평균 521점보다 높으며 EU 평균 540점, 그리고 OECD 평균 541점과 큰 차이가 없었다. 그러나 독일은 5년마다 하는 평가에서 2001년의 순위를 지키지 못했다. 독일 4학년 학생의 평균 읽기 능력은 2021년 국제 비교에서 524점으로 2001년 이래로 가장 낮은 수치를 기록했다. 싱가포르가 587점으로 1위를 차지했고 홍콩과 러시아가 그 뒤를 이었다. EU 국가 중에서는 영국, 핀란드, 폴란드가 독일보다 훨씬 앞서 있다. 2016년과 2021년 사이의 실적 하락은 특히 분명하지만 2006년부터 읽기 능력이 떨어지기 시작했다. 독일 초등학교 4학년 학생의 읽기 능력은 2001년에 539점, 2006년에 548점, 2011년에 541점, 2016년에 537 그리고 2021년에 524점이었다(McElvany, 2023).

〈표 1〉 독일 초등학생의 읽기 능력 평가 점수 IGLU(Internationale Grundschul-Leseuntersuchung: International Primary School Reading Study)

년도	평가 점수
2001	539
2006	548
2011	541
2016	537
2021	524

평가에 참여한 독일 학생들의 성별 차이를 보면 여학생이 남학생보다 읽기에 대한 의욕이 더 높으며 읽기 능력도 뛰어난 것으로 조사되었다. [22]

일반적으로 독일 어린이의 읽기 동기는 국제 비교에서 상대적으

---

22 https://deutsches-schulportal.de/unterricht/uta-hauck-thum-lesefoerderung-les-o-mat-auf-digitalem-weg-mehr-freude-am-lesen-wecken/ Mit digitalen Medien mehr Freude am Lesen wecken.

로 높지만 십여 년 전부터 감소하고 있다. 독서를 즐긴다고 답한 어린이의 비율은 2001년 76%에서 2021년 69.9%로 떨어졌다. 매일 독서하는 학생의 비율은 14%이고 한 주에 한 번 이상 독서하는 학생의 비율은 38%이다(KIM-Studie 2022, 2023). OECD 국가 전체에서 주당 평균 읽기 수업 시간이 205분이라고 할 때 독일 학생의 읽기 수업 시간은 주당 평균 141분으로 비교적 적은 편이다.

학생들은 사회경제적 배경에 따라 읽기 능력 차이가 크다. 집에 책이 얼마나 있는지, 부모의 교육 수준, 부모의 직업과 같은 사회적 지위와 집에서 사용하는 언어가 언어 능력에 영향을 미친다. 집에서 가끔 또는 전혀 독일어를 사용하지 않는 어린이는 집에서 독일어를 사용하는 어린이보다 읽기 능력이 현저히 떨어진다. 독일은 이것을 다분히 이주 학생의 영향으로 돌리려는 경향도 있지만 그것이 결정적인 요인은 아니다.

독일의 디지털 미디어 활용을 볼 때 초등학교의 디지털 장비 및 디지털 미디어의 수준과 사용 빈도는 국제 비교에서 평균 이하이다. 독일 어린이의 29%는 읽기 수업 중에 적어도 일주일에 한 번은 디지털 기기를 사용하여 텍스트를 읽는다. 독일 어린이의 절반은 디지털 기기를 사용하지 않고 있다. 디지털화의 선두 주자인 노르웨이에서는 읽기 수업 중에 디지털 기기 사용 비율이 89%에 달한다.

연구에 따르면 2016년 독일의 초등학교 4학년 학생 4명 중 1명은 텍스트를 제대로 읽고 이해하지 못했다. 25% 정도의 학생들이 읽기 숙달 기준에 미치지 못했다. 이 연구는 독일 어린이의 읽기 능력이 떨어지고 있다는 것을 의미한다. 전반적으로 독일 초등학생의 읽기 능력은 20년 전보다 떨어졌다. 이는 2001년 이래로 20년 동안 취해진 다양한 조치는 독일의 교육적 발전과 교육 형평성을 개선하는 측면에서 거의 효과가 없었다는 것을 의미한다.

독일 어린이 청소년의 문해력 증진을 위한 미디어 활용

최근 들어서 독일 학교에서 학생들의 문해력 증진과 효과적인 학습을 위해서 디지털 미디어를 사용하고 있다. 디지털 미디어는 읽고 쓰고 말하고 듣는 능력을 향상하는 데 중요한 역할을 하고 있다. 그렇다면 독일 학교에서는 학생들의 문해력 증진을 위해서 어떤 미디어가 사용되고 있는지 살펴보자.

학생들이 많은 관심을 갖고 있는 디지털 미디어를 잘 이용해서 학생들의 독서 동기를 일깨우는 것이야말로 디지털 사회에서 학교의 중요한 역할이다. 독서는 반드시 종이책으로 해야 한다는 편견은 극복되어야 한다. 디지털 미디어를 통해서 문해력을 향상할 방법이 다양하게 모색되어야 한다. 종이책을 가지고 사람들은 종이 위에 있는 글자를 읽으며 생각하는데 전자책으로는 내용을 읽을 뿐만 아니라 소리를 들을 수도 있고 심지어 모르는 단어는 하이퍼텍스트 기능을 이용해서 바로 검색할 수 있고 또 사진이나 동영상을 통해서 바로 확인할 수 있는 장점이 있다. 전자책의 기능이 많아서 산만하다면 독자는 여러 가지 선택사항을 자신의 의지대로 단순화해서 읽을 수도 있다. 미디어를 통해서 얼마든지 종이책보다 재미있게 능동적으로 읽을 수 있다.

여전히 독일 학교에서는 미디어 보급률이 낮고 교사 중에도 미디어에 대해서 익숙하지 않고 미디어를 이용한 읽기 교육에 대해서 부정적으로 생각하는 사람도 있다. 하지만 이제 디지털 사회에서는 교사들이 뉴미디어를 피하지 말고 더 적극적으로 나서서 이것을 가지고 어떻게 문해력 향상에 도움이 되게 할 것인지 능동적으로 생각하고 있다. 이제 학교는 아날로그 방식의 문해력 교수법과 동시에 디지털 방식의 문해력 교수법도 이용해야 하고 이에 맞는 교수방법과 학습 환경을 설계하고 있다.

뮌헨대학의 우타 하우크-툼(Uta Hauck-Thum) 박사는 조금 독특한 방식으로 학생들의 종이책에 대한 독서열을 자극하고자 한다. 그녀는 종이책이 뉴미디어(컴퓨터, 영화)보다 더 낮다는 편견을 버려야 한다고 주장한다. 오히려 학생들이 미디어에 대한 개별적인 경험을 바탕으로 학생들을 독서의 세계로 끌어들여야 한다는 것이다. 이러한 개별적인 선경험을 그녀는 주관적인 교양지식(subjektives Bildungswissen)이라고 하는데 이것을 매개로 관심 분야로 유도한다면 바람직한 성과를 가져올 수 있다고 한다.

이 연구팀은 실제로 프로젝트를 진행했는데 2020년 이래로 몇 개의 초등학교와 같이 작업을 진행했다. 여기서는 서로 다른 미디어를 사용했을 때 독서와 문학 수업에서 학습 과정이 어떻게 진행되는지를 알고자 하는 것이 목적이었다. 예를 들어서 한 그룹은《올히스(Olchis)》라는 작품을 종이책으로 읽도록 했고 다른 팀은 멀티 기능이 있는 전자책으로 읽도록 했다. 그래서 여기서 어려운 문제를 제시하고 이것을 풀도록 했다. 학생들은 소그룹을 만들어서 이 책에 대해서 토론하고 해결책을 찾고자 했다. 이 과정에서 학생들은 책에 대해서 토론하고 종이책을 읽은 팀은 손가락으로 하는 인형극을 만들었고 멀티미디어팀은 애니메이션을 만들어서 해결책을 제시했다. 두 팀 모두《올히스》라는 책에 대한 이해 없이는 불가능한 것이다. 학생들은《올히스》라는 작품을 정확히 이해하고자 했고 그 결과물로 인형극과 애니메이션이라는 작품을 만들어 냈다. 이 과정에서 두 팀 모두 문제 해결을 위해서는 종이책이든 전자책이든 텍스트를 정확하게 읽고 이해하고자 하는 노력이 있었다.

이러한 결과를 보면서 연구팀은 학교에서 교사들의 미디어에 대한 이해와 학습이 필요하다는 것을 인지했다. 그리고 문해력이란 것은 초등학교에서 더 이상 활자로 된 책을 읽는 것을 의미하지 않고 다양한 미디어 기호 체계의 수용 능력이라는 것을 인식했다. 이러한 경우 어린이는 독자, 즉 소비자를 넘어서 생산자의 역할까지도 확장할 수 있는 것이다. [23] 멀티미디어 텍스트로 어린이들이 문학에 대해서 호기심을 갖고 입문하는 동기가 될 수 있다고 언급한다. 이제 교실에서 멀티미디어 문화를 받아들일 수 있는 사고의 전환이 필요하고 미디어에 대해서 제대로 배우는 문화가 필요하다는 것에 공감하고 있다. 여전히 학교에서는 디지털 장비가 부족하고 디지털 문화도 부족하다. 디지털 미디어를 가지고 독서를 하는 데 기여하는 것이 최종목적이 아니라 디지털 시대에 디지털에 적응하고 새로운 교수법과 학습법에 대해서 새로이 사고를 전환하는 것이 필요하다. 전자책은 종이책을 읽기 위한 과도기가 아니고 대체제도 아니다. 그 자체가 종이책과 같은 역할을 하는 것이다.

코로나 팬데믹을 통해서 대면 수업이 불가능해지면서 갑자기 디지털 도구들이 들어왔고 학교에서 수업의 형태도 달라졌다. 책이 디지털화되고 학생들이 종이책 대신에 태블릿 PC를 사용하는 경향이 늘었다. 코로나 시기에 학교들은 수업을 디지털 방식으로 전환했다. 코로나 초기에는 단지 30%도 안 되는 선생님들이 디지털 미디어를 사용했고 그 후에는 점점 더 많은 교사가 디지털 학습 플랫폼을 통해서 학생들과 소통했다.

독일 어린이 청소년 문해력 증진을 위해서 학교에서 사용하고

---

23   https://deutsches-schulportal.de/unterricht/uta-hauck-thum-lesefoerderung-les-o-mat-auf-digitalem-weg-mehr-freude-am-lesen-wecken/ Mit digitalen Medien mehr Freude am Lesen wecken.

있는 디지털 미디어에는 어떤 것이 있는지 알아보자.

학습 플랫폼은 교육 과정을 구성하고 설계하는 데 사용하는 소프트웨어 프로그램이다. '학습관리 시스템'이라고도 불린다. 학습 플랫폼은 사용자 데이터 수집, 보고서 작성 또는 디지털 수업 등록과 같은 관리 작업에 사용할 수 있다. 디지털 학습 플랫폼은 E-Books, 상호작용적인 연습문제, 비디오, 팟캐스트 등 다양한 학습 자료를 제공한다.

전자책은 전자 형태로 뷰어를 통하여 내용을 전달하는 무형의 책이다. 전자책은 애니메이션, 오디오 그리고 상호작용을 통해서 학생 독자들에 해당하는 수준의 읽기 체험을 하도록 한다. 독일 학교에서 E-Book의 사용은 최근 몇 년간 경미하게 증가하고 있으며 학생들과 교사들에게 많은 장점을 제공한다.

학습 앱의 사용은 최근 몇 년간 크게 증가하고 있으며 학생들의 학습과 교육 경험을 향상하는데 많은 기회를 제공한다. 학습 앱은 텍스트, 이미지, 비디오 및 오디오 콘텐츠와 같은 다양한 매체를 활용하여 학습 콘텐츠를 다양하게 제공함으로써 학생들의 문해력을 향상할 수 있다. 학생들은 학습 앱을 통해 언제 어디서나 시간과 장소에 구애받지 않고 학습 자료에 접근할 수 있다. 학생들은 컴퓨터뿐만 아니라 태블릿이나 스마트폰으로도 앱에 접근해서 학습할 수 있다.

전자 도서관과 독서 커뮤니티를 활용하여 독일 학생들의 독서에 관심을 유도할 수 있다. 많은 학교가 학생들에게 다양한 책과 학습 자료에 쉽게 접근할 수 있도록 디지털 플랫폼과 자료를 활용하고 있다. 학교에서는 전자 도서관을 통해 E-Book 및 디지털 도서를 대출받을 수 있다. 이러한 전자 도서관은 학생들에게 다양한 책을 온라인으로 읽거나 다운로드할 수 있도록 한다.

팟캐스트와 오디오북은 독일 학교에서 학습 도구 및 교육 자료로 점차 중요성을 얻고 있다. 팟캐스트와 오디오북은 학생들에게 듣기 능력을 향상하고 언어 능력을 발전시킬 수 있는 기회를 제공한다. 다양한 목소리와 발음 듣는 것을 통해 학생들은 언어의 듣기와 말하기 능력을 강화할 수 있다. 교사들은 팟캐스트와 오디오북을 보완적 학습 자원으로 사용하여 수업 내용을 깊이 있게 이해하거나 특정 주제에 대한 추가 정보를 제공할 수 있다.

학습 비디오를 통해 복잡한 개념과 학습 내용을 시각적이고 생생한 방식으로 표현된 영상을 반복적으로 시청할 수 있다. 어려운 주제의 이해를 위해 카메라로 찍은 필름 시청을 통해 학생들은 더 잘 파악할 수 있다. 교사들은 학습 비디오와 온라인 튜토리얼을 정규 수업의 보완 자료로 활용할 수 있다. 이러한 비디오는 수업 내용을 더 깊이 이해시키고 학생들에게 추가적인 예시와 설명을 제공한다. 학생들은 어려운 부분을 반복적으로 시청할 수 있으며 이를 통해 학생들은 자기주도 학습을 할 수 있다.

문해력 향상을 위한
미디어 활용의 성과와 문제점

과연 디지털 미디어는 읽고 쓰기 학습을 하는 데 도움이 될까? 최근 들어서 독일 학생들의 문해력이 떨어지고 있다. 언어향상과 제2외국어로서의 독일어를 연구하는 메카토르 연구소가 디지털 미디어가 문해력 향상에 도움이 되는지 디지털 사회에서 읽기와 쓰기 학습이라는 팩트를 체크해 제시했다. 문해력이 하락한 것 때문에 미디어 사용과 문해력이 어떤 관계가 있는지에 대해서 의문이 제기되고 있다. 과연 스마트폰과 태블릿 사용이 문해력 하락에 원인이 되었는지 만약에 그렇다면 미디어를 어떻게 사용해야 하는지에 대해서 논의가 신중하게 이루어지고 있다.

이 문제를 연구한 메카토르 연구소의 소장 미하엘 베커-무로체크는 미디어가 읽고 쓰는 데 어떤 영향을 미치는지는 미디어 사용 빈도와 미디어를 어떤 목적으로 쓰느냐에 따라서 달라진다고 언급하고 있다. 게임과 같은 오락적인 용도에 쓴다면 문해력 향상에 부정적일 것이고 학습에 사용한다면 긍정적일 것이라고 언급했다. 결국 중요한 것은 어떤 미디어를 어떤 목적에 사용하냐에 따라 문해력 향상에 영향을 미친다는 것이다. 학생들이 컴퓨터를 사용할 때도 마찬가지이다. 컴퓨터로 이메일을 보내고 검색하거나 학습에 사용한다면 문해력 향상에 도움이 될 것이고 컴퓨터로 게임을 하고 영화를 보고 오락을 하는 데만 사용한다면 당연히 문해력 향상에 부정적인 영향을 미칠 것이다.

또한 초등학교 학생에게는 혼자 미디어를 사용하는 것보다 부모와 함께 사용하는 것이 언어향상에 효과적이라는 연구 결과도 나왔다. 이것은 부모의 지도하에 어린이가 미디어를 사용하는 것이 바람직하다는 것을 의미한다. TV 시청도 마찬가지로 어떤 프로그램을 시청하느냐에 따라서 초등학생의 읽기 능력이 달라진다고 할 수 있다. 오락 프로그램만 보는 학생보다 학습 프로그램이나 유익한 프로그램을 시청하는 학생의 읽기 능력이 향상되는 것은 당연하다. 미디어 기기가 문해력 향상에 미치는 긍정적인 면은 학습 프로그램의 속도를 조절할 수 있고 반복해서 듣거나 볼 수 있다는 장점이 있다. 하지만 기성품처럼 짜인 프로그램은 학생의 수준에 적합하지 않은 경우도 있어서 학생 개개인에게 개별적으로 적당한 수준의 학습을 제공하기 힘든 부분이 있고 일방적인 학습으로 커뮤니케이션이 부족하다는 단점이 있다. 초등학생 5명 중 1명은 읽기에 문제가 있는데 그 이유는 디지털화의 결과로 읽기 행동이 바뀌었고 어린이들이 이미 디지털 방식으로 책을 읽고 있다는 것이다.[24]

---

24 https://deutsches-schulportal.de/unterricht/buch-oder-screen-wie-sollten-kinder-lesen/

코로나 팬데믹은 디지털 방식으로 지원되는 교육에 특별한 힘을 실어주었다. 이전에는 단지 소수의 학교만이 교육을 위해 디지털 미디어를 사용했지만 이제는 거의 모든 학교들이 디지털 미디어에 대해서 고심하고 있다. 우리는 디지털 미디어의 사용을 통해 교육을 개선하고 좋은 디지털 학습을 제공하는 것이 무엇인지 실제 사례를 보고자 한다.

독일도 이미 2016년 문화부 장관 주재 콘퍼런스에서 학생들이 적극적으로 디지털 미디어 세상에 참여하는 것에 대해서 논의된 바가 있다. 코로나 팬데믹은 학교의 디지털화를 크게 촉진했다. 그 결과 디지털 미디어의 사용이 크게 증가했는데 장기적으로 교실에서 디지털 미디어를 상시로 사용하는 것에 대한 논의가 있었다. 이제 디지털 교육의 경험을 평가하고 디지털 미디어가 학습 과정을 발전시킬 수 있는 방식으로 교실에서 계속 사용될 수 있는 방법을 찾는 것이 중요하다.

코로나 시기에 학교의 디지털화와 관련해서 교사를 대상으로 한 설문조사에서 코로나 첫 번째 봉쇄 기간에 설문 조사에 참여한 교사 중 단지 30% 만이 새로운 학습 콘텐츠를 전달하기 위해서 수업 시간에 디지털 미디어를 사용한다고 했다. 그리고 2020년 4월에는 교사의 45%가 그리고 동년 12월에는 73%가 디지털 미디어를 사용하고 디지털 학습 플랫폼으로 소통한다고 응답했다. 코로나 팬데믹 이전 상황에서도 2017년 베르텔스만 재단의 연구 보고에 의하면 교사와 학교 운영진의 대부분이 학교의 디지털화가 필요하고 행정 업무를 하는 데 도움이 된다는 것에는 동의했다. 하지만 그 당시만 해도 교사의 75%는 디지털 미디어가 학생들의 수학능력을 향상시키리라는 것에 신뢰하지 못하는 상황이었다.

2022년 10월 NRW 문헌학자협회에서 발표한 보고서는 학교에서 디지털 미디어 사용이 학습 효과에 대해서 어떤 영향을 미쳤는지 아직도 그에 관한 연구가 충분치 않다고 언급하고 있다. 하이델베르그 교육 대학의 교육자 칼 하이츠 담머(Karl-Heinz Dammer)는 디지털 미디어 도입에 대해서는 논쟁의 여지가 없지만 학교에서의 디지털화의 범위와 정확한 방향은 열린 마음으로 논의되어야 한다고 언급하고 있다. 담머는 학생들이 신문화 기술인 디지털 미디어를 이용하는 데 익숙해져야 수업에서 다양한 것을 다룰 수 있다고 언급하고 있다.

독일의 통신회사 보다폰이 유럽 10개국에 있는 만 명의 부모를 대상으로 한 조사에서 독일 부모의 79%가 디지털 기술이 자녀의 미래에 매우 중요하다고 생각하는 것으로 나타났다. 그리고 설문 조사에 참여한 독일 학부모의 86%는 디지털 역량 교육이 학교의 중요한 학습 목표가 되길 원했다. 또한 많은 사람은 디지털 기술이 개별 과목뿐만 아니라 학교 교육 과정 전반에 포함되어야 한다고 주장한다. 교사가 학생들에게 디지털 기술을 잘 가르칠 수 있으려면 그들 자신이 먼저 디지털 교육을 받아야 한다. 2022년 연방 교육부는 연방 주와 긴밀히 협력하는 디지털 및 디지털 지원 교육을 위한 총 4개의 역량 센터를 설립했다.

디지털 미디어는 학생 개개인의 학습을 촉진할 수 있고 교사는 디지털 미디어의 사용을 통해 어린이의 개별적인 학습 과정을 지원할 수 있다. 예를 들어 학습 플랫폼에서는 다양한 수준에서 작업을 할 수 있다. 그런 다음 학생들은 스스로 또는 교사와 상의하여 어떤 과제를 해결하고 싶은지 결정할 수 있다. 학습 플랫폼 외에도 개인화된 학습을 위해 다른 많은 디지털 도구를 사용할 수 있다. 미국이나 유럽 여러 나라의 학교 미디어 교육은 독일보다 훨씬 앞서 있다.

로버트 보쉬 재단이 의뢰한 연구는 다음 사항을 보여 주었다. 설명 동영상은 학생들의 독자적인 학습에 매우 유용하다. 동영상을 필요에 따라 활용하고 수시로 시청할 수 있어 개별화된 학습이 가능하다. 많은 학교에서 교사만 설명 비디오를 제작하는 것이 아니라 학생들도 과정에 참여하는데 이것은 학생들의 디지털 기술을 능숙하게 하기 위한 것이다.

교육용 앱

디지털 미디어로 학습을 할 경우에는 더 많은 자료를 이용할 수 있고 다양한 방법을 통해서 조직적으로 수업을 할 수 있다. 현재 교육용 앱이 많이 있지만 모든 앱이 규정에 맞고 실제로 유용한 것은 아니다. 따라서 해당 앱을 직접 사용해 본 교사의 경험이 도움이 된다. 그래서 교사들이 학교에서 직접 사용하고 추천하는 학교 포털 전용 앱을 아래와 같이 소개한다.

- **안톤(Anton)**: 교육용 앱 안톤은 초등학교 1학년부터 상급학교 10학년까지 사용하는 앱인데 이 앱은 개인적인 학업 계획을 세울 수 있으며 학업 상태도 점검할 수 있다.
- **블루 브레인 클럽(Blue Brain Club)**: 이 앱은 특히 생물학 수업에 적합한 앱이다. 이 앱은 게임하는 방식으로 두뇌를 사용하도록 한다.
- **브레이닉스(Brainix)**: 이 교육용 앱은 학생들이 스스로 관리하고 자기 주도적으로 영어와 수학을 공부할 수 있도록 한다.
- **써클즈(Circles)**: 이 앱은 학생들에게 진로와 학습 방향을 지원하고 소개하는 앱이다.
- **클래스룸스크린(Classroomscreen)**: 이 앱은 무료로 이용 가능한 브라우저 기반 앱으로, 빔프로젝터와 화이트보드를 활용한 수업 활동을 구성하는 데 사용된다.
- **에도프(Edoop)**: 온라인 애플리케이션 'Edoop'을 사용하면 학교생활의 다양한 과정을 디지털화할 수 있다. 가장 중요한 기능은 간편하게 증명서를 작성할 수 있다는 것이다.

- **에드퍼즐(EdPuzzle)**: 에드퍼즐이란 앱으로 교사들은 수업을 위한 비디오를 제공할 수 있다. 그 밖에 이 앱은 객관식 또는 개방형 질문의 문제를 비디오에 장착할 수 있다.

- **카호트(Kahoot)**: 카호트 앱을 사용하면 아주 간단하게 퀴즈를 낼 수 있고 수업에 적용할 수 있다. 그리고 전체적으로 돌아가면서 수수께끼 놀이를 할 수 있다.

- **멘티메터(Mentimeter)**: 학생들의 저음을 이 앱에 녹음할 수 있고 가능한 한 많은 학생이 참여할 수 있다.

- **밋치(meetzi)**: 밋치를 사용하면 완전히 디지털 방식으로 수업을 진행할 수 있다. 학생들은 가상 교실에서 교사를 만나고 그곳에서 그들은 다양한 방법으로 생각을 교환할 수 있다.

- **무들(Moodle)**: 학습 관리 시스템 무들은 많은 연방 주에서 사용되며 가상 교실과 작업 공간을 설정할 수 있다. 무들을 통해 다양한 작업이나 학습 자료를 사용할 수 있다.

- **내 수리카타(MySuricate)**:무료 게임 플랫폼은 쉬운 워밍업 게임부터 두뇌 쓰는 문제에 이르기까지 500개 이상의 게임을 통해 체육 교사에게 체육에 대한 다양한 아이디어를 제공한다.

- **니어포드(Nearpod)**: 니어포드는 프레젠테이션을 대화식으로 편집할 수 있다. 예를 들어 다양한 질문 기능, 작업, 공백 텍스트뿐만 아니라 협업 형식도 설치할 수 있다.

- **노치(notyz)**: 무료 앱 노치는 원격 학습 설계를 도와준다. 교사

는 앱을 사용하여 학생들에게 홈스쿨링을 위한 정보, 과제 및 동영상을 보낼 수 있다.

- **온코(Oncoo)**: 온코는 'Online Cooperation'의 약자로 개인 및 온라인 지원 커뮤니케이션 및 협업을 위해 여러 앱을 결합한 인터넷 기반 플랫폼이다.

- **패들렛(Padlet)**: '패들렛'은 텍스트, 이미지, 동영상, 링크, 음성 녹음, 화면녹화, 그림 등을 게재할 수 있는 디지털 게시판이다.

- **플리커(Plickers)**: 플리커는 객관식, 참/거짓 또는 투표를 위한 도구이다. 예를 들어 마지막 수업의 반복 질문, 텍스트를 얼마나 이해했는가에 대한 질문, 일일 학습, 진단 또는 수업에 반영할 수 있다.

- **퀴즈 아카데미(Quiz Academy)**: 퀴즈 아카데미를 통해 교사는 퀴즈와 플래시 카드를 만들어 자기주도 학습을 장려하면서 학생의 학업을 평가할 수 있다.

- **학교 관리자(Schulmanager)**: 학교 관리자 온라인은 관리 과정을 수월하게 한다. 휴학 신청에서 디지털 수업 등록, 대체 계획에 이르기까지 학교의 필요에 따라 모듈식 원칙을 사용하여 개별 기능을 결합할 수 있다.

- **스코비즈(Online:Scobees)**: 학습 앱 스코비즈는 자기 주도적으로 학습을 할 수 있도록 한다. 학생들은 개별적으로 동반할 수 있다.

- **교사 도구(TeacherTool)**: 교사 도구 앱은 수업 계획을 지원하는 소프트웨어이다. 예를 들어 학생 및 성적 관리, 코스 구성 및 문서화를 가능하게 한다.
- **와이즈랩 2.0(Wise Lab 2.0)**: 와이즈랩 2.0은 교사들이 개발한 공통 학습 플랫폼이다. 앱의 도움으로 디지털 수업을 진행할 수 있다.
- **네가 할 수 있는 것을 보여줘(Zeig, was du kannst!)**: 이 앱은 커리어 오리엔테이션을 지원하며 독일 비즈니스 재단 자금 지원 프로그램의 일부이다.

현장 실례

교실에서 디지털 미디어를 사용하기 위한 전제 조건으로 학교가 학생 수준에 걸맞은 디지털 장비를 갖추는 것이다. 브레멘은 코로나 유행에 앞서 거의 모든 학생에게 태블릿을 제공했다. 코로나 대유행 기간에 많은 학교도 자체 디지털 시스템을 구축하거나 추가로 개발했다.

통합 종합 학교 렝에데(Lengede)는 2021 스페셜 '디지털 솔루션 구현' 카테고리에서 2018년부터 교실에서 디지털 미디어를 운용하고 있으며 이를 위해 디지털 도구 상자를 개발했다. 팬데믹 상황에서 학생들의 독립적인 작업을 강화하기 위해 디지털 미디어 분야를 더욱 확장했다.[25] 렝에데 학교는 디지털 학습 환경을 구축하기 위해 노력해 왔다. 5학년에서 10학년까지 독일어, 수학, 영어, 자연 과학 및 사회 과목에서 독립적인 학습을 위한 모든 계획은 학습 관리 시스템에 맞추어서 학생들이 하루에 최소 한 시간 동안 학습 계획을 독립적으로 수행할 수 있도록 한다. 기본적으로 학생들이 자신이 소유하고 있는 디바이스를 학교에 가져와서 학습해야 한다.

2020년 3월 휴교로 소통은 주로 학습 관리 시스템 'itslearning'을 통해 이루어졌다. 학교 관리자는 관련 주제 및 수업에 대한 정보를 제공하기 위해 매일 문자 메시지, 동영상 또는 팟캐스트를 게시했다. 우선, 모든 학생이 학습 관리 시스템의 모든 기능과 학교 자체의 디지털 학습 환경에 익숙하도록 교육을 시켰다. 학생들이 탈락하지 않도록 출석 체크 시스템을 가동해 확인한다.

원격 학습에서 렝에데 학교의 목표는 학생들의 디지털 기술을 더욱 증진해 수업의 질을 높이는 것이다. 학교는 이미 2018년 디지털 학습 환경 'L3KIDS'(학습, 협업, 정보 및 문서 관리 시스템)을 운영해 왔다. 중요한 점은 학생들에게 개별적으로 맞춤화된 과제를 제공하고, 교사가 더 다양한 방법을 고심하고 학습 지원을 위한 더 많은 시간을 할애하고 디지털 공간에서 공동 작업을 촉진하고 교육 프로

---

25 https://deutsches-schulportal.de/unterricht/wie-digitale-medien-den-unterricht-in-zukunft-voranbringen/ Wie digitale Medien den Unterricht voranbringen können

세스를 더욱 효율적으로 만드는 것이다. 디지털 학습 개념을 원격 학습으로 성공적으로 이전하기 위해 교사들은 휴교 초기에 원격 학습의 학습 프로세스를 위한 프레임워크를 만들었다.

과목에 따라 교사는 디지털 도구를 사용했고 'itslearning'에 수업 내용을 게시하고 학생들에게 학습 작업 결과에 대한 피드백을 매주 제공했다. 그 결과 설정된 디지털 환경이 체계적 차별화, 학습에 대한 의지 강화, 책임 수행에 대한 목표를 지원하는 데 적합했다.

교사가 교실에서 디지털 미디어를 사용하는 경우 이는 교육 형평성에 중요한 기여를 할 수도 있다. 그것을 보여준 지벤게비륵스학교(Siebengebirgsschule)가 독일 학교상(2020/2021 German School Award)을 수상했다. 그리고 특수학교 수업에서 디지털 미디어는 어떨까? 사람들이 여기에서 몇 가지 가능성을 본다. 마부르크의 모자이크 학교(Mosaikschule)가 여기에 해당한다. 많은 어린이가 정신 발달에 중점을 두고 이곳에서 배운다. 이 아이들에게 원격 학습은 코로나 팬데믹 동안 특별한 도전이었다. 모자이크 학교는 휴교 기간에도 모든 어린이에게 인터넷을 통해서 디지털 미디어를 지원했다. 이는 아이들이 학교에 입학하는 순간부터 디지털 미디어를 사용하고 독립적으로 작업하는 법을 배우기 때문에 가능한 것이다.

코로나로 학교가 문을 닫으면서 초등학교는 학습용 앱을 도입했다. 앱을 통해서 학생들과 커뮤니케이션을 하고 실시간 강의를 통해서 학생들이 수업에 참여하도록 했다. 예를 들어서 쾰른 근처의 하일리겐하우스 초등학교(Heiligenhausschule)는 참여 앱 '#stadtsache'을 교육 도구로 사용하고 있다. 이 앱은 다른 학습 플랫폼에 비해 몇 가지 주요 장점을 갖고 있다.

첫째, 사용하기 편리하다는 것이다. 글을 읽을 수 없거나 시각 장애가 있는 모든 연령대의 학습자가 콘텐츠를 청취할 수 있다. 그리고 동영상을 만들어 학습 단계, 학습 콘텐츠를 표시할 수 있다. 둘째, 이 앱은 데이터가 안전하며 모든 스마트폰과 호환이 가능하다. 디지털 기기가 없더라도 부모님의 스마트폰으로 앱을 사용하거나 SIM 카드가 없는 스마트폰으로 앱을 사용할 수 있다. 과제는 멀티미디어 도구를 사용하여 교사가 개인적으로 생성할 수 있으므로 각 학습 그룹의 개별 요구에 맞게 조정할 수 있다. 셋째, 아이들은 연령에 맞는 미디어 제작자가 될 수 있고 자신만의 방식으로 창의적일 수 있다. 이 앱은 학생들에게 실제 교실의 경계를 허무는 학습 세계를 제공한다. 어디서든지 학습이 이루어질 수 있다. 넷째, 언제 어디서나 협업이 가능하다. 예를 들어 장소와 관계없이 세계 어디에 있는 전문가도 디지털 학습 공간에 초대할 수 있다.

학생들은 앱에 있는 가상공간에서 교사와 접촉하고 피드백을 받고 친구들끼리도 소통한다. 2020년 9월부터 '#digiclass' 앱은 몇몇 학교에 정규 교육 도구가 되었다. 교사와 학생이 서로 소통하는 것이 중요 포인트이며 집에서 학습하는 동안 아이들은 마치 학교에서 공부하는 것처럼 적절한 시간과 적절한 작업을 앱에서 모두 선택할 수 있다. 앱을 사용하면 예를 들어 어린이가 설명을 여러 번 듣거나 수업 시간 동안 이해하기 힘든 부분을 저장해서 다시 질문할 수 있다. 수업하는 것 이외에도 앱을 통해서 게시판 및 학교 메신저를 사용할 수 있다. 이 앱을 통해 부가적으로 학교 라디오에 음악 요청을 할 수 있고 도서를 추천할 수 있고 또 설문조사에도 참여할 수 있다.

디지털 도구 상자는 교육 활동뿐만 아니라 학교 행정 작업에도 사용되었다. 특히 클라우드 솔루션의의 경우 다양한 앱을 통해 위원회의 조직 및 공동 작업이 디지털 공간에서 이루어졌고 서로 다른 팀과 함께 작업을 계획하고 문서화할 수 있었다.

괴팅엔에 있는 게오르그-크리스토프-리히텐베르크 종합학교 (Georg-Christoph- Lichtenberg Gesamtschule)는 태블릿과 스마트폰의 사용이 일상적인 교육의 일부이다. 학생들의 iPad는 지식 이전 및 획득과 교실에서의 협력을 위한 광범위한 가능성을 열어주었다. 예를 들어 학생들은 다음과 같은 앱을 사용하여 자신의 디바이스로 직접 조사할 수 있다. 패들그룹 작업 내에서 연구 결과를 수집하여 전체 학급에서 직접 사용할 수 있도록 하거나, 네트워크에서 동시에 공통 문서에서 작업하거나, 아날로그 포스터 외에 QR 코드를 통해 심층적인 콘텐츠를 제공한다. 독립적이고 서로 협력하여 작업하는 것 외에도 학생들은 자신의 영화 또는 퀴즈 만들기, 다양한 소스 개발 및 평가 또는 사진과 메모를 사용한 실험 문서화와 같은 다양한 미디어 기술을 습득한다.

252

제언

IGLU 연구팀은 독일 학교에 대해 문해력과 관련하여 다음 조치를 권장한다. 학교에서 읽기 능력 향상을 우선시하고 독서 활동에 할애하는 주간 수업 시간 늘리기를 제안한다. 읽기 능력을 체계적으로 그리고 개별적으로 진단해서 다수를 위한 양질의 독서 교육과 도움이 필요한 아동을 위한 소그룹을 형성해서 특별히 개별적으로 지원하는 것이 필요하다고 주장한다. 읽기 및 언어 진흥 분야의 초등학교 교사 훈련 및 심화 교육도 동시에 이루어져야 하고 취학 전에 어린이의 체계적인 언어 지원도 필요하다. 미래를 위해 학생들의 문해력에 대해서 정치권에서도 다양한 목소리를 내고 있다.

베티나 슈타르크-봐칭어(Bettina Stark-Watzinger) 연방 교육부 장관(FDP)은 초등학생의 문해력 테스트 결과에 대해 "IGLU 연구는 우리 어린이와 청소년의 성과가 다시 오를 수 있도록 교육 정책의 전환이 시급하다는 것을 보여줍니다"라고 말했다. 잘 읽고 이해하는 것은 사회생활을 하는 데 필요한 기본 스킬 중 하나이며 성공적인 교육을 위한 토대이기 때문이다. 연방 정부가 사회적 약자 비율이 높은 400개 학교를 지원하고자 하는 계획을 언급했다. 초등학교에 초점을 맞추고 읽기, 쓰기, 산수와 같은 기본 능력을 강화해야 한다고 주장했다.

교육부 장관 회의(KMK) 의장 및 베를린 교육 상원의원 카타리나

권터-뷘슈(CDU)는 "독서 장려는 어린이와 청소년이 교육을 정상적으로 잘 마치고 직업 생활을 성공적으로 시작할 수 있도록 하는 가장 중요한 조치 중 하나이며 지금도 여전히 중요합니다"라고 설명했다. 그리고 독일 문헌학자 협회의 연방 회장인 수잔네 린-클리칭(Susanne Lin-Klitzing)은 "문해력의 부족은 궁극적으로 많은 사람의 사회적 참여를 위태롭게 할 뿐만 아니라 기업 위치로서의 독일 전체를 위태롭게 합니다"라고 말했다.

학교에서 디지털 미디어를 통한 문해력 교육은 앞으로 현대 사회에서 중요한 역할을 수행할 것이다. 아래는 학교 디지털 미디어 교육에 대한 몇 가지 제언이다.

디지털 미디어를 통해 다양한 학습 모델을 제공하도록 한다. 다양한 미디어를 통해서 읽기 훈련도 하고 게임도 하고 이해도도 높이는 다양한 학습 효과를 얻을 수 있다. 학생들에게 디지털 미디어를 통해서 다양한 교육 효과를 볼 수 있도록 다양한 앱 등을 체험해서 자신에게 적합한 교육용 앱을 선택하도록 한다.

교사는 학습 목표에 적합한 디지털 미디어를 추천할 필요가 있다. 앱이 다양해짐에 따라 교실에서 실제로 필요로 하는 앱을 식별하는 것이 점점 더 어려워지고 있다. 코로나 이후 수많은 학습용 앱이 출시되었다. 교사는 용도에 맞게 어떤 앱이 적합하고 유용한지 인식해야 한다. 교사마다 작업 방식이 다르므로 응용 프로그램을 사용해 보고 학생들에게 알맞은 앱을 추천하는 것이 바람직하다.

디지털 미디어는 다양한 콘텐츠가 제공되기 때문에 문해력 교육과 수업 콘텐츠를 풍부하게 할 수 있다. 그와 더불어 디지털 디바이스를 잘 선택하는 것도 중요하다.

자기 주도적 학습할 수 있는 디지털 미디어가 필요하다. 무엇보다도 학생들이 독립적이자 자발적으로 공부하거나 즐길 수 있는 프로그램이 필요하다. 학교에서 배운 것을 더욱 쉽게 정리할 수 있도록 도와주는 학생용 앱도 많이 있지만 가정 학습을 위한 다양한 앱도 있다. 이 부분도 적극 활용해서 학생들이 스스로 공부할 수 있는 환경을 만들어 주는 것도 중요하다.

장소에 관계없이 학생과 실시간 커뮤니케이션하는 원격 시스템이 필요하다. 원격 학습 시스템에서 비디오를 통해서 실시간 커뮤니케이션을 할 수 있다. 또 학생 개별적으로 또는 전체적으로 화상 커뮤니케이션이 가능하므로 교사는 학생들에게 지시를 내리고 작업을 함께 할 수 있다.

초등학생이 디지털 미디어를 다룰 때 부모처럼 하는 것이 바람직하고 여의찮을 때 앱을 통해 채팅이나 게임을 제한할 필요가 있다. 특히 초등학생의 경우 집에서 공부할 때 주의가 산만하지 않도록 특정 시간에 스마트폰을 비활성화하는 앱도 있다. 이 시간 동안 학생들은 스마트폰으로 채팅하거나 게임을 할 수 없다.

디지털 미디어를 통해 학생들은 더욱 적극적으로 수업에 참여하고 상호작용할 수 있도록 해야 한다. 온라인 퀴즈, 토론 포럼, 그룹

프로젝트, 학생과 교사와 커뮤니케이션 등을 통해 학생들은 자신의 의견을 표현하고 다른 학생들과 의견을 공유할 수 있도록 해야 한다.

디지털 미디어는 현대를 사는 학생들에게 중요한 요소이기 때문에 미래를 대비하기 위해 반드시 필요한 교육이다. 이것을 통해 더 많은 세계를 경험하고 이해의 폭을 넓히고 더 많은 지식을 습득하면 글을 읽고 이해하는 문해력은 자연스럽게 상승할 것이다.

4장

일본

독서습관 형성을 위한
프로그램 추진

백원근

책과사회연구소 대표

요약

경제협력개발기구(OECD)가 실시한 2018년 PISA(국제학업성취도평가) 조사 결과에서 일본 학생들의 국제 독해력 순위가 이전보다 하락하며 일본 사회에 문해력 문제가 환기되었다. 초중고 학생들의 미디어 이용에서 활자 매체는 줄고 오락·영상 매체와 인터넷 이용이 날로 증가하는 환경에서, 일본 정부와 교육계, 미디어업계에서는 학업과 사회생활의 기초인 문해력 증진을 위해 독서 활동은 물론이고 신문·잡지·방송 등 미디어 교육이 활발히 이루어지고 있다. 학교에서 매일 시행하는 '아침독서'에 의해 초중고 학생의 독서율 및 독서량이 증가했으며, 신문 활용 교육의 일상적 시행을 통한 학력 신장 등 리터러시 교육의 정량적 효과도 확인되었다. PISA(2018)에서도 학생들의 종합 독해력과 신문 열독 빈도 사이의 상관관계가 높다는 것이 밝혀졌는데, 일본의 경우 신문을 읽는 학생이 531점, 신문을 읽지 않는 학생이 498점으로 점수 차이가 33점에 이르는 것으로 조사되었다. 이러한 결과들은 꾸준한 활자 매체 이용이 문해력 증진과 학습 능력 향상에 도움이 되고 있음을 보여준다. 학생의 학력 및 문해력 격차의 원인 중 하나는 양육자의 자녀 양육법이 주요 매개 요인이다. 미래 세대의 능동적 자발성과 창의력을 키우는 문해력 및 미디어 리터러시 교육 활성화를 위해 학교에서 '아침독서' 등 정기적인 독서 시간 운영, 어린이·청소년의 눈높이와 관심사에 부응하는 독서 프로그램 개발과 독서환경 조성, 양육자 대상의 문해력 및 미디어 교육 강화, 미디어 제작사들의 리터러시 교육을 위한 사회적 역할 확대가 필요하다.

문해력 관련 현황

문해력과 미디어 리터러시

일본 어학사전은 '독해력'에 대해 '문장을 읽고 그 내용을 이해하는 능력'으로 풀이한다(デジタル大辞泉). 한국어의 '독해력' 및 '문해력'(글을 읽고 이해하는 능력)과 같은 뜻이다. 다만 일본에서는 '문해력'이라는 단어를 사용하지 않는다. 따라서 이 글에서는 문해력과 독해력을 맥락에 따라 병용한다.

활자매체 중심의 사회에서 문해력이 중시되었다면, 디지털 정보 사회에서는 '정보 활용 능력'을 강조한다. 문부과학성이 고시한 학습지도요령 해설 총칙편은 '정보 활용 능력'을 "학습활동에서 필요에 따라 컴퓨터 등의 정보 수단을 적절히 이용하여 정보를 얻거나 정보를 정리·비교하고, 얻은 정보를 알기 쉽게 전달하거나, 필요에 따라 보존·공유하는 것이 가능한 능력으로, 이러한 학습활동을 수행하면서 필요로 하는 정보 수단의 기본적인 조작 능력의 습득, 프로그래밍적 사고, 정보윤리, 정보보안, 통계 등에 관한 자질·능력을 포함한다"고 정의한다.

문해력의 확장 및 변용이 곧 리터러시이다. '리터러시'(literacy)는 "1. 읽고 쓰는 능력, 주어진 재료에서 필요한 정보를 꺼내어 활용하는 능력. 2. 특정 분야에 관한 지식이나 활용하는 능력"으로 정의한

다(デジタル大辞泉). 이 같은 리터러시는 현대인들에게 불가결한 능력이기도 하다. 이전에는 문자를 읽고 쓰는 능력, 즉 식자(識字) 능력만으로도 충분했으나, 이제는 리터러시로 요구되는 능력의 범위가 넓혀졌다. 특히 '미디어 리터러시'는 정보와 콘텐츠를 전달하는 미디어의 의미와 특성을 이해하고, 수신자로서 정보를 해석하며, 송신자로서 정보의 표현과 발신, 미디어를 활용한 행동 능력 등을 모두 포함한다. 이런 시각에서 볼 때 미디어 리터러시는 '능동적으로 사회와 연관된 과제를 해결하고 사회 발전에 공헌할 수 있는 사회적 커뮤니케이션 능력'이라고 할 수 있다(中橋雄, 2015).

그런데 일본에서는 미디어 리터러시를 '미디어가 전하는 정보를 비판적으로 이해하는 능력'으로 생각하는 경향이 강하다. 이는 1990년대에 일본 텔레비전의 시청률 경쟁 속에서 과잉 연출이나 날조, 오보 등에 의한 불상사가 이어지면서 방송 수용자들에게도 적절한 판단력이 필요하다는 생각이 확산하였고 그 필요성을 매스미디어와 학교 교육에서 강조했기 때문이다.

이 글에서는 어린이와 청소년의 문해력 증진과 미디어 리터러시를 제고하려면 읽기 습관을 키우는 독서환경 조성, 미디어 생태계에 대한 이해를 키우는 미디어 교육이 전제되어야 한다는 관점에서 일본의 관련 현황과 시사점을 살피고자 한다.

일본의 문해력 관련 현황

교육자 단체인 '도쿄도 교육회'는 "일본 젊은이들의 독해력이 위험하다"라는 제언을 발표한 바 있다(도쿄도 교육회, 2020). 요미우리신문(2019년 12월 4일 자) 조간의 제1면 톱으로 보도된 "일본, 독해력 급락 15위, 사상 최저" 제하의 보도에 대한 우려의 표명이었다. 2018년 PISA(Programme for International Student Assessment, 국제학업성취도평가) 조사 결과 일본이 '수학적 응용력'은 6위, '과학적 응용력'은 5위로 상위권을 유지했지만, '독해력'은 직전 조사 결과에 비해 12점 낮은 504점으로 나타나 8위에서 15위로 순위가 급락한 것을 지적한 것이다. 특히 독해력을 구성하는 요소 중 '정보를 찾는 능력'과 '평가, 숙고하는 능력'의 정답률이 낮은 것으로 분석되었다. 또한 자유 기술식 문제에서는 '자신의 생각이 타인에게 전달되도록 근거를 제시하여 설명하는 능력'의 개선이 필요하다고 지적되었다.

동 조사에서 일본을 포함한 OECD 조사 참여 청소년들의 전반적인 경향으로, 책의 종류와 무관하게 책을 읽는 빈도는 2009년과 비교하여 감소 추세에 있는 것으로 나타났다. OECD 평균과 비교하면, 만화 강국인 일본의 학생들은 만화를 읽는 학생 비율이 상대적으로 다른 나라보다 높았다. 또한 신문·픽션·논픽션·만화를 모두 즐겨 읽는 학생의 독해력 점수가 상대적으로 높아 독해력과 독서 생활의 상관성이 높다는 것을 보여주었다.

일본 정부(문부과학성)는 일본 학생의 독해력 순위가 저하된 주요 원인으로 "언어 환경에서 SNS 등에 의한 단문(短文) 사용의 증가로 장문(長文)을 읽고 쓸 기회가 줄었으며, 독서를 통해 긴 문장을 접할 기회가 줄었다"는 점을 들었다. PISA 평가의 독해력 저하와 관련하여 문부과학성은 "여러 문서나 자료로부터 정보를 읽고 근거를 통해 자신의 생각을 쓰는 것, 텍스트나 자료 자체의 질이나 신뢰성을 평가하는 것 등 문해력 향상이 과제로 대두되었다"고 밝혔다. 요미우리신문(2019년 12월 5일 자)은 "문장을 만들 수 없는 젊은이"라는 기사에서 젊은이들의 독서 기피 현상이 심각하다고 지적했다. 그 이유는 오락성이 강한 대체 매체 및 콘텐츠 이용이 활발해졌기 때문이다.

미디어 리터러시의 필요성

일본에서는 문해력 저하 문제와 함께 '정보 리터러시', '미디어 리터러시'의 필요성이 강조된다. 미디어 리터러시 교육 전문가인 시모무라 겐이치(下村健一)는 중장년층의 경우 신문이나 TV 등 기존의 매스미디어와 같은 감각으로 온라인상의 가짜 뉴스를 그대로 받아들일 가능성이 높다고 본다(東洋経済, 2022.1.24.). 매스미디어에 대한 신뢰가 온라인상의 가짜 정보에도 그대로 적용된다는 것이다. 반면 대학생이나 젊은이들은 미디어에 대한 태도 자체가 냉담하다.

이들은 정보의 신빙성에 신경을 쓰지 않으며 재미있다고 생각하면 가짜 뉴스도 곧바로 퍼 나르며 확산시킨다. 진위가 불확실한 정보를 확산시키는 것에 대해 위험을 느끼지 않는 경우가 많다. 이들은 정보를 판단하는 데 있어서 그 진위가 중요하지 않기 때문에 사실 확인의 필요성을 강조해도 흘려듣는다. 따라서 바람직한 미디어 이용과 소통 방법에 대해 그들의 눈높이에 맞게 친근하게 알려주는 미디어 리터러시 교육이 필요하다는 것이다.

미디어 리터러시 교육의 실천에서는 스스로 정보를 취사선택하는 능력을 높이는 것이 핵심이고, 이를 위해 자신이 정보 발신의 주체가 되는 훈련이 효과적이라고 한다. 예를 들어 일본의 스토리텔링 방법 중 하나인 그림연극(紙芝居)을 활용하여, 동물들이 그려진 그림 4장을 펼쳐 보여주고 학생들에게 이야기를 만들도록 하면, 학생들이 완성한 그림은 같은 소재임에도 불구하고 이야기가 모두 제각각일 것이다. 이러한 경험을 통해 정보의 편집 과정에서 내용이 달라진다는 점, 전달자에 따라 정보를 표현하는 방법이 다르다는 점에 대해 체감할 수 있다. 또한 초등학생부터 대학생에 이르기까지 SNS 등 온라인에서의 정보 발신에는 사회적으로 큰 책임이 따르는 행위임을 적절한 예시를 통해 분명히 주지 시킬 필요가 있다.

문해력 향상을 위해 가장 유력한 대안으로 제시되는 것이 독서 습관이다. 독서를 통해 다양한 어휘와 배경지식을 접하고 스스로 생각하는 힘을 기를 수 있기 때문이다. 문해력은 '문장·정보의 이해력'에 국한되지 않고 능동적으로 소통하는 능력의 바탕이 된다. 타인과의 의사소통이 원활하게 이루어지려면 상대방이 말하는 내용과 의도를 잘 파악하고 자신이 말하고자 하는 바를 정확히 전달하는 것이 중요한데, 문해력은 학교 공부나 사회생활에서 반드시 필요한 기초 요소라 할 수 있다.

📖 문해력과 리터러시 증진을 위한 미디어별 활동

독서는 언어를 배우고 감성을 연마하고 표현력을 높이며, 창의력을 풍부하게 하여 인생을 보다 깊이 살 힘을 기르기 위해 필수적이다. 문해력 증진을 위해 가장 효과적인 방법임은 물론이다. 이를 위해 일본 문부과학성은 〈어린이 독서활동 추진에 관한 법률〉(이 법에서 '어린이'는 18세 이하를 가리킴) 및 〈제4차 어린이 독서활동 추진에 관한 기본계획〉을 바탕으로 책을 읽지 않는 비독서율(不讀率)을 감소시키고(초등학생 2% 이하, 중학생 8% 이하, 고등학생 26% 이하 목표), 기초지자체의 '어린이 독서활동 추진에 관한 기본 계획' 책정 비율을 증가시킨다는 목표로(시 단위에서는 100%, 그 이하 지자체에서는 70% 이상) 독서 활동에 대한 국민의 관심과 이해를 돕기 위해 다양한 시책을 실시한다. 또한 제4차 기본계획 책정 이후 〈시각장애인 등의 독서

환경 정비 추진에 관한 법률〉제정, 〈제6차 학교도서관 도서 정비 등 5개년 계획〉의 책정을 통해 어린이 독서환경을 정비하고 있다.

그렇지만 제4차 기본계획에서의 비독서율 하향 목표를 초중고 모든 학교급에서 달성하지 못한 점 등을 감안하여, 문부과학성이 2023년 3월에 확정한 것이 〈제5차 어린이 독서활동 추진에 관한 기본계획〉이다. 이번 기본계획에서는 모든 어린이가 독서 활동의 혜택을 받을 수 있도록 하여 비독서율 감소, 다양한 환경에 있는 어린이들의 독서 기회 확보, 디지털 사회에 대응하는 독서환경 정비, 어린이 시점에서의 독서 활동 추진을 기본 방침으로 정하고 범사회적인 어린이 독서 활동을 추진하기로 했다. 동 계획을 국가와 광역지자체(都道府縣), 기초지자체(市町村) 각각의 역할을 고려하여 학교·도서관·민간단체·민간기업 등 다양한 기관과 연계하여 추진할 방침이다(文部科学省, 2023).

학교에서의 독서 활동 추진은 어린이의 독서습관 형성을 위해 매우 중요하다. '학교교육법'에는 의무교육인 보통교육의 목표 중 하나로 "독서와 친해지고 생활에 필요한 국어를 바르게 이해하고 사용하는 기초적인 능력을 기르는 것"이 규정되어 있다. 또 학습지도요령에서는 학교도서관을 계획적으로 이용하여 그 기능의 활성화를 도모하고, 학생의 주체적이고 깊은 배움의 실현을 위한 수업 개선에 활용하는 동시에 학생의 자발적인 학습활동 및 독서 활동을 충실하게 하도록 했다. 초등학교, 중학교, 고등학교의 각 학교급에서 학생이 평생에 걸쳐 독서습관을 몸에 익히고 독서의 폭을 넓히도록 독서의 기회 확충과 도서 소개, 독서 경험의 공유를 통해 다양한 도서를 접할 기회를 확보하도록 추진한다는 것이 정부 방침이다.

도서 활용 문해력 교육

문해력 함양을 위한 독서 활동 추진에서 중요한 것이 어린이·청소년의 발달 단계에 따른 맞춤형 접근법이다. 평생 독서와 친숙하고 독서를 즐기는 습관을 형성하기 위해서는 영유아기부터 발달 단계에 따른 독서 활동이 이루어지는 것이 필수적이기 때문이다.

이와 같은 어린이·청소년의 발달 단계 및 개별 아동의 상황을 충분히 고려하여 가정과 학교에서 영유아기부터 끊임없이 최적의 독서환경을 조성하고 독서 활동을 지원하는 것이 이상적이다. 일본의 초중고에서는 독서 활동을 다양하게 추진해 왔으며, 이를 초중고 학교급별 독서 활동 유형 중심으로 살펴본다(静岡大学, 2010 참조).

(1) 초등학교의 독서 활동

- 매일 1교시 수업 전(0교시) '아침독서' 시행
- 교과 독서 : 과목 및 단원, 학생 수준과 흥미에 부합하는 책 소개 및 학교 학교도서관 활용 책 전시 코너 마련, 공공도서관의 단체대출을 활용한 다양한 책 소개

- 계절별 독서 행사, 독서 축제 개최 : '어린이 독서의 날' 스토리텔링, 가을 '독서주간'에 교사가 추천하는 책 소개, 독서 우편 카드 콘테스트, 12월 독서 축제 그림연극 등
- 도서 추천 : 학년별 추천 도서 목록 제공. 담임 교사, 도서 위원회의 추천서 소개. 담임 교사가 '3분 라이브러리' 시간을 만들어 짧은 시간 동안 재미있는 책 소개 등
- 독서통장 만들기
- '책 이야기 시간' : 읽었던 책이나 읽고 있는 책을 친구들에게 소개(그룹별)
- 독서회(독서동아리) : 같은 책을 읽고 감상을 나누는 활동. 각자가 쓴 독서 카드를 바탕으로 발표하며 다른 학생의 생각을 들음.
- 독서 감상문 쓰기 지도 및 콩쿠르 응모
- 다독자 표창
- 독서에 관한 관심을 높이기 위한 목표 설정(독서량, 독서 시간 등)
- 추천 도서를 읽은 학생들의 이름이나 사진, 독서 관련 작품(그림 등) 전시
- 독서 우편 카드 만들기 : 가을 독서주간 등에 실시하며, 추천하고 싶은 책에 대한 소개와 그림을 넣어 작성 후 다른 사람에게 보내거나 전교 경연 방식으로 시행
- 가정과 함께하는 독서 : 가정용 '독서 편지' 발송, '부모님과

함께하는 독서 시간' 권장, 특정일을 정해(예를 들어 매월 첫 번째, 세 번째 토요일)에 부모님과 함께 도서관·서점 나들이, 정기적인 독서 시간 정하기, 읽은 책의 제목과 감상 기록하기 등

• 전교에서 시행하는 책 읽어주기 행사 : 교사의 책 읽어주기, 고학년생이 저학년생에게 책 읽어주기(일대일 또는 일대다 매칭), 지역 주민이 참여하는 책 읽어주기 등

• 매력적인 공간, 뒹굴며 읽는 공간 조성을 통해 책에 대한 친근감 조성

• 각종 기념일에 책 전시회 개최(고양이의 날에 고양이 책 소개 등)

• 학교 도서관 활용 : 담임과 사서의 공동 수업 진행, 학교 도서관 달력 발행, '학교 도서관 캐릭터' 공모·활용 등

• '독서 나무' 만들기 : 교실 벽에 나무 모양의 일본 십진분류법을 붙이고 읽은 책이나 관심 있는 책 제목과 감상 한 마디를 나뭇잎 모양의 포스트잇에 붙임

〈그림 1〉 '학교도서관 캐릭터' 및 '독서 나무' 만들기 사례

(2) 중고등학교의 독서 활동

- 학교장의 독서 장려

- 교과 교사의 독서 지도 : 학교 도서관 활용 수업, 학습자료 목
  적에 따른 독서자료 이용법 지도

- 전교생 대상 1교시 수업 전(0교시) '아침 독서' 실시

- 교과별 수업에서 책 추천 및 교과 연계 독서 활동

- 학생 주도 활동 : 학생 추천 도서, 비블리오 배틀, 학생 도서
  위원회의 독서 안내 및 홍보

- 책과 친해지는 공간 만들기 : 1층의 통행량이 많은 곳에 설
  치, 학생 관심사에 맞는 책 소개, 학생 전시 공간 활용

- 학생 주도의 독서 행사 시행

- 계절별 독서주간, 독후감 소개 및 지도, 독서실태조사

- '학교 도서관 편지' 발간

(3) 어린이·청소년의 독서에 관한 관심을 높이는 방법

일본에서는 어린이·청소년의 독서에 관한 관심을 높이기 위해 다양한 활동이 이루어지고 있다. 독서 관심도를 높이는 방법으로는 영유아기부터 실시하는 '읽어주기'나 '이야기(스토리텔링)', 협동적인 활동으로서 아이들끼리 책을 소개하거나 대화하는 '독서회', '비블리오 배틀'(책 소개 대회), '페어 독서', '맛보기 독서', '신문 돌려보기', 게임 감각의 '아니마시온'[26], '책 찾기 게임' 등이 있다.

또한 독서 활동의 주체인 어린이·청소년의 관점에 따라야 한다는 원칙을 실현하기 위해 도서위원, '어린이·청소년 사서' 등의 활동을 하도록 촉진하는 것도 중요하다. 읽은 책의 서명 등을 기록할 수 있도록 책자를 전달하거나 '독서통장'에 기록하는 방안도 활용된다. 독서 기록을 통해 자신의 독서 경향을 파악하거나 읽은 내용을 재확인할 수 있어 독서 의욕을 높일 수 있기 때문이다.

다른 방법으로는 영화 등의 영상 작품과 원작을 비교하면서 읽거나, 자신이 글쓴이가 되거나, 독서 관련 신문·포스터·띠지 등을

---

26 스페인의 언론인 몬세라 사르토(Montserrat Sarto)가 어린이들에게 독서의 즐거움을 전달함과 동시에 읽는 힘을 끌어내기 위해 1970년대부터 개발한 그룹 참여형 독서지도 방법인 '아니마시온(animación)'은 라틴어 아니마(영혼·생명)에서 발단하여 인간의 영혼·생명을 활성화한다는 의미이다. 75종류로 정리된 개별 기법은 '작전'이라 불리며 이야기나 시 속에 일부러 오류를 넣어 읽게 한 다음 오류를 찾아내게 하거나 줄거리를 퀴즈로 출제하는 등 다양한 프로그램이 있으며, 깊이 읽는 습관, 독해력, 커뮤니케이션 능력을 기르는 것을 목표로 한다. 일본에는 1990년대 후반에 소개되어 확산되었다.

만드는 것이다. 이러한 방법들에 의해 보다 다양한 독서활동 참여를 이끌 수 있다. 또한 기존 방법들에 학생들이 더 많이 참가할 수 있도록 연구하고, 정보통신기술(ICT)을 효과적으로 활용하는 것도 중요하다. 예를 들어, 읽어주기를 할 때 수화를 곁들이거나 손놀이나 노래를 섞고 다양한 언어를 사용하기도 한다. 이러한 활동을 지역 도서관이나 학교에서 실시할 경우 자원봉사자의 협력도 필요하다. 또한 독서 기록을 위한 앱에 협업적인 활동을 가능하게 하는 기능을 부가하여 독서활동에 관한 관심과 참여도를 높이고, 온라인 독서 모임을 개최해 외출이 어려운 학부모나 어린이가 참여하도록 진행하는 경우도 있다. 주요 독서활동 방법은 다음과 같다.

- **읽어주기** : 어른이 아이에게 그림책을 읽으며 들려준다. 영유아기부터 진행되며 어린이는 읽어주기를 통해 언어를 습득하고 책에 관한 관심을 높일 수 있다. 가정, 학교, 어린이집, 도서관 등에서 널리 행해지고 있으며 아이들이 같은 세대나 다른 연령의 아이들에게 읽어주기 활동을 하는 경우도 있다. 전국 각지에서 실시하는 '북스타트'는 양육자가 영유아에게 그림책을 읽어주는 계기를 만들어 준다.

- **이야기(스토리텔링)** : 화자가 옛이야기나 창작 이야기를 모두 외워서 들려준다. 그림책 읽어주기에서 그림은 상상하기에 도움이 되며, 이야기는 귀에서 들려오는 말만으로도 상상을 부풀린다. 직접 이야기를 들어봄으로써 화자와 듣는 사람이

하나가 되어 즐길 수 있다.

- **북토크** : 책에 대한 흥미가 생길 수 있도록 연구하면서 장르가 다른 여러 책을 주제에 따라 소개하는 활동이다. 다양한 장르의 책을 접할 수 있다.

- **독서회(독서동아리)** : 여러 명이 모여 책에 대한 감상을 나눈다. 그 자리에서 같은 책을 각자 또는 함께 읽는 방법, 사전에 읽고 모여 감상 나누기 등 다양한 방법이 있다.

- **비블리오 배틀(책 소개 대회, 書評戰)** : 발표자가 읽고 재미있다고 생각한 책을 1인당 5분 동안 소개하고, 그 발표에 관한 의견 교환을 2~3분 정도 한다. 모든 발표가 끝난 후 어떤 책이 가장 읽고 싶어졌는가를 참가자 다수결로 선택하여 챔피언을 선정하며, 게임 감각으로 즐기면서 책에 관심을 가질 수 있다. 초중고생 및 대학생 부문별로 전국 대회도 개최한다.

- **피치 토크** : 주제를 정해 각자가 읽은 책을 짧게 발표한다. 비브리오 배틀 형식을 취해도 좋다.

- **페어(짝)독서** : 둘이서 독서하는 것으로, 가족이나 다른 학년, 다른 반 등 다양한 단위로 한 권의 책을 읽고 의견을 나눈다. 읽기 능력에 차이가 있는 경우에도 상대방을 의식하여 책을 공유하는 것으로 연결할 수 있다. 독서 감상을 편지 형태로 상대방에게 전달하는 방법도 있다.

- **맛보기 독서** : 그룹을 만들어 3~5분간 정해진 시간에 순서대

로 5~10권 정도의 책을 모두 맛보기로 읽은 후 가장 읽고 싶은 책을 서로 발표한다.

- **아니마시온** : 독서 아니마시온은 어린이와 청소년의 참여로 이루어지는 독서지도법 중 하나이다. 독서의 즐거움을 전달하고 능동적으로 읽는 힘을 끌어내기 위해 게임이나 저자 방문 등 다양한 형태로 진행된다.

- **책 찾기 게임** : 주제를 내걸고, 그 주제에 맞는 책을 찾는 프로그램이다. 게임 감각으로 즐기면서 뜻밖의 책과 만날 수 있다.

- **'○○상'으로 책 선택하기** : 참가자들이 복수의 책을 검토하고 평가의 기준을 포함해 논의 후 1권의 추천 책을 결정하는 활동이다. 여러 권의 책을 두고 함께 대화함으로써 자신과 다른 시각을 알게 되고 안목을 넓힐 수 있다.

- **독서 신문, 독서 포스터, 책 띠지, POP(홍보 문구) 작성** : 독후 감상이나 책 소개 등을 다양한 형식으로 정리하는 활동이다. 독서 활동을 표현활동으로 발전시키는 방법이기도 하다. 작성한 것을 전시, 경연 대회에 활용한다.

- **영화·드라마 원작 비교** : 영상 세대인 학생들이 원작 책을 읽으면서 영화나 드라마를 감상하는 등 영상 작품과 비교하면서 책을 읽는 활동이다.

신문 활용 문해력 교육(NIE)

문해력 증진을 위해 일본에서 사회적으로 힘을 기울이는 대표적인 분야 중 하나가 신문 읽기 장려 활동이다. 일본신문협회는 '교육에 신문을(教育に新聞を)'이라는 캐치프레이즈 아래 NIE(Newspaper in Education) 교육을 적극 추진하고 있다. 신문업계와 교육계의 협력 아래 '사회성이 풍부한 청소년 육성'과 '활자문화 및 민주주의 발전'을 목적으로 전국에서 추진한다(日本新聞協会 NIE 홈페이지).

NIE는 1930년대 미국에서 신문 독자의 감소를 우려해 학교에서 신문을 교재로 수업을 진행하는 활동을 〈뉴욕 타임스〉(NYT)가 시작한 것이 기원으로 알려진다. 일본 신문업계에 NIE 활동이 소개된 것은 1985년 '신문대회'에서였다.

2005년에는 NIE학회가 설립되는 등 신문업계와 교육 현장은 협력관계를 구축하게 된다. NIE의 확산이 본격화된 것도 이때부터였다. 신문사는 추진협의회에 대한 협력과 지원을 비롯해 학교에 기자 강사 파견 및 각종 세미나 등 NIE의 활동을 뒷받침하고 있다. 지금까지 NIE의 전국적인 확대를 살펴보면, 교육계와 신문업계의 이해가 일치했음을 알 수 있다. 현재는 전국 NIE 시행 학교에 신문을 제공하고, 조사·교육 실천 연구보고회 행사인 전국대회를 개최한다.

문부과학성의 〈제5차 학교도서관 도서 정비 등 5개년 계획〉에는 적극적인 신간 수서와 함께 학교 도서관에 대한 신문 비치, 특히 고등학교 대상으로 복수의 신문을 보급하는데 약 50억 엔의 예산이 새롭게 확보되었다. 교장 회의나 학교 도서관 단체를 포함한 신문업계의 요청에 따른 정책 시행이다(植村八潮, 2018).

　일본신문협회는 전국 초중고 중 신청 학교 대상으로 NIE 실천학교를 지정하고 신문을 무상 보급한다. 1989년 9월에 파일럿 프로그램을 시작한 이래 2007년에 500개교를 돌파했고, 2023년 9월 현재 530개 학교에서 NIE를 시행한다. 전국의 광역지자체 단위로 NIE추진협의회를 운영하여 정보교환과 세미나 개최, 신문기자의 학교 방문 교육 등을 실시하며 학교에서의 NIE 활성화를 지원한다. 매년 NIE 전국대회를 개최하며, NIE 경험이 풍부한 현역 교사를 전문가로 인증하는 'NIE 어드바이저' 제도를 2004년부터 운영한다. 이외에도 친구나 가족과 함께 신문을 읽고 의견을 응모하도록 하는 '함께 읽자! 신문 콩쿠르'(いっしょに読もう! 新聞コンクール), 〈NIE 뉴스〉 및 〈NIE 가이드〉 자료의 발행, NIE 관련 조사 활동, 'NIE 타임' 권장 활동을 펼친다. 'NIE 타임'은 하루 10분 정도의 짧은 시간 동안 신문 스크랩, 뉴스 검색, 1분 스피치, 신문 퀴즈, 칼럼 필사 활동을 하는 시간을 말한다.

　학교 교재로 신문을 활용하는 것은 사회나 국어 과목에서 '신문에 대해 배운다', '신문 만들기를 통해서 배운다'와 같은 단원에서 전부터 시행했다. 최근 NIE의 저변이 확대되면서 학습지도요령에서도 신문 활용을 더욱 중시하고 있다. 현재 시행 중인 학습지도요령에서는 초중고 교육의 총칙에 '신문'이 처음으로 담겼다. '주체적·대화적이고 깊은 배움'의 실현을 위한 정보 활용 능력 육성의 필수 교재로 신문을 활용하도록 명시한 것이다. 나아가 사회 참가 의식을 배양하는 주권자 교육의 중요성이 강조되는 분위기에서, 가정에서의 NIE 실천에 대해 논의되고 있다. 대학에서의 신문 활용이나, 주민센터 및 공공도서관 등 사회 시설에서의 평생학습과 문해력 함양을 위해 NIE의 활용이 확장되고 있다.

신문 구독률이 하락하는 상황에서 각 언론사에서는 NIE 교육에 적극적으로 참여하고 있다. 예를 들어, 일본 최대 발행 부수인 요미우리신문사는 NIE 홈페이지 운영을 비롯해, 학교 교사들을 위한 모임을 개최하고 수업을 지원하는 가이드북과 교재를 제공한다. 또한 교실로 찾아가는 방문 수업 신청을 받아 신문 읽는 법, 신문 만드는 법, 인터뷰와 취재의 노하우, 신문 기사 쓰기 및 사진 촬영 방법, 신문 활용 수업의 방법 등에 대한 프로그램을 가지고 신문기자 또는 교사 출신 강사가 학교로 찾아간다. 방문 교육 프로그램은 '전달하다'(인터뷰, 메모, 신문 만들기, 헤드라인, 투고), '알다'(취재에서 편집까지, 기사 표현의 특징, 신문 비교), '넓히다'(뉴스 리터러시, 그룹별 신문 만들기 체험)로 구성된다. 오래전부터 본사 및 인쇄공장(전국 30개) 견학 프로그램도 연중 운영하고 있다.

〈그림 2〉 요미우리신문사의 NIE 홈페이지

출처: https://kyoiku.yomiuri.co.jp/torikumi/nie/

잡지 활용 문해력 교육(MIE)

일본에서는 NIE('교육에 신문을') 활동에서 영감을 받아 '교육에
잡지를' 내걸고 초중고 학교 교육에서 잡지를 교재로 활용하자는
MIE(Magazine in Education)가 2018년부터 시작되었다. 이와 같은 활
동은 신문과 더불어 독자 감소 위기를 겪고 있는 잡지업계의 산업
적 노력의 일환이기도 하다. NIE 활동을 참고하여 잡지 분야에서도
잡지 만들기 콩쿠르, 수업에서 잡지를 교재로 활용하는 교육, 학교
도서관에서 잡지 읽기 캠페인, 잡지를 사용한 조사 학습 등이 이루

어지고 있다. 신문의 NIE처럼 잡지 편집자 강사 파견 사업 등도 검토 과제로 거론되고 있다(植村八潮, 2018).

잡지의 특징은 하나의 주제 아래 다양한 기사들이 패키지로 묶여 있는 점에 있다. 대형 특집과 소형 특집, 사진, 소설과 만화, 연재 칼럼 등 다양한 분야와 표현 형식이 모두 이 패키지 안에 들어 있다. 따라서 다양한 잡지 기사를 활용하는 능력이 곧 '잡지 리터러시'이며, 이는 교육에서 중시하는 액티브 러닝과도 연결된다(植村八潮, 2018).

탐구학습 교재로서 도서가 유용한 것은 말할 것도 없으며, 최신 정보 측면에서는 신문이 유용하다. 이러한 양면을 겸비하여 손쉽게 접할 수 있는 것이 잡지를 교재로 사용하는 수업이다. 그룹별 탐구학습의 성과를 정리하는 방법으로서 잡지 만들기 수업을 진행하는 것은 효과적이다. 취재, 집필, 편집 능력을 기르고 팀 내의 커뮤니케이션과 공동작업 능력을 키우기에도 좋다.

잡지는 연령과 성별, 취향이나 기호, 전문성 등에 따라 세분화되어 있어서 상대적으로 소수자를 배려하고 독자의 가치관을 중시해 만들어진다. 독자가 원하는 잡지를 선택해 읽게 함으로써 '다양성을 담보하는 정보원' 역할을 한다. 또한 상대적으로 신문이 공급자 관점을 독자에게 강요하는 경향이 있는 반면, 잡지는 사진이나 일러스트 등 시각적 요소를 다채롭게 활용하고 레이아웃 역시 자유로운 편이다. 독자 연령 등 독자층에 맞춤한 구성과 디자인이 얼마든지 가능하다.

이와 같이 여러 장점이 있는 잡지를 초중고 및 대학 수업에서 활용한 경험이 많은 아리야마 유미코(有山裕美子, 2022)는 잡지 활용 수업 실천 사례에 대해 〈학교 교육에서 잡지 활용 수업(MIE)의 가능성〉에서 발표했다. 수업은 대체로 잡지와의 만남, 마음에 드는 잡지의 발견, 잡지 읽기, 만든이(기자, 편집자, 디자이너, 일러스트레이터)의 생각 탐색, 잡지 제작 아이디어 찾기, 잡지의 구성에 대한 이해(무엇을 전달하고자 했는가), 마음에 드는 페이지를 트레싱지에 그리기, 레이아웃의 이해(이미지의 개략적인 그림 그려보기), 실제로 만들어 보기(팀원과 이야기를 나누며 주제 정하기, 인터넷 조사와 도서에서 정보 정리, 페이지 구성 및 역할 분담, 표현 방법 의논, 취재와 기사 쓰기) 순으로 진행한다.

학교 교육에서 잡지 제작 수업은 관심 분야에 대한 정보 수집, 기사 쓰는 법을 통한 전달 방법 습득, 디자인·레이아웃 실습 등을 통해 아이디어를 형상화하는 방법을 배우는 수단으로 활용성이 높다.

방송 관련 리터러시 교육

일본 방송계가 최근 3년간(2019~2021년) 청소년을 대상으로 실시한 미디어 리터러시 활동 현황 조사 보고서에 따르면(放送倫理·番組向上機構(BPO), 2022), 지난 20년간 청소년의 미디어 리터러시 함양을 위해 대부분의 방송사들이 활동한 것으로 나타났다. 조사 대상 208

곳 중 199곳으로 95.7%의 실시율이었다. 리터러시 교육 활동 유형별 실시율은 '방송사 및 스튜디오 견학' 91.3%, '프로그램 제작 체험 및 워크숍' 70.2%, '학교 방문 수업' 63.9% 순으로 높았다. 청소년 교육 프로그램을 기획·운영하려면 방송사의 부담이 있음에도 불구하고 상당히 높은 비율을 나타냈다. 미디어 리터러시 관련 팸플릿이나 웹사이트를 제작하고 있는 방송사는 21.6%, 청소년 참여 프로그램을 제작한 방송사는 18.8%, 청소년 모니터 제도를 시행하는 곳은 7.7%였다.

TV아사히에서 시행한 방송사 견학 프로그램 사례를 보면, 2003년부터 2021년 3월까지 총 6,000건 이상의 프로그램에 54,000명 이상이 참가했다. 방송사 견학의 주요 대상자는 초등학교 5학년부터 중고등학생, 대학생과 대학원생, 교환학생에 이르기까지 다양하다. 또한 2005년에 시작된 학교 방문 수업은 총 1,300건 이상으로 총 14만 명이 참여했다. 방문 수업의 주요 대상자는 초등학교 5학년부터 대학생, 전문학교생이다. 특히 2008년에 시작된 'TV아사히 방문 강좌'는 지자체나 지역 단체의 의뢰를 받아 어린이부터 고령자에 이르기까지 미디어나 커뮤니케이션에 관한 강좌와 워크숍을 진행했다. 170건 이상의 강좌에 총 11,000명 이상이 참가했다. TV아사히에서는 2009년부터 홍보국에 고객프론트부를 설치하고 프로그램 운영을 전담한다.

민영 방송사 단체인 (사)일본민간방송연맹은 2000년부터 '미디어 리터러시 실천 프로젝트'를 시작했으며, 2012년부터는 회원 방송사들이 실시하는 미디어 리터러시 활동에 대해 지원하고 있다. 방송사업자가 시청자·청취자의 기대에 부응하도록 역할을 하는 것이 중요하다는 인식 아래 민간 방송사의 미디어 리터러시 활동을 활성화한다는 취지다.

방송 관련 미디어 리터러시 교재를 제작하여 배포하는 대표적인 사례로 NHK의 《NHK 주니어북》을 들 수 있다. NHK 홍보국 제작부가 제작하는 이 자료는 1999년부터 미디어리터러시 교육에 기여하는 책자로 작성하여 초등학교 5학년 2학기 사회과 단원 '방송과 우리 생활'의 부교재로 매년 9월 발행하고 있다. 자료는 전국 지역 방송국을 통해 희망하는 학교에 무료로 필요 부수만큼 보내준다. 2020년부터는 디지털 포맷도 제작하여 활용도를 높였으며, 2021년 판에는 올바른 정보를 전달하기 위한 방송 현장의 일에 대해 해설하고 있다. 〈코로나19 사태로 화장지 사재기가 왜 일어났나?〉라는 기사에서는 SNS에 미디어·리터러시와 관련된 주제를 다루었다.

📚 문해력 관련 미디어 활용의 성과

학교 독서 활동과 관련해서는 '아침독서'의 성과를 꼽을 수 있다. 매년 5월에 실시하는 초중고 학생의 1개월간 독서량 조사에 따르면

(전국학교도서관협의회, 〈학교독서조사〉), '어린이 독서활동 추진법'이 제
정된 2001년 대비 2022년의 전체 평균 독서량은 초등학생이 6.2권
에서 13.2권으로, 중학생이 2.1권에서 4.7권으로, 고등학생이 1.1
권에서 1.6권으로 모든 학교급에서 증가했다. 독서량에는 교과서,
학습참고서, 만화, 잡지를 제외한 일반도서만 포함한다. 학생 독
서율도 증가했다. 1개월에 책을 한 권도 읽지 않는 '비독서' 학생의
비율은 같은 기간 동안 초등학생은 10.5%에서 6.4%로, 중학생은
43.7%에서 18.6%로, 고등학생은 67.0%에서 51.1%로 각각 감소했
다. 이처럼 초중고 학생의 독서율이 상승하고 독서량이 증가한 성과
는 전국 초중고에서 자율적으로 시행하는 '아침독서'의 확산에 의한
순기능이 큰 것을 보여준다는 것이 일본 교육 현장의 평가이다.

〈그림 4〉 초중고 학생의 1개월 평균 독서량 변화 추이(1992~2022)

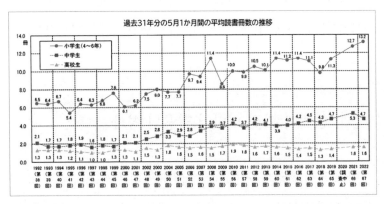

출처: 全国学校図書館協議会, 学校読書調査

또한, 일본신문협회가 2019년에 전국 초중고 대상으로 실시한 NIE의 교육적 효과에 대한 앙케트 조사 결과(초등학교 47개교, 중학교 52개교 참여), 주 1회 이상 일상적으로 NIE를 실시하는 학교의 '전국 학력 테스트' 정답률이 월 1~2회 이하의 빈도로 NIE를 시행하는 학교의 정답률보다 높았다. 'NIE 타임' 등 NIE를 활발히 활용할수록 학생들의 학력 신장에 도움이 된다는 사실이 밝혀졌다. NIE 활용 학교와 전국 학교 평균의 점수 차이는 초등학교 국어에서 4.0 포인트, 산수에서 1.5 포인트, 중학교 국어에서 1.4 포인트로 나타났다.

신문 칼럼을 필사하는 학교와 전국 평균의 차이는 초등학교 국어에서 1.5 포인트, 중학교 국어에서 3.9 포인트였다. 특히 NIE를 일상적으로 시행하면서 'NIE 타임'을 실시하는 학교의 경우 초등학교 국어의 평균 정답률이 전국 평균보다 5.4 포인트 높았고, 중학교 국어에서는 4.5 포인트 높았다. 초등학교 47개교 중 43개교에서 학생들의 '쓰기' 능력이, 45개교에서 학생들의 '읽기' 능력이 신장했다고 응답했으며, 중학교 52개교 중 41개교에서 학생들의 '쓰기' 능력이, 37개교에서 학생들의 '읽기' 능력 신장을 경험했다고 응답했다. 학부모들의 NIE에 대한 의견도 매우 호의적이라는 의견이 절대다수를 차지했다.

경제협력기구(OECD)가 실시한 PISA(국제학업성취도평가, 2018)에서도 학생들의 종합 독해력과 신문 열독 빈도의 상관관계가 높다는 것이 밝혀졌는데, 일본도 신문을 읽는 학생이 531점, 신문을 읽지 않는 학생이 498점으로 그 점수 차이가 33점에 이르는 것으로 조사되었다.

📘 시사점 및 제언

일본의 문해력 전문가인 우치다 노부코는 여러 연구 결과를 토대로, 어린이의 문해력은 양육자의 육아 태도에 의해 달라지며, 경제력에 의해 좌우되는 것이 아니라고 밝혔다(内田伸子, 2017). 학생의 학력 격차 및 문해력 격차의 원인은 경제력 격차에 기인한다기보다 양육자의 자녀 양육법이 주요 매개 요인이라고 본 것이다. 자녀의 주체성을 중시하는 교육과 양육이 아이의 자율적 사고력이나 확산적 사고력(PISA형 학력 기반), 학습 의욕을 키우는 열쇠라는 것이다.

이를 위해 영유아기에는 그림책 읽어주기, 초·중학생 때는 독서를 권하면서 부모와 자녀가 함께 도서관을 이용하며, 학교에서 일어나는 일이나 고민거리에 대해 무엇이든 이야기할 수 있는 가족 내 대화 분위기를 조성하라고 권한다. 게임이나 스마트폰 이용은 최소화하고, 신체 감각기관을 활용하는 놀이를 통해 다양한 직접 체험을 쌓아야 한다고 조언한다. 이렇게 함으로써 자녀가 자율적으로 생각하고 판단하는 힘과 탐구심이 길러지며 '능동적으로 배우는 사람'으로 성장해 나갈 수 있다는 것이다.

일본에서는 영유아기의 북스타트와 학교에서의 아침독서가 보편화되어 있고, 학교와 직장 단위의 비블리오 배틀 등 다양한 독서 활동을 통해 독서를 권장하고 있다. 특히 아침독서에 의한 초중고 학생들의 독서율 및 독서량 증가는 주목할 만하다. 학교의 일과 시간 중에 독서시간을 두고 학생들이 정기적으로 책을 읽도록 환경을 조성함으로써 문해력 함양의 기반이 되고 있고, 다양한 독서 활동을 통해 학생 스스로 독서에 관심을 두도록 유도한다.

또한 신문(NIE), 잡지(MIE), 방송 등의 미디어 리터러시 교육을 위해 미디어업계와 학교가 적극적으로 나서고 있음을 살펴보았다. 학생들은 매체의 기능과 역할을 탐색하며, 견학과 제작 체험을 통해 배움의 폭을 넓힐 수 있으며 대중매체의 수동적 소비자가 아니라 능동적으로 판단하고 미디어를 활용하는 능력을 키울 수 있다.

이상의 논의와 일본 사례 조사를 통해 파악한 시사점을 바탕으로, 문해력 및 미디어 리터러시 함양의 발전 방향을 다음과 같이 제안한다.

첫째, 초중고에서 '아침독서'와 같은 일과 중 독서 시간이 필수적이다. 독서 습관을 만드는 데 효과적인 이 방법은 책을 읽지 않거나 독서를 좋아하지 않는 비독자 학생, 간헐적 독서를 하는 학생에게 특히 긍정적 영향을 미칠 수 있다.

둘째, 어린이·청소년의 눈높이와 관심사에 맞는 독서 흥미도 제고 전략과 프로그램 마련, 독서환경 조성이 필요하다. 스마트폰을 비롯한 디지털 기기에 의한 영향력이 막대한 미디어 환경에서 '읽기'가 다른 매체 이용 행위보다 우선순위에서 밀리지 않기 위해서는 독서 흥미도를 높이는 스마트폰 앱의 개발과 확산, 능동적 읽기 관심도를 높이는 독서 모임, 프로그램 지원, 학교 내 학급문고 설치와 학교 도서관 리모델링 등이 필요하다.

셋째, 학부모(양육자)의 자녀 양육법이 자녀의 학습 능력과 문해력 수준을 결정한다는 주요 변수라는 점에서 학부모 대상의 문해력 및 미디어 활용 교육과 관련 정보 제공이 대폭 강화되어야 한다. 이를 통해 성장기의 어린이·청소년이 능동적으로 독서 매체와 다양한 정보 미디어를 활용하여 학습하고 성장하며 자신의 꿈을 위해 정진할 수 있도록 기초 체력을 만들어 주어야 할 것이다.

넷째, 출판사, 신문사, 잡지사, 방송국 등 미디어 리터러시 교육과 직결된 미디어업계의 사회적 역할이 활발해져야 한다. 미디어의 소비자가 아니라 미디어 생태계를 함께 만들어 가는 주체인 미래 세대를 위해 각 미디어의 제작 교육과 제작 체험을 제공함으로써 어린이·청소년의 문해력 및 미디어 리터러시가 더욱 제고될 수 있기 때문이다.

5장

중국

사상 선전 도구로서의
리터러시 교육

조정원

원광대학교 한중관계연구원 교수

요약

1949년 10월 중화인민공화국 성립 이후 미디어가 중국공산당의 대국민 사상교육과 선전의 도구로 사용되고 있는 중국에서 미디어 리터러시는 1994년에 처음으로 개념이 소개되었다. 중국의 초등학생, 청소년 대상 미디어 리터러시 교육은 온라인과 모바일에서의 다양한 정보에 대한 올바른 판단력 제고, 온라인과 모바일에서의 에티켓과 인터넷, 게임 중독 예방에 초점을 맞추고 있다. 그리고 정규 교과목인 어문 수업과 정보통신 수업과 연계하여 독해력과 문해력의 심화, 인터넷과 휴대전화, 태블릿 PC 등의 정보통신 디바이스의 건전한 활용을 유도하고 있다.

그러나 중국의 초등학생, 청소년 대상 미디어 리터러시 교육은 뉴스 리터러시 교육에 취약성을 보이고 있다. 특히 중국의 초등학교와 중학교의 미디어 리터러시 교육은 중국공산당의 1당 통치체제와 이와 연계된 정치, 경제, 사회 문제에 대한 보도에 대한 비판적인 사고와 객관적인 판단력을 제고하는 데 도움을 주지 못하고 있다. 그로 인해 중국의 초등학생들과 청소년들의 다수는 시진핑 시대의 온라인, 오프라인 사상정치교육 자료와 시진핑의 사상, 담화에 대한 긍정적인 보도를 비판 없이 수용함으로써 시진핑 중심의 중국공산당 1당 체제에 순응하는 민족주의, 애국주의 성향이 강한 국민으로 양성될 가능성이 적지 않다.

📖 문제제기

1949년 10월 1일 중국공산당이 중국 대륙을 통치하는 중화인민 공화국이 수립된 이후 미디어는 중국공산당의 사상과 정책을 홍보 하는 수단으로 활용됐다. 국영 방송국인 중국중앙방송국(中国中央电视台, China Central Television, 영문 약칭 CCTV)과 인민일보(人民日报), 신화사(新华社) 등의 국영 언론기관은 현재까지 중국공산당과 중국 중 앙정부의 정책과 사상을 전파하고 국내외 분야별 이슈들에 대해서 도 중국공산당과 중국 중앙정부의 입장에서 보도하는 경우가 많다.

이와 같은 중국의 매스컴 환경에서는 국민이 언론 매체를 독자 적, 능동적으로 활용하고 언론 보도에 대한 비판적 접근을 통해 주 체적이고 독립적인 사고와 언행을 하기가 쉽지 않다. 그러나 중국 도 2000년대부터 컴퓨터와 인터넷, 휴대전화가 빠른 속도로 보급 되고 온라인과 모바일에서 다양한 정보가 쏟아지면서 미디어의 능 동적이고 올바른 활용, 미디어에서 나오는 정보와 지식의 진위 판 단과 도덕적인 사용이 중요해졌다.

초등학생들과 청소년들도 가족과 선생님들과의 의사소통, 학습 을 위한 도구로써 컴퓨터와 인터넷, 휴대전화를 사용하고 있지만 인터넷과 모바일의 정보 홍수 속에서 진위 판단이 쉽지 않을 때가 있고 다양한 게임과 자극적인 콘텐츠들의 등장으로 학습과 건전한 생활 유지에 어려움을 겪는 경우들이 나오고 있다. 그로 인해 중국에서도 초등학생들과 청소년들의 올바른 미디어의 활용을 위한 미디어 리터러시 교육의 중요성이 드러나고 있다.

그러나 중국의 초등학생들과 청소년들을 대상으로 하는 미디어 리터러시 교육은 국가의 정규 교육과정에 들어가 있지 않고 어문(중국어), 사상과 도덕, 정보통신 과목의 교육 수단으로 활용되는 경우가 많다. 이와 같은 상황에서 중국의 초등학생, 청소년 대상 미디어 리터러시 교육이 어떻게 진행됐는지를 소개하고 현재 직면한 과제들은 무엇인지를 살펴보는 것은 중국과 다른 선진국 간의 유사성과 차이점을 도출하고 보다 효과적인 초등학생, 청소년 대상 미디어 리터러시 교육 콘텐츠를 개발하는 데 도움이 될 수 있을 것이다.

이 글에서는 중국의 미디어 리터러시 개념과 교육의 도입, 초등학생들과 중학생들을 대상으로 하는 미디어 리터러시 교육의 발전 배경과 현황을 소개하고자 한다. 그리고 중국의 초등학생, 중학생 미디어 리터러시 교육의 대표 사례들을 소개할 것이다. 하나는 장제(张洁) 박사의 중국전매대학 연구팀의 베이징시 헤이즈마후퉁 초등학교(黑芝麻胡同小学)에서의 미디어 리터러시 교육 사례이며 다른 하나는 2010년대부터 지역 내에서 초등학생과 청소년 대상 미디어 리터러시 교육 교재 개발과 전문 교사 양성을 적극적으로 진행하여 아동, 청소년 대상 미디어 리터러시 교육의 지속성을 확보한 광둥성, 광저우시의 사례이다. 이와 함께 현재 중국의 초등학생, 청소년 대상 미디어 리터러시 교육이 직면한 과제들을 살펴보고자 한다.

결론에서는 중국의 초등학생, 청소년 대상 미디어 리터러시 교육이 다른 선진국들과 어떤 유사성과 차이점을 보여 주고 있는지를 설명할 것이다.

그리고 향후 중국의 중앙정부, 성급 행정구역 지방정부의 초등학생, 청소년 대상 미디어 리터러시 교육과 관련 정책이 중국공산당과 중국 중앙정부의 통제와 관리하에 있는 상태가 지속될 것이며 그로 인해 중국의 초등학생들과 중학생들이 중국공산당과 중국 중앙정부, 중국 주요 정치 지도자들의 정책과 견해에 대한 비판적 사고와 객관적 평가를 학교에서 훈련하기는 어려울 것임을 지적하게 될 것이다.

🗂 중국 미디어 리터러시 개념과 관련 정책의 도입

1994년 중국의 사회과학 명문대학인 중국인민대학 천리단(陈力丹) 교수는 샤샹저우(夏商周)라는 필명으로 신문출판보(新闻出版报)에 선진적인 매스컴, 낙후된 매스컴 교육 – 중국의 미디어 맹신 해소 (传播手段先进, 传媒教育滞后——我国"媒介扫盲"尚未起步)는 아직 시작되지 않았다는 주제의 칼럼에서 미디어 리터러시 개념을 중국에 처음으로 소개하였다(王天德, 2017). 그리고 2004년에 정바오웨이와 리야리는 미디어 리터러시 교육을 미디어 관련 지식과 응용 기술, 방법을 가르쳐서 미디어를 적극적으로 활용하도록 유도하는 교육으로 정의하였다(Zheng Baowei & Li Yali, 2004).

그 이후 2006년까지 중국에서 미디어 리터러시에 대한 연구와 미디어 리터러시 교육에 대한 논의는 활발하게 진행되지 않았다. 그러나 2007년에 저장전매학원(浙江传媒学院)의 왕텐더 교수의 연구팀, 2008년에는 중국전매대학(中国传媒大学) 홍보연구원 장제 박사의 연구팀이 중국의 초등학교와 중학교에서 미디어 리터러시 교육 과정을 운영하면서 중국의 아동, 청소년 대상 미디어 리터러시 교육이 시도되기 시작되었다(王天德, 2017).

2008년에는 중국사회과학원 푸웨이(卜卫) 연구원이 2008년 중국 미디어 리터러시 연구보고(2008中国媒介素养研究报告)의 북챕터인 미디어 리터러시 교육과 연구에 대한 사고와 반성(对媒介素养教育及其研究的反思)에서 미디어 리터러시 교육에 대한 자신의 정의와 견해를 내놓으면서 중국에서 미디어 리터러시 교육에 대한 공개적인 논의가 전개되기 시작했다. 푸웨이는 미디어 리터러시 교육의 목적은 사람들이 정보의 해독에 있어서 더 많은 통제권을 가지고 자신의 목소리를 내는 것이라고 정의하였다(卜卫, 2008). 그리고 미디어 리터러시는 행동하는 지식이며, 행동하는 과정에서 학습이 이뤄지고 자발적 참여와 실천이 있어야 한다고 주장하였다(卜卫, 2008).

푸웨이의 주장이 나온 이후 2009년과 2010년대에 중국 중앙정부 부처에서 미디어 리터러시 교육의 중요성을 강조하는 정책 문건은 나오지 않았다. 그러나 중국 남방의 경제산업 중심지인 광둥성(广东省)에 위치한 중산시(中山市)가 초등학생과 중학생을 대상으로 하는 미디어 리터러시 교사 양성에 관심을 가지기 시작하였다.

2010년 5월 광둥성 중산시 교육국은 중학교, 초등학교 미디어 리터러시 전문 교사 양성 추진을 위한 통지(关于开展中小学媒介素养教育师资专项培训的通知)를 내놓으면서 미디어 리터러시 전공 교사 양성을 위한 교육기지 설립 계획을 공개하였다(中山市教育局, 2010). 중산시 교육국의 미디어 리터러시 전공 교사 양성을 위한 교육기지 설립 계획은 중국 최초의 미디어 리터러시 전문 교사 양성을 위한 교육기지를 만들어 지역의 초등학교, 중학교에 미디어 리터러시 교사를 원활하게 공급함으로써 지역의 아동, 청소년에게 미디어의 능동적이고 올바른 활용 방법을 배울 수 있는 기회를 제공하려 했다는 데 의의가 있다. 그러나 중산시 교육국의 미디어 리터러시 전문 교사 양성 교육기지 설립 추진 이후 지방정부 차원에서 지속해서 미디어 리터러시 교육을 추진하는 행정구역은 2010년대 광둥성과 광저우시 외에는 찾아보기 쉽지 않은 상황이 지속되고 있다.

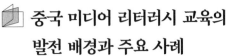# 중국 미디어 리터러시 교육의
발전 배경과 주요 사례

중국은 국가의 교육과정 기준과 가이드라인에 미디어 리터러시 교육에 대한 명확한 요구사항이 나와 있지 않다(美章, 2022). 그리고 중국의 초등학교와 중학교에서 미디어 리터러시 분야는 국가 차원의 정규 교과목으로 개설되어 있지 않으며 어문(중국어), 영어, 정보 기술 과목 수업에서 미디어 리터러시 교육을 진행하고 있다.

중국의 중학교 어문 교육에서 미디어 리터러시 교육은 매스컴의 보도가 교과서의 지문과 내용으로 활용되면서 언어 소양의 연장선에서 교육을 시행하기 시작했다(于翠玲, 2010). 중학교 어문 교사들은 어문 수업에서 학생들이 교과서에 나오는 매스컴의 보도를 통해 학생들이 인쇄된 텍스트에 친근하게 접근할 수 있도록 지도하고 심층 독해 능력을 향상하도록 교육을 진행하였다(于翠玲, 2010).

2000년대부터 시작된 중국의 인터넷과 휴대전화의 보급, 컴퓨터와 휴대전화를 사용하는 게임의 유행은 초등학교와 중학교에서 미디어 리터러시 교육의 새로운 수요를 창출하게 되는 계기가 되었다. 이는 두 가지 이유 때문인데 우선 인터넷과 휴대전화에서 다양한 정보가 쏟아지면서 정보의 진실과 허위 여부를 판단하는 것은 오롯이 초등학생들과 중학생들의 몫이 되었다. 그리고 학업의 기초를 다져야 할 초등학생들과 중학생들이 컴퓨터와 휴대전화에서 할 수 있는 다양한 게임에 지나치게 많은 시간을 쓰게 되면서 학교 공부를 소홀히 하고 규칙적인 생활을 하는 데 어려움을 겪게 되는 문제가 발생하였다.

이와 같은 인터넷과 휴대전화의 폐해로부터 보호하고 올바른 미디어의 활용과 미디어에서의 뉴스와 각종 정보의 판단 능력을 배양하기 위해 중국의 교육 기관들은 미디어 리터러시 교육에 2000년대부터 더 많은 관심을 두게 되었다.

중국의 초등학생들과 청소년들을 대상으로 하는 미디어 리터러시 교육에 있어서 최초의 시도였던 베이징시 헤이즈마후퉁 초등학교의 사례, 지방정부 차원의 미디어 리터러시 교육이 가장 활발하게 진행되고 있는 광둥성과 광저우시의 사례는 중국의 미디어 리터러시 교육의 발전 배경과 과정을 파악하는 데 도움이 되는 사례들이다.

초등학교 미디어 리터러시 교육 사례:
베이징시 헤이즈마후퉁 초등학교

중국전매대학 홍보연구원의 장제 박사의 연구팀은 2008년 9월부터 베이징시의 둥청구에 위치한 헤이즈마후퉁 초등학교(黑芝麻胡同小学)의 요청으로 미디어 리터러시 교육 실험수업과 연구를 수행하였다(俞水, 2009). 장제 박사의 연구팀이 헤이즈마후퉁 초등학교에서 진행한 미디어 리터러시 실험 수업은 중국의 초등학교 교육 현장에서 최초로 시도된 미디어 리터러시 교육이다(郑素侠, 2013). 장제 박사는 2007년에 유니세프와 중샤오셔 즈신제제 업무부의 지원으로 베이징, 선전, 시안의 초등학교와 중학교에서 매체 여행 수업을 진행하여 학생들의 좋은 반응을 끌어냈으나 학교장들의 지지를 받지 못하여 미디어 리터러시 수업을 지속해서 진행할 수 없었다. 다행히 2008년에 당시 헤이즈마후퉁 초등학교의 교장이 미디어 리터러시 교육의 중요성을 인식하고 있어서 그의 도움을 받아 미디어 리터러시 교육을 진행할 수 있게 되었다.

장제 박사의 연구팀이 미디어 리터러시 실험 수업을 추진하게 된 데는 1978년 개혁개방 이후 변화하기 시작한 중국의 미디어 환경이 청소년에게 미치는 영향에 대한 그들의 관심과 성찰에서 비롯되었다. 1980년대와 1990년대에 중국 대륙과 인접한 홍콩과 해외의 영상 콘텐츠들이 개혁개방 이전보다 자유롭게 수입되면서 자극적인 폭력 액션영화를 중국에서도 학생들이 쉽게 접할 수 있게 되었다.

특히 1990년대 〈고혹자〉등의 홍콩의 조직폭력 액션영화가 중국의 학생들 사이에서 인기를 끌자 중국의 전문가들은 당시 범죄 소년의 범행 유인을 조사하던 중 많은 소년이 주인공을 우상으로 여기고 폭력으로 문제를 해결하는 데 공감하고 있음을 발견하였다(郑素侠, 2013). 2000년대에 유행하던 해외 인기영화의 불법복제 DVD

의 유통도 학생들이 쉽게 폭력 액션물을 접할 수 있는 계기가 되었고 중국에서 방영되었던 일부 TV 프로그램도 비행과 범죄 수법을 너무 많이 보여 주고 미성년자 보호를 소홀히 하는 문제가 발생하였다. 2007년 3월에서 중국에서 방영된 108부작 무협 애니메이션 〈홍고양이 파란 토끼 칠협전〉은 자극적인 대사를 통해 폭력 지상이념을 전달하고 잔인한 장면이 여러 차례 등장해 중국에서 애니메이션 정화 논의를 불러일으키는 계기가 되었다(俞水, 2009).

이와 함께 일부 아이들이 미디어에서 잘못된 미적 취향과 가치를 형성하게 되는 문제도 등장하게 되었다. 외국 애니메이션을 오랫동안 본 아이들은 금발에 대한 동경과 광고와 잡지 등의 영향으로 날씬한 미적 감각이 형성되었고, 오락 프로그램의 저속함과 배금주의, 부잣집의 백마 탄 왕자와 결혼하는 여성의 삶에 대한 동경을 품게 되었다. 이러한 현상은 중국의 학부모들과 교사들이 학생들의 미래를 걱정하게 만드는 계기로 작용하였다(俞水, 2009).

장제 박사와 5명의 대학원생으로 구성된 연구팀은 헤이즈마 초등학교에서 2008년 9월부터 2009년 5월까지 〈표 1〉에 나와 있는 수업을 통해 학생들이 자주 접하는 미디어를 올바르게 활용하고 미디어를 사용하는 과정에서 제대로 된 판단력을 유지할 방안에 대한 교육을 진행하였다.

〈표 1〉 장제 연구팀의 미디어 리터러시 수업

수업 방식	주요 내용	목표
인터넷 리터러시 수업 및 토론	인터넷에서 학생들의 과제 작성에 필요한 자료 조사, 게임, 정보 획득이 학생들에게 도움이 되는지 아니면 학생들에게 주는 폐해가 더 큰 지에 대하여 조사	인터넷의 올바른 사용과 인터넷에서 쏟아지는 정보에 대한 판별 능력 배양
광고 체험과 제작 및 비판	학생들에게 광고 시청 및 광고 제작 과정에 대한 수업을 진행한 후에 광고에서 제공하는 정보는 광고에서 판매하는 제품과 서비스의 마케팅 수단이기 때문에 실제 상황과 다를 수 있음을 교육	광고에서 나오는 정보에 대한 올바른 판별 능력 배양
게임 체험과 게임 설계에 대한 분석 및 평가	수업을 통해 학생들에게 게임 체험과 게임 설계에 대한 분석과 평가를 유도하고 게임 세계와 현실 세계의 차이를 판별하도록 함.	학생들이 게임에 많은 시간을 소비하면서 게임 세계에 몰입하여 일상생활과 학습에 어려움을 겪는 문제를 예방 학생들이 게임의 설계 과정을 분석함으로써 게임의 설계가 게임을 하는 아동과 청소년을 게임의 가상 세계에 몰입하게 함을 깨닫게 하고 학생들이 게임에 과몰입하지 않도록 유도

출처: 俞水(2009.9.14.). "教育报 : 小学教学的一种尝试 : 媒介素养教育的本土实验." 〈中国传媒大学〉. URL: https://www.cuc.edu.cn/oldnews/2009/0914/c1841a31389/page.htm

　　장제 박사의 연구팀은 헤이즈마후퉁 초등학교와 2011년까지 미디어 리터러시 교육을 진행하면서 수업을 들은 학생들이 미디어에서 잘못된 정보와 현실 세계와 다른 부분을 올바르게 판별하고 이에 대해 비판할 수 있는 능력을 갖추는 성과를 거두었다.

그러나 2012년과 그 이후에는 장제 박사의 연구팀과 헤이즈마후통 초등학교와의 협력이 종료되고 헤이즈마후통 초등학교의 교장이 다른 교사로 교체되면서 미디어 리터러시 교육을 지속할 수 없게 되었다. 헤이즈마후통 초등학교의 미디어 리터러시 교육 사례는 중국 최초로 초등학교의 교육 현장에서 미디어 리터러시 교육이 진행되어 수업을 들은 학생들의 미디어 리터러시 능력을 제고하는 데 성공했지만 교육을 담당하는 연구팀과 학교와의 협력 관계가 유지되지 못하면 수업을 안정적으로 진행하기 어렵다는 점도 보여주었다.

초등학생, 중학생 미디어 리터러시 교육 사례:
광둥성과 광저우시

인터넷과 휴대전화의 무수한 정보와 다양한 게임이 가져다주는 폐해로부터 중국의 초등학생들과 중학생들을 보호하기 위한 미디어 리터러시 교육 과정의 개발에 관심을 두기 시작한 지역은 중국 남부의 광둥성이다.

광둥성은 화웨이, 텐센트 등의 유명 IT 대기업들과 정보기술을 기반으로 한 창업이 활발하게 진행되면서 컴퓨터와 휴대전화, 인터넷을 기반으로 하는 산업과 정보의 양적, 질적 발전이 중국에서 가장 빠른 지역이다. 그로 인해 광둥성은 2021년 GDP 12조 4000억

위안으로 중국의 행정 구역 중에서 최초로 GDP 12조 위안을 돌파하면서 중국의 성급 행정 구역 GDP 규모 1위를 차지하였다(광저우 무역관, 2022). 1인당 평균 소득은 2021년 45,000위안으로 중국의 주요 행정 구역 중에서 3위를 기록하였다(이수영, 2022).

이처럼 광둥성이 정보통신기술로 인한 경제와 사회 발전의 혜택을 누리는 반면에 초등학생들과 중학생들이 미디어의 폐해에 쉽게 노출될 수 있는 위험에서 벗어날 수 없었다.

광둥성 정부는 초등학생들과 중학생들의 올바른 미디어의 활용과 인터넷과 게임 중독 예방을 위해 2012년에 광저우의 청소년 교육문화공간인 광저우 소년궁에 광저우 청소년 네트워크 안전 및 미디어 리터러시 교육 연구 기지를 설립하고 전국 50개 이상의 도시와 농촌에서 어린이들의 인터넷 사용 행동과 인터넷 소양에 대한 조사를 계속하여 30만 부 이상의 설문지와 인터뷰 자료를 수집했다(张海波, 2019).

광둥성의 성 정부 소재지인 광저우시의 시 정부도 아동 대상 미디어 리터러시 교육의 설계와 효과적인 진행을 위해 2014년부터 2015년까지 광저우시의 아동의 미디어 리터러시 현황을 조사한 보고서를 내놓았다. 보고서에서는 〈표 2〉에 나온 바와 같이 광저우시의 아동들이 인터넷 사용 과정에서 4가지 위험에 노출되어 있다고 분석하였다.

〈표 2〉인터넷 사용 과정에서의 4가지 위험

위험의 종류	조사 결과
불량 정보 판별 능력의 부족	조사에 참여한 아동의 32.2%는 성인 대상의 폭력, 음란 정보를 보게 되었을 경우 누구에게 얘기해야 할지 모르거나 다른 사람에게 얘기하기를 원하지 않음
사이버 공간에서의 관계 맺기 요구에 대한 취약성	조사에 참여한 다수의 아이들이 다른 사람이 본인을 선택하거나 신청 버튼이 나오면 잘 모르는 사람도 쉽게 친구로 추가함
사이버 폭력에 대한 취약성	13세에서 14세의 아동 중에서 17.5%는 사이버 폭력을 경험
개인정보 보호의식 부족	조사에 참여한 아동의 13.5%는 타인이 개인 정보를 요구할 경우 쉽게 알려줌

출처: 广州市 (2015). 『""儿童与媒介"——2014~2015年度广州儿童媒介素养状况专项调研报告.』广州市, 12.

그리고 2016년 말에는 광저우 청소년 네트워크 안전 및 미디어 리터러시 교육 연구 기지의 연구진들이 집필한 초등학생 교육 독본 《중국에서 좋은 네티즌 되기》가 광둥성 교육청의 지방 교과서로 지정되어 중국 공교육 체제에 진입한 최초의 미디어 리터러시 특별 교재가 되었고 현재 광둥성의 초등학교의 사상 도덕 수업, 정보기술 수업, 학부모 학교 및 방학 안전 특별 교육에 활용되고 있다(张海波, 2019).

광둥성 인터넷정보판공실은 2019년에 미디어 리터러시 교재의 명칭을 네트워크 리터러시로 변경하고 영상, 게임과 교육이 연계된 교육 콘텐츠와 디지털 교재 시리즈를 개발하여 청소년들이 온라인과 모바일에서의 미디어 리터러시 소양을 보다 효과적으로 학습할 수 있도록 하였다(阮福祥·张海波, 2021).

그리고 2023년 9월 16일에는 광저우시 제3소년궁에 아동 미디어 리터러시 교육연구 전시센터를 설립하여 중국 최초로 초등학생과 미취학 아동들을 위한 미디어 리터러시 교육과 연구, 전시를 담당하는 기구를 운영하고 있다(广州市人民政府, 2023).

상술한 바와 같은 광둥성과 광저우시의 아동, 청소년을 대상으로 하는 미디어 리터러시 교육에 대한 지속적인 연구개발과 관련 정책 지원은 지방정부 차원에서 초등학생과 중학생을 대상으로 하는 미디어 리터러시 교육을 적극적으로 지원하고 추진하는 사례이며 이는 중국의 지방 행정구역에서 현재까지 찾아보기 어려운 경우라 할 수 있다.

초등학생, 청소년 대상 미디어 리터러시 교육이 직면한 과제

중국의 초등학생, 청소년 대상 미디어 리터러시 교육은 현재 학부와 대학원에서의 미디어 리터러시 전문가 및 전문 교사 양성 및 배출의 어려움, 미디어 리터러시의 초등학교, 중학교 정규 교과목 개설 지연, 농촌의 미디어 리터러시 교육 추진의 어려움, 뉴스 리터

러시 교육의 취약성, 민족주의, 애국주의 교육 매체에 대한 비판 부
재의 문제에 직면해 있다.

대학에서 미디어 리터러시 전문가 및
전문 교사 양성 및 배출의 어려움

중국에서 신문방송학과를 운영하고 있는 대학들 중에서 중국인
민대학, 중국전매대학, 저장전매학원은 미디어 리터러시 전공을 운
영하고 있다. 그러나 이들 대학 외에 다수 대학들은 미디어 리터러
시 관련 수업을 개설하지 않고 있다. 2020년 9월 8일 신화사의 보
도에 따르면 대학생들에게 미디어 리터러시 과정이 재학 중인 대학
에 개설되어 있는지에 관한 질문에 대하여 9.8%의 대학생들이 개
설되어 있다고 답했고 67.8%의 대학생들은 자신이 재학 중인 대학
에 미디어 리터러시 교육과정이 개설되어 있지 않다고 답했다(马姗
姗, 2020). 자신이 공부하고 있는 대학에 미디어 리터러시 수업이 개
설되어 있지 않으면 학생들이 미디어 리터러시에 관하여 직접 공부
할 기회를 얻기 쉽지 않기 때문에 학부 졸업 후 취업이나 대학원 진
학의 전공으로 선택하기가 어렵다. 이는 중국에서 미디어 리터러시
를 전공하는 연구자와 초등학생과 중학생을 대상으로 미디어 리터
러시를 가르칠 수 있는 교사 양성의 장애 요인으로 작용하고 있다.
다수의 대학들이 학부와 대학원에서 미디어 리터러시 전공 교육

과정이 개설하지 않는 상태가 길어지면서 광둥성과 광저우시처럼 지방정부 차원에서 초등학생과 중학생을 대상으로 하는 미디어 리터러시 교육 전담 교사를 양성하지 않으면 미디어 리터러시 전문가 및 전문 교사 양성과 배출이 쉽지 않은 상황이 지속되고 있다.

미디어 리터러시의 초등학교, 중학교 정규 교과목 개설 지연

중국 최초의 초등학교 미디어 리터러시 교육이 진행되었던 베이징시의 헤이즈마후퉁 초등학교의 사례는 대학의 전문가들과 초등학교 간의 협력만으로는 미디어 리터러시 교육이 안정적으로 진행되기가 쉽지 않음을 보여 주었다. 장제 박사의 연구팀의 헤이즈마후퉁 초등학교의 미디어 리터러시 교육이 진행되었던 2008년부터 2011년까지 중국의 초등학교, 중학교에서 미디어 리터러시가 정규 교육과정에 개설되지 않은 상태였는데 이러한 상황은 현재까지도 지속되고 있다.

상술한 바와 같이 광둥성에서만 미디어 리터러시가 성의 지방 교과목으로 지정되어 수업이 운영되고 있고 그 외의 지역에서는 대학의 전문가들이 초등학교와 중학교의 협조를 얻어서 수업을 개설하지 않으면 미디어 리터러시 수업을 안정적으로 진행하기 어렵다. 이와 같은 문제가 근본적으로 해결되려면 중국 교육부가 초등학교, 중학교에 미디어 리터러시를 정규 교과목으로 지정하거나 지방정부가 관할 행정구역의 초등학교, 중학교에 미디어 리터러시를 지방의 정규 교육과정에 포함해야 한다. 그러나 현재까지 중국 교육부는 교육부가 운영하는 선전교육센터에서 미디어 리터러시 교육 업무를 담당하게 하고 있지만 미디어 리터러시를 국가의 정규 교육과정에 포함하지 않고 있다.

광둥성은 미디어 리터러시 교육을 위한 연구개발과 전문 교사 양성을 지속해서 추진하고 있지만 초등학교와 중학교에서 독립된 교과목으로 개설하여 수업을 운영하고 있지는 않다. 그로 인해 다수의 중국의 초등학교와 중학교는 미디어 리터러시 교육을 어문(중국어), 외국어, 사상과 도덕, 정보기술 수업 시간에 연계해야 정규 교과목 시간에 미디어 리터러시 교육을 진행할 수 있다.

중국 초등학교와 중학교의 어문, 외국어 교육 시간에 미디어 리터러시 교육을 하게 되면 정치, 경제, 문화, 사회 분야의 신문 기사를 수업 교재와 보충 자료로 활용하여 학생들의 독해력과 문해력, 어휘력의 수준 향상에 도움이 될 수 있고 논쟁적인 주제에 대해서는 찬성과 반대의 이유를 논리적으로 토론하는 기회를 가질 수 있다. 그러나 이와 같은 미디어 리터러시 교육은 초등학교와 중학교의 교장, 교감과 교사들이 미디어 리터러시 교육을 경시하는 경우에는 제대로 진행되기 어렵다.

농촌의 미디어 리터러시 교육 추진의 어려움

중국도 고등학교에서는 대학 입시에 치중하는 경우가 적지 않기 때문에 학생들이 대학 입시 준비에 대한 부담에서 비교적 여유로운 초등학교와 중학교에서 미디어 리터러시 교육을 이수하는 것이 효과적일 수 있다. 그러나 중국의 아동, 청소년 대상 미디어 리터러시 교육을 시행하는 데도 도시와 농촌 간의 교육 격차의 문제가 계속되고 있다. 중국의 대다수 농촌 지역은 도시 지역에 비해 외부에서 찾아오는 사람들의 접근성이 떨어지는 경우가 많으므로 중국 국내 대학의 미디어 리터러시 연구자들이 농촌 지역의 초등학교, 중학교에서 미디어 리터러시 교육 프로그램을 진행하기가 쉽지 않다.

그리고 중국의 중앙정부 부처나 대다수 지방정부의 교육 관련 부처에서 농촌 지역의 미디어 리터러시 교육에 대한 재정적 지원과 교사 지원을 안정적으로 하고 있지 않기 때문에 미디어 리터러시 전담 교사의 확보에도 어려움을 겪고 있다.

뉴스 리터러시 교육의 취약성

중국의 초등학생들과 중학생들을 대상으로 하는 미디어 리터러시 교육에서 뉴스 리터러시 교육 사례는 찾아보기 어렵다. 이는 중국에서 보도를 전담하는 매체들이 관영매체이기 때문이다. 중국의 관영매체는 인민일보·신화사·CCTV처럼 당의 직접 재정지원을 받는 당(黨)매체와 독립채산제로 자립 경영하는 시장화(市場化) 매체로 구분되지만 당 매체와 시장화 매체 모두 중국공산당과 중국의 주요 정치 지도자들을 정면으로 비판하는 보도는 찾아볼 수 없다(송의달, 2023).

중국 국내 정치, 외교 안보와 경제 분야의 보도는 중국공산당과 중국 중앙정부의 입장에서 주요 이슈들을 접근하는 경우가 많으므로 교사가 이에 대한 다른 견해를 학생들에게 물어보거나 다른 견해에 관한 토론을 학생들에게 유도하기 어렵다.

특히 시진핑이 2013년 3월 중국의 국가주석으로 취임하고 2023년부터 종신제로 국가주석으로 근무하면서 중국공산당과 중국 중앙정부가 시진핑을 중심으로 운영되고 있고 언론에 대한 통제가 후진타오 국가주석과 원자바오 국무원 총리가 근무하던 2003년 3월부터 2013년 3월에 비해 더욱 강해졌다.

그러므로 미국과 한국에서 진행되는 뉴스 리터러시 교육을 중국의 초등학교, 중학교 교육 현장에서 적용하고 진행하기가 2000년대와 2010년대 초반에 비해 더욱 어려워졌다.

당과 정부의 사상과 정책에 대한 비판 부재

시진핑 국가주석이 재임하는 동안 중국 중앙정부는 기존의 관영

매체에서 시진핑의 사상과 정책을 홍보하는 것에 만족하지 않고 새로운 매체를 활용하여 시진핑의 사상과 정책을 알리고 있다.

그리고 중국의 민족주의, 애국주의 교육도 강화되고 있다. 2019년 중국 공산당 중앙선전부가 출시한 휴대전화 학습 앱인 학습강국은 중국 공산당 역사 관련 내용 외에는 시진핑 주석의 주요 연설, 한 주(週) 주요 일정, 시 주석의 과거 중요 연설이 담긴 '시진핑 금구(金句)', 시진핑의 육성 연설을 올려놓은 '시진핑 목소리'로 구성되어 있다(박수찬, 2021).

중국의 초등학교와 중학교의 미디어 리터러시 교육에서 학습강국에 대한 객관적인 평가와 학습강국에서의 시진핑 국가주석의 발언에 대한 비판적인 접근은 기대할 수 없다.

중국공산당 중앙과 중국 중앙정부국무원이 2019년 11월 12일에 공개한 '신시대 애국주의 교육 실시 강요'가 나온 이후 중국의 미디어에서는 민족주의, 애국주의 성향이 강하거나 과도한 내용들이 많아졌다(표정훈, 2021).

그렇지만 중국의 초등학생, 중학생 대상 미디어 리터러시 교육을 진행하는 교사가 수업 시간에 학생들에게 이에 대한 객관적인 평가와 비판을 하도록 가르치고 유도하기는 쉽지 않다. 중국의 자유주의 성향의 지식인들이 온라인에서 과도한 민족주의, 애국주의 성향을 표출하는 중국의 분노청년들에 대하여 비판하기도 했지만, 2010년대 이후 그들은 중국 중앙정부의 제재를 받으면서 사실상 소멸하였다.

　그 이후 중국의 지식인들과 교육자들이 청년들의 과도한 민족주의, 애국주의 교육과 발언을 제어하기가 어려워졌다. 분노청년 외에도 대학 학부 졸업, 석사 학력의 1990년대생 민족주의, 애국주의 청년들인 소분홍(小粉紅)의 과격한 발언도 중국의 지식인들과 교육자들이 문제점을 공개적으로 지적하기가 쉽지 않은 분위기가 지속되고 있다.

　그로 인해 중국의 초등학교, 중학교 교육 현장에서 교사가 학생들에게 과도한 민족주의, 애국주의 성향 내용의 문장이나 영상에 대한 합리적인 문제 제기와 논리적이고 이성적인 비판을 하는 방법을 교육하기가 쉽지 않게 되었다.

🔖 결론 및 전망

　중국의 초등학생, 중학생 대상의 미디어 리터러시 교육의 전개 과정을 살펴보면 초등학생들과 중학생들 중에 TV와 인터넷, 휴대전화의 정보와 영상에서 팩트와 거짓 정보를 분별하기 어려운 학생들이 적지 않다는 점은 다른 나라들의 상황과 유사하며 그로 인해 이들이 자주 사용하는 미디어에서 팩트를 체크하는 방법을 미디어 리터러시 교육에서 가르치는 것이 다른 나라들의 미디어 리터러시 교육과 같은 것으로 판단된다.

중국의 초등학생, 중학생 대상의 미디어 리터러시 교육에서 폭력적인 영화와 만화, 인터넷과 휴대전화에서의 자극적인 게임 콘텐츠 유해성의 폐해와 예방, 사이버 폭력 예방에 초점을 맞추는 것도 중국만의 특수한 사례는 아니며 한국과 유사한 것으로 판단된다. 그러나 미디어 리터러시가 초등학교, 중학교의 정규 교과목이 되지 못하고 광둥성에서만 지방 교육과정에 들어가 있는 것은 중국만의 특수한 상황으로 보기는 어렵다. 한국에서는 교육부가 2021년 11월 24일 2022 개정 교육과정을 내놓으면서 미디어 리터러시를 교육과정의 내용 요소로 편입하면서 모든 교과와 연계된 교육이 가능해졌지만 미디어 리터러시가 초등학교와 중학교에서 독립된 정규 교과목으로 운영되지 않고 있다.

그러나 중국의 초등학생, 중학생 대상 미디어 리터러시 교육이 한국, 미국과 비교했을 때 객관적이고 합리적인 평가와 비판적 사고력을 갖춘 시민으로 양성하는 데 강점이 있는지에 대해서는 긍정적으로 보기 어렵다.

특히 중국에서 매체의 보도에 대한 객관적인 평가와 비판적 사고력을 제고하는 것은 한국과 미국에 비해 쉽지 않은 것으로 판단된다. 이는 중국의 신문, 방송이 관영매체이며 시진핑 국가주석 취임 이후 국가주석의 권력이 강화되면서 시진핑 시대의 사상과 정책을 홍보하는 관영매체의 보도에 대한 비판이 어려워졌기 때문이다.

애국주의, 민족주의 성향이 과도한 보도와 영상에 대하여 중국의 초등학생들과 중학생들이 미디어 리터러시와 연계된 학교 수업 시간에 팩트체크에 기반한 합리적인 비판을 훈련할 수 있을지도 회의적이다. 중국의 초등학생, 중학생 대상의 미디어 리터러시 교육이 합리적이고 이성적인 민주 시민 양성에 도움이 되려면 먼저 전문가들과 교육자들이 독립적이고 객관적인 연구와 교육을 할 수 있는 풍토가 조성되어야 한다.

그러나 관변 지식인과 중국공산당과 중국 중앙정부를 지지하는 교육자들이 다수인 중국에서는 연구와 교육이 당과 국가의 정책과 사상에 대한 독립성과 객관성을 확보하기 어렵다. 관변 교육자들이 미디어 리터러시 교육에 참여하는 현재의 상태는 현재의 중국의 정치 체제가 지속되는 한 바뀌지 않을 것이다.

그러므로 중국의 초등학생, 중학생 대상의 미디어 리터러시 교육은 중국공산당과 중국 중앙정부를 강력하게 지지하는 민족주의, 애국주의 성향의 국민 양성의 도구로 활용될 가능성이 있다.

참고문헌

1부 · 문해력 위기 시대의 현실과 대안

1장 우리나라 청소년의 문해력 현황

곽병준·손은경·황지현·김대권 (2022). 포스트코로나시대의 좋은 수업에 대한 초등학교 교사와 초등학교 고학년 학생의 인식 비교. 학습자중심교과교육연구. 22(20), 557–575.

교육부 (2019.12.4.). OECD 국제 학업성취도 비교 연구(PISA 2018) 결과 발표. https://www.moe.go.kr/boardCnts/viewRenew.do?boardID=294&lev=0&statusYN=W&s=moe&m=020402&opType=N&boardSeq=79191

김경희 (2022.7.27.). [취재파일] 코로나19로 깊어진 학력 양극화…해법이 있을까. SBS 뉴스. https://news.sbs.co.kr/news/endPage.do?news_id=N1006836934&plink=ORI&cooper=NAVER&plink=COPYPASTE&cooper=SBSNEWSEND

김성우·엄기호 (2020). 유튜브는 책을 집어삼킬 것인가: 삶을 위한 말귀, 문해력, 리터러시. 도서출판 따비.

김수정 (2021). 읽기와 쓰기를 통한 초기 문해력 지도 – 기초학력 전담교사의 지도사례 중심으로. 초등국어과교육, 28, 41–59.

김아미·이혜정·김아람·박유신·이지선 (2018). 중학생 미디어문화와 미디어 리터러시 교육 방향 연구. 정책연구 2018–16, 경기도교육연구원.

김지경 (2015). 지금, 이 시대 왜 20대 청년, 후기 청소년에 주목해야 하는가?. 청소년정책 이슈브리프, 1.

김혜정·허모아 (2021). 청소년기 독서 수행 및 인식에 관한 실태 조사: 비독서의 이유와 스마트폰 사용 양상을 중심으로. 독서연구, 59, 9–50.

배지혜(2020.4.22.). 독일의 문해력 증진 전략. 교육정책네트워크정보센터. https://edpolicy.kedi.re.kr/frt/boardView.do?strCurMenuId=54&nTbBoardArticleSeq=825929

엄훈 (2012). 학교 속의 문맹자들. 우리교육.

장은주·정현선 (2023). 초·중기 청소년의 디지털 미디어 문해력 관점에서 본 국어과 교육과정 매체 영역 분석. 청람어문교육, 92, 219–258.

전병규 (2021). 문해력 수업. 쌤앤파커스.

조병영 (2021). 읽는 인간, 리터러시를 경험하라. 쌤앤파커스.

조윤정 (2022.8.22.). '심심한 사과'가 불러일으킨 문해력 논란...실제 조사 충격. 주간조
선. http://weekly.chosun.com/news/articleView.html?idxno=21683

지성배 (2022.7.28.). "학생 문해력 꼴찌인데 사서교사 배치율 12.1% 불과"...교총, 사서교
사 확대 요구. 교육 플러스+.
https://www.edpl.co.kr/news/articleView.html?idxno=6589

최규홍 (2021). 뉴 노멀 시대, 초등 국어과 교육의 방향. 한국초등국어교육, 71, 333-351.

한국언론진흥재단 (2022). 〈2022 10대 청소년 미디어 이용 조사〉 주요 결과.
https://www.kpf.or.kr/front/board/boardContentsView.do?board_
id=246&contents_id=29ff236264724e3fbe02e544185aac03

한국콘텐츠진흥원 (2022). 2022 아동·청소년 게임행동 종합 실태조사.
https://www.kocca.kr/kocca/koccanews/reportview.
do?menuNo=204767&nttNo=442

EBS (2020). 당신의 문해력 영상자료.

Kuhfeld, M., Lewis, K. & Peltier, T. (2023). Reading achievement declines during
the COVID-19 pandemic: evidence from 5 million U.S. students in
grades 3-8. Reading and Writing. 36, 245-261.

Schwartz, S. (2020.6.10). Early reading instruction takes a hit during
COVID-19. Education Week. 39(35), 8.

Smith, Frank (1997). Reading Without Nonsense. Teachers College Press.

UNESCO (2004). The plurality of literacy and its implications for policies and
programmes. UNESCO.

UNESCO 한국위원회 홈페이지.

2장 뉴스 활용 방안: 비판적으로 이해하는 능력 기르기

한국기자협회 (2016). 기자는 무엇으로 사는가. 서울: 도서출판 포데로사.

황치성 (2018). 미디어리터러시와 비판적 사고-디지털 세상에서 자기주도적 삶과 학습을
위한 지침서. 파주: 교육과학사.

김경달 등 10인(2022). 세상을 바라보는 눈, 미디어리터러시. 서울: 한국언론진흥재단.

조윤호 (2016). 나쁜 뉴스의 나라: 우리는 왜 뉴스를 믿지 못하게 되었나. 서울: 한빛비즈

구본권 (2020). 뉴스를 보는 눈-가짜뉴스를 선별하는 미디어 리터러시. 서울: 도서출판 풀빛.

한국언론진흥재단 (2022). 언론수용자 조사.

한국언론진흥재단 (2022). 디지털 뉴스 리포트 2022.

빌 코바치·톰 로젠스틸 (2021). 저널리즘의 기본원칙(4판) 서울: 한국언론진흥재단.

김경희 등 7인 (2021). 2021 미디어 미래포럼. 서울: 한국언론진흥재단.

정준희 등 4인 (2022). 언론자유의 역설과 저널리즘의 딜레마. 서울: 멀리깊이.

정은령·김경희·김수진·송영훈·최재원 (2022). 올바른 저널리즘 실천을 위한 언론인 안내서- 팩트체크 편. 서울: 한국언론진흥재단.

최경영 (2017). 뉴스는 어떻게 조작되는가? 서울: 바다출판사.

황치성 등 3인 (2013). 미디어교육 현안과 미래전략(언론재단 연구서). 서울: 한국언론흥재단.

3장 시사 칼럼 활용 방안: 세상을 해석하는 방법

김사승 (2023). 저널리즘과 질문의 자격. 서울: 커뮤니케이션북스.

김세형 (2008.5.16). [김세형 칼럼] 신문을 읽지 말라고? 매일경제.

김창숙·배정근·이완수 (2023). 한국 일간지 시사비평 칼럼은 무엇을, 어떻게 조명하는가? : 미디어 구성주의를 중심으로 살펴본 6개 정부별 내용분석. 한국언론학보, 67(4), 158-197.

임인재·박윤정·이세영·금희조 (2023). 제20대 대통령 선거 기사에 대한 댓글 분석: 반시민적 표현을 중심으로. 한국언론정보학보, 120, 147-188.

최인준 (2023.9.4). AI로 "경선 포기·야당지지" 가짜 영상…선거 앞둔 전세계 비상. 조선일보, A2면.

Adeoye, A. O. (2014). Discourse construction of social reality in newspaper opinion articles on Chinua Achebe's death. British Journal of Arts and Social Sciences, 17(1), 1-13.

Cohen, B. C. (2015). Press and foreign policy (Vol. 2321). Princeton

University Press.

Day, A. G., & Golan, G. (2005). Source and content diversity in op–ed pages: Assessing editorial strategies in the New York Times. Journalism Studies, 6(1), 61–72.

Hobbs, R. (2010, August). News literacy: What works and what doesn't. In Association for Education in Journalism and Mass Communication conference, Denver, CO.

Hoffman, L. H., & Slater, M. D. (2007). Evaluating public discourse in newspaper opinion articles: Values–framing and integrative complexity in substance and health policy issues. Journalism & Mass Communication Quarterly, 84(1), 58–74.

Maksl, A., Craft, S., Ashley, S., & Miller, D. (2017). The usefulness of a news media literacy measure in evaluating a news literacy curriculum. Journalism & Mass Communication Educator, 72(2), 228–241.

Malik, M. M., Cortesi, S., & Gasser, U. (2013). The challenges of defining'news literacy'. Berkman Center Research Publication, (2013–20).

Mikhailova, Y. (2011). Electronic media and popular discourse on Russian nationalism. Nationalities Papers, 39(4), 523–546.

Tuchman, G. (1978). Making news: A study in the construction of reality.

Wahl–Jorgensen, K. (2004). A "legitimate beef" or "raw meat"? Civility, multiculturalism, and letters to the editor. Communication Review, 7(1), 89–105.

Woods, J. (2015). The op–ed sociologists: The Matthew effect in op–ed publication patterns. American Sociologist, 46(3), 356–372.

4장 웹 콘텐츠 활용 방안: 디지털 네이티브를 위한 교육

강진숙 (2007). 미디어 능력에서 "디지털 능력"으로: 디지털 시대의 미디어 능력 촉진을 위한 미디어 교육 방법 연구. 한국출판학연구, 53, 5–31.

강진숙 (2023). 콘텐츠 리터러시 1: 사회적 소수자 재현. 김대희·방상호·박정의 등 (2023).

예비교사를 위한 미디어 리터러시 교육. 파주: 양서원, 174–197.

고양여성민우회 (2021). 우리는 더 나은 디지털 세상을 원한다. URL: https://goyang.womenlink.or.kr/publications/?q=YToxOntzOjEyOiJrZXl3b3JkX3R5cGUiO3M6MzoiYWxsIjt9&bmode=view&idx=9143144&t=board

교육부 (2021.11.24.). '2022 개정 교육과정' 총론 주요사항 발표 보도자료.

박유신·임세희·정현선 (2016). 웹툰으로 상상하기. 만화애니메이션 연구. 45, 451–477.

설연경 (2020). 웹툰(Webtoon)의 교육적 활용가능성에 대한 이론적, 실천적 근거탐색. 한국콘텐츠학회논문지, 20(6), 510–520.

오윤주 (2021). 웹툰 문식성 신장을 위한 국어교육 연구. 문학교육학, 72, 199–242.

윤미영 (2022). 고등학교 독자의 웹툰, 웹소설 읽기 실태와 인식에 관한 연구. 독서연구, 64, 265–298.

조요한·고은정·오준성·신성만 (2018). 청소년 웹툰중독에 대한 개관 및 웹툰 이용 현황 조사. 한국심리학회지: 중독, 3(1), 19–39.

주현지 (2019. 7. 28). 학교에 유튜브·웹툰 제작 공간 들어선다. 디지털타임스, URL: https://www.dt.co.kr/contents.html?article_no=2019072802109958037004&ref=naver

최배은 (2021). 문화산업 시대 '청소년 이야기'의 확장과 변모. 현대문학의 연구, 74, 489–518.

한국콘텐츠진흥원 (2020). 2020 웹소설 이용자 실태조사. 나주: 한국콘텐츠진흥원

한국콘텐츠진흥원 (2022). 2022 만화·웹툰 이용자 실태조사. 나주: 한국콘텐츠진흥원

황용석·이현주·황현정 (2023). 디지털시대, 디지털 문해력 개념의 확장. 세종: 한국청소년정책연구원. URL: https://www.miline.or.kr/board/view?no1=2&linkId=98053&menuId=MENU00328

Gilster, P. (1997). *Digital Literacy*. New York: Wiley.

Hobbs, R. (2010). *Digital and Media Literacy: A Plan of Action*. Washington DC: The Aspen Institute.

UNESCO (2018). A Global Framework of Reference on Digital Literacy Skills for Indicator 4.4.2. URL: https://uis.unesco.org/sites/default/files/documents/ip51-global-framework-reference-digital-literacy-skills-2018-en.pdf

https://www.snmedia.or.kr/education/edu_view.asp?edu_type=3&sq=1076&cate

gory=0&page=1&s_txt
https://www.gamtantimes.com/news/articleView.html?idxno=21621

5장 교과서 활용 방안: 문해력 중심의 교과서 개발 및 혁신 필요

교육부 (2021.11.24.). '2022 개정 교육과정'의 주요 개정 방향과 추진 과제, 교육부 보도
　　자료.
교육부 (2022.11.18.). '2022 개정 교육과정' 개요, 교육부 정책브리핑.
국가법령정보센터 (2023). '교과용도서에 관한 규정' 제2조, 초·중등교육법.
중앙일보 (2023.9.26.). '사흘'을 4일로 알더니… 이번엔 "가결 뭔가요?" 검색량 폭증,
　　https://www.joongang.co.kr/article/25195580.
한국학중앙연구원 (2023). '교육과정', 한국민족문화대백과.
UNESCO (2018). 저널리즘과 미디어·정보 리터러시, 언론인과 저널리즘 교육자를 위한
　　핸드북.

2부 · 문해력 증진을 위한 미디어 활용: 해외사례

1장 미국 비판적 사고 능력 키우기가 핵심

Baker, G., Faxon-Mills, S., Huguet, A., Pane, J. F., & Hamilton, L. S. (2021).
　　Approaches and obstacles to promoting media literacy education in US
　　schools. RAND.
Civic Online Reasoning (2023). Intro to Lateral Reading. https://cor.stanford.edu/
　　curriculum/lessons/intro-to-lateral-reading
Center for Media Literacy (2023). Media Literacy : A definition and More. https://
　　www.medialit.org/media-literacy-definition-and-more
Hobbs, R., Moen, M., Tang, R., & Steager, P. (2022). Measuring the implementation
　　of media literacy statewide: a validation study. Educational Media

International, 1–20.

Kubey, Robert. "Media Literacy and the Teaching of Civics and Social Studies at the Dawn of the 21st Century." American Behavioral Scientist, Vol. 48, No. 1 (2004): 69–77.

McGrew, S., Ortega, T., Breakstone, J., & Wineburg, S. (2017). The Challenge That's Bigger than Fake News: Civic Reasoning in a Social Media Environment. American educator, 41(3), 4.

Media Literacy Now. (2021). Illinois will now require media literacy lessons in every school. https://medialiteracynow.org/illinois–to–require–media–literacy–lessons–in–every–highschool/

Media Literacy Now. (2023). U.S. Media Literacy Policy Report: A State–by–State Status of Media Literacy Education Laws for K–12 Schools. https://medialiteracynow.org/wp–content/uploads/2023/03/MediaLiteracyPolicyReport2023_updated032823.pdf

News Literacy Project (2022). Levels of Scientific Evidence. https://newslit.org/wp–content/uploads/2022/12/Levels–of–Evidence_infographic_FINAL.pdf

News Literacy Project (2023). Framework for Teaching News Literacy. https://newslit.org/educators/resources/framework–for–teaching–news–literacy/

Potter, W. J. (2018). Media literacy. Sage publications.

Powers, E. (2010). Teaching news literacy in the age of new media: why secondary school students should be taught to judge the credibility of the news they consume. All heses and Dissertations (ETDs). 455. htp://openscholarship.wustl.edu/etd/455

Reese, S. D. (2012). Global news literacy: The educator. News literacy: Global perspectives for the newsroom and the classroom.

Tiemann, A., Melzer, A., & Steffgen, G. (2021). Nationwide implementation of media literacy training sessions on internet safety. Communications, 46(3), 394-418. https://doi.org/10. 1515/commun–2021–0049

Van Eemeren, F. H., & Grootendorst, R. (2004). Asystematic theory of argumentation: The pragma–dialectical approach. New York, NY: Cambridge University Press.

Wiggins, G. P., & McTighe, J. (2005). Understanding by design. Ascd.

Wineburg, S., & McGrew, S. (2016). Evaluating information: The cornerstone of civic online reasoning.

Wineburg, S., Breakstone, J., McGrew, S., Smith, M. D., & Ortega, T. (2022). Lateral reading on the open Internet: A district–wide field study in high school government classes. Journal of Educational Psychology, 114(5), 893.

2장 영국 사회적 약자 고려한 공공 캠페인

BBC (2023). BBC Own IT. URL: https://www.bbc.com/ownit

BBC (2023). BBC The Other Side of the Story. URL:https://www.bbc.co.uk/teach/teach/media–literacy–teacher–guides/zpd9wsg

BBC (2023). BBC The Other Side of the Story teacher guide. URL:https://teach.files.bbci.co.uk/teach/check_yourself_teacher_guide.pdf

BBC (2023). BBC Young Reporter. URL: https://www.bbc.co.uk/teach/young–reporter

Department for Digital, Culture, Media & Sport (2021). Online Medial Literacy Strategy. URL: https://www.gov.uk/government/publications/online–media–literacy–strategy

Department for Digital, Culture, Media & Sport (2021). Year 2 Online Media Literacy Action Plan. URL: https://www.gov.uk/government/publications/year–2–online–media–literacy–action–plan–202223

Department for Science, Innovation and Technology, Department for Digital, Culture, Media & Sport (2021). Online media literacy resources. URL: https://www.gov.uk/guidance/online–media–literacy–resources#avoiding–upsetting–or–potentially–harmful–content

Google (2023). Be Internet Legends. URL: https://beinternetlegends.withgoogle.

com/en_ie

Google (2023). Interland. URL: https://beinternetlegends.withgoogle.com/en_ie/interland

Internet Matters (2023). BBC Own IT. URL: https://www.internetmatters.org/resources/bbc–own–it/#online–safety–videos

Internet Matters (2023). URL: https://www.internetmatters.org/

Internet Matters (2023). Digital Resilience Toolkit. URL: https://www.internetmatters.org/resources/digital–resilience–toolkit/

Institute for Strategic Dialogue (2022). Be Internet Citizens. [Youtube]. URL: https://www.youtube.com/watch?v=TFig6dwPehY

Institute for Strategic Dialogue. URL: https://www.isdglobal.org/

Ofcom (2023). Making Sense of Media Annual Plan (2023 – 2024). URL: https://www.ofcom.org.uk/__data/assets/pdf_file/0027/256554/MSOM–Annual–Plan–2023–24.pdf

Parent Zone (2022). URL: https://www.parents.parentzone.org.uk/

The Economist (2023). Economist Burnet News Club. URL: https://economistfoundation.org/news/category/burnet–news–club/

The Guardian Foundation (2023). Media Literacy Ambassadors Programme. URL: https://theguardianfoundation.org/programmes/behind–the–headlines/media–literacy–ambassador–programme

The Guardian Foundation (2023). NewsWise. URL: https://theguardianfoundation.org/programmes/newswise

University of Cambridge (2023). Cambridge University Go Viral!. URL: https://www.cam.ac.uk/stories/goviral

University of Cambridge (2023). Go Viral game. URL: https://www.goviralgame.com/en

YouTube, the Institute for Strategic Dialogue (2023). Be Internet Citizens. URL: https://internetcitizens.withyoutube.com/#about

3장 독일 디지털 미디어 활용도 높이기

계보경 (2022). 초중생 디지털 리터러시 수준 현황과 과제. 출판N. 한국출판문화산업진
흥원.

Dauser, Dominique & Stadler Sabrina (2022). Digitalisierung in der Grundbildung.
Fachstelle für Grundbildung und Alphabetisierung Baden–Württemberg.

KIM–Studie 2022 (2023). Kindheit, Internet, Medien Basisuntersuchung
zum Medienumgang, 6–bis 13–Jähriger. Medienpädagogischer
Forschungsverbund Südwest c/o Landesanstalt für
Kommunikation (Hg.).

McElvany, Nele (2023): IGLU 2021. Lesekompetenz von Grundschulkindern im
internationalen Vergleich und im Trend über 20 Jahre. Münster:
Waxmann.

Strategie der Kulturministerkonferenz "Bildung in der digitalen Welt" Beschluss
der Kulturministerkonferenz vom 08. 12. 2016 in der Fassung vom 07.
12. 2017.

https://deutsches–schulportal.de/unterricht/uta–hauck–thum–lesefoerderung–
les–o–mat–auf–digitalem–weg–mehr–freude–am–lesen–wecken/ Mit
digitalen Medien mehr Freude am Lesen wecken.

https://deutsches–schulportal.de/unterricht/wie–digitale–medien–den–
unterricht–in–zukunft–voranbringen/ Wie digitale Medien den Unterricht
voranbringen können

https://deutsches–schulportal.de/unterricht/buch–oder–screen–wie–sollten–
kinder–lesen/

4장 일본 독서습관 형성을 위한 프로그램 추진

公益社団法人 全国学校図書館協議会 (2022). 学校読書調査. URL : https://www.j-
sla.or.jp/material/research/dokusyotyousa.html

内閣府 (2023.3.). 令和4年度 青少年のインターネット利用環境実態調査(PDF版). URL :https://www8.cao.go.jp/youth/kankyou/internet_torikumi/tyousa/r04/net-jittai/pdf-index.html

内田伸子 (2017). 学力格差は幼児期から始まるか?経済格差を超える要因の検討. 教育社会学研究, 第100集, 108-119. URL : https://www.jstage.jst.go.jp/article/eds/100/0/100_108/_pdf

東京都教育会 (2020). 提言126 : 日本の若者の読解力が危ない. URL : https://www.t-kyoikukai.org/teigen/teigen126/teigen126.pdf

東洋経済 (2022.1.24.). 小学生から「メディアリテラシー」教育が必要な訳. URL : https://toyokeizai.net/articles/-/475457

令和4年度子供の読書活動推進に関する有識者会議論点まとめ (2022.12.27.). URL : https://kotobank.jp/word/%E3%82%A2%E3%83%8B%E3%83%9E%E3%82%B7%E3%82%AA%E3%83%B3-1702205

文部科學省 (2023.5.). 第五次「子どもの読書活動の推進に関する基本的な計画」について. URL : https://www.mext.go.jp/b_menu/hakusho/nc/mext_00072.html

文部科学省 (2023). 文部科学白書2022. URL : https://www.mext.go.jp/b_menu/hakusho/html/hpab202001/1420041_00015.htm

文部科学省・国立教育政策研究所 (2019). OECD生徒の学習到達度調査2018年調査(PISA2018)のポイント. URL : https://www.nier.go.jp/kokusai/pisa/pdf/2018/01_point.pdf

文部科学省初等中等教育局 (2020). 学習の基盤となる資質・能力としての情報活用能力の育成 : 体系表例とカリキュラム・マネジメントモデルの活用.

放送倫理・番組向上機構(BPO) (2022). 2019〜2021年度 青少年のメディア・リテラシー育成に関する放送局の取り組みに対する調査研究報告書.

植村八潮 (2018). MIE(教育に雑誌を)運動の提案と考察 - 市場縮小に伴う雑誌リテラシーの衰退. 専修大学人文科学研究所月報, 295号, 39-49.

植村八潮, 野口武悟, 設楽敬一, 黒田亜夢 (2022.3). 雑誌利活用教育の可能性と課題 : 全国調査を通して, 学校図書館, 857, 52-55.

有山裕美子 (2022). 学校教育における雑誌活用授業(MIE)の可能性. 東京マガジンバンクカレッジ大学ゼミ成果発表会2022.

日本民間放送聯盟. URL : https://j-ba.or.jp/category/references/jba101049

日本新聞協会(NIE 홈페이지). https://nie.jp/about/

静岡大学 (2010). 学力向上のための読書活動・学校図書館活用ハンドブック.

中橋雄 (2015). メディア活用とリテラシーの育成. 放送メディア研究, No.12, 125-148.

総務省 (2022.6.). メディア情報リテラシー向上施策の現状と課題等に関する調査結果報告

Globis Career Note(글로비스 경영대학원). URL :https://mba.globis.ac.jp/careernote/1306.html

Media Literacy Now (2021.7.). A new index shows that the US scores low on media literacy education.

デジタル大辞泉 (2023.9.). URL: https://kotobank.jp/dictionary/daijisen/4237/, https://kotobank.jp/word/%E3%83%AA%E3%83%86%E3%83%A9%E3%82%B7%E3%83%BC-658112

5장 중국 사상 선전 도구로서의 리터러시 교육

박수찬 (2021.11.1.). "시진핑 이름 따서… '習주석' 말씀 공부하라는 앱 '學習강국'." 조선일보. URL: https://www.chosun.com/international/china/2021/10/31/AB3YFVGA7NFJFKH6HVSX4O57VA/

송의달 (2023.5.22.). "中 언론, 시진핑 시대 들어 '강성 민족주의' 일색된 이유." 조선 일보. URL: https://www.chosun.com/international/2023/05/09/GJCl2V6UIJGGH EWSS2NVOVWS4M/

정순원 (2021.1.30.). "[교육정책포럼 320] 미디어교육, 법제도적 정비 방안." 미리네. URL: https://www.miline.or.kr/board/view?pageNum=1&rowCnt=50&no1=4&linkId=1144&menuId=MENU00332&schType=0&schText=&boardStyle=&categoryId=&continent=&country=

이영수 (2022.11.21.). "중국 1인당 소득 상위 10개 성… 저장성,장쑤성,광동성 순." 중국망. URL: https://www.cmnews.kr/news/articleView.html?idxno=401930

이효휘·이경진 (2019). "교과 통합적 접근을 통한 중국 미디어 리터러시 교육의 활성화 방안 연구." Asia-pacific Journal of Multimedia Services Convergent with Art, Humanities, and Sociology, 9(2), 291-300.

표정훈 (2021.3.26.). "시진핑, 제2의 문화대혁명 꿈꾸나?." 한겨레신문. URL: https://www.hani.co.kr/arti/PRINT/988324.html

kotra 광저우무역관 (2022.3.16.). "2021년 中 광둥성 경제 성적표." kotra 해외시장 뉴스. URL: https://dream.kotra.or.kr/kotranews/cms/news/actionKotraBoardDeta il.do?SITE_NO=3&MENU_ID=80&CONTENTS_NO=2&bbsGbn=242&bbsSn=242&pNttSn=193546

Baowei Zheng & Yali Li (2004). Urgency of Media Literacy Education in Elementary and Secondary school. China Social Education of Adolescence Forum: Media and Adolescence's Development Forum, 1-10.

教育部 (2023). "中心简介." 教育部 宣传教育中心. URL: https://www.cpipe.edu.cn/zxg k/zxjj/index.htm

卜卫(1997). "论媒介教育的意义、内容和方法." 《现代传播 : 中国传媒大学学报》1997年 第1期, 29-33.

卜卫(2008). "对媒介素养教育及其研究的反思." 《2008中国媒介素养研究报告》, 121-132.

陈莹· 刘朦朦(2023.5.29.). "中小学媒介素养教育实施策略." <公务员期刊网>. URL: https:// www.21 ks.net/lunwen/syjylw/37045.html

段鹏(2020.5.5.). "在大思政格局下加强媒介素养教育." <光明日报>. URL: https://news. gmw.cn/2020-05/05/content_33802927. htm?from=search

韩家慧(2015.6.5.). "媒介素养教育 : 让少年儿童远离网络伤害." <新华网>. URL: https:// www.xinhuanet.com/politics/2015-06/05/c_127882922. htm

广州市 (2015). 『"儿童与媒介"——2014~2015年度广州儿童媒介素养状况专项调研报告.』广州市, 12.

广州市人民政府(2023.9.17.). "全国首家儿童媒介素养教育研究展示中心亮相广州." <广州 市人民政府>. URL: https://www.gz.gov.cn/zwfw/zxfw/

ggfw/content/post_92146 21.html

谷生然· 魏茂琳 (2019). "国内外媒介素养研究综述." 『西南石油大学学报(社会科学版)』 21(4), 110-116.

刘敏 (2020.6.4.). "别让谣言侵害你的数字化生活 "媒介素养"教育的价值:" <中国互联网 联合辟谣平台>. URL: https://www.piyao.org.cn/2020-06/04/c_1210645860.html

马姗姗 (2020.9.18.). "面对网络风险,青少年媒介素养如何提升." <教育信息化>. URL: https://www.edu.cn/xxh/focus/202009/t20200918_2013384.shtml

阮福祥· 张海波 (2021.7.22.). "如何提升青少年网络素养?这5个"注重"值得借鉴." <澎湃>. URL: https://m.thepaper.cn/newsDetail_forward_13698588

杜飞进 (2015.7.31.). "融合发展,不能改变底色." <人民网>. URL: http://paper.people.com.cn /xwzx/html/2015-07/01/content_1637847.htm

谭浪 (2010). "青少年媒介素养现状和趋势 ——以珠三角地区在校生为例." 暨南大学 硕士学位论文, 1-123.

于翠玲 (2010). "媒介素养教育融入中学语文教学的思路." 河北师范大学学报: 教育科学版, 2010年 第10期, 44-47.

张海波 (2019.12.21.). "广东省中小学生网络安全及媒介素养教育研究和探索实践." <安全 内参>. URL: https://www.secrss.com/articles/16124

郑素侠 (2013.6.26.). "儿童媒介素养教育的理念与方法." <人民网>. URL: http://media. people .com.cn/n/2013/0626/c365742-21979451.html

저자소개

윤세민(경인여자대학교 영상방송학과)

윤세민은 성균관대학교에서 언론학박사 학위를 취득하고, 경인여자대학교 영상방송학과 교수로 재직하고 있다. 월간 <빛과소금> 편집장, KBS와 JTBC 시청자 위원(방송 패널), 한국간행물윤리위원, 교육부 국어교과서 심의위원, 한국출판학회 회장 등을 역임했다. 저서로는 《열린 소통, 성공 대화》(2023), 《역사와 문화로 읽는 출판과 독서》(2014), 《한국출판산업사》(2012)(공저), 《미디어정책론》(2010)(공저) 등이 있다. 현재 교수 및 시인, 평론가, 연극 및 뮤지컬 예술감독 등으로 활동하고 있다.

한희정(국민대학교 교양대학)

한희정은 국민대학교 교양대학 부교수이다. 한국외국어대학교 영어학과를 졸업하고 서울대학교에서 언론정보학과 석사학위를, 성균관대학교에서 신문방송학과 박사학위를 받았다. 서울시 교통방송(TBS)에서 프로듀서로, 국가인권위원회에서 홍보 담당 사무관으로 일했다. 저서로 《들뢰즈 이후 페미니즘》(2023)(공역), 《차별과 혐오를 넘어서》(2022)(공저) 등이 있다.

김성재(원광대학교 행정언론학부)

김성재는 현재 원광대학교 행정언론학부 초빙교수로 재직하고 있다. 한겨레신문사 경제부, 사회부, 문화부 기자를 거쳤으며 청와대 대통령비서실 행정관, 국회 보좌관, 국무총리실 공보실장 겸 대변인, 문화체육관광부 차관보, 한국언론진흥재단 미디어 이사를 역임했다. 저서로는 《야만의 언론》(2010)(공저), 《예비교사를 위한 미디어 리터러시 교육》(2023)(공저) 등이 있다.

이완수(동서대학교 미디어콘텐츠대학)

이완수는 현재 동서대학교 미디어콘텐츠대학 교수로 있다. 고려대학교 정치외교학과를 졸업하고 같은 대학에서 저널리즘 전공으로 박사학위를 받았다. 미국 미주리 대학교와 미시간 대학교에서 초빙 연구자로 저널리즘과 심리학을 공부했다. 저서로는 《경제와 커뮤니케이션》(2012), 《부고의 사회학》(2017), 《저널리즘 다시 보기》(2022)(공저) 등이 있다. 논문으로는 《재난사고에 대한 공영방송과 상업방송 간 의제 비교》(2022), 《코로나19 백신 접종 행동의 결정 요인》(2023) 등이 있다.

강진숙(중앙대학교 미디어커뮤니케이션학부)

강진숙은 중앙대학교 미디어커뮤니케이션학부 교수로 재직하고 있다. 독일 라이프치히(Leipzig) 국립대학교에서 박사학위를 취득했고, 방송통신심의위원회 심의위원을 역임하였다. 저서는 《질적 연구방법론》(2016), 《미디어와 공동체》(2018)(공저), 《4차 산업혁명 시대의 미디어 리터러시 교육》(2018)(공저), 《뉴미디어 사상과 문화》(2019), 《미디어교육》(2021)(공저), 《예비교사를 위한 미디어 리터러시 교육》(2023) (공저) 등이 있다.

이정훈(대진대학교 미디어커뮤니케이션학과)

이정훈은 대진대학교 미디어커뮤니케이션학과 교수로 재직하고 있다. 플로리다 주립대(FSU)에서 박사학위를 취득했으며 연합뉴스TV 시청자위원(2014-2019), 방송학보 편집이사(2020)를 역임한 바 있다. 저서로는 《저널리즘 다시 보기》(2022)(공저), 《컴퓨테이셔널 저널리즘: 새로운 뉴스 제작 기술》(2016), 《뉴스 리터러시: 새로운 뉴스 교육의 이론적 탐색》(2012)(공저) 등이 있다.

오광일(캑터스 커뮤니케이션즈 코리아(에디티지))

오광일은 학술출판 커뮤니케이션 전문기업인 캑터스 커뮤니케이션즈에서 전문 컨설턴트로 활동 중이다. 영국 옥스포드 브룩스 대학교에서 MBA와 출판학 석사 과정을 마쳤으며, 옥스포드 대학교 출판부 ELT 부서에서 근무한 바 있다. 역서 《과학개념을 익히는 몬테소리 자연 놀이》(2023), 《몬테소리가 말하는 몬테소리 교육》(2022) 등의 저서가 있다.

신종락(제주대학교 독일학과)

신종락은 제주대학교 독일학과 교수로 재직하고 있다. 독일 카셀대학교에서 박사학위를 취득했으며, 성균관대학교 정보관리연구소 전임연구원(2009-2011)을 역임한 바 있다. 저서로는 《독일출판을 말하다》(2020), 《진화하는 출판문화》(2014), 《독일의 문학과 출판》(2010), 《해외서점과 출판》(2008) 등이 있다. 논문으로는 《작가와 출판인 갈등 연구》(2022), 《독립서점과 지역 중소형서점의 운영 전략 연구》(2021), 《괴테와 출판인 연구》(2021) 등이 있다.

백원근(책과사회연구소)

백원근은 책과사회연구소 대표이며 일본출판학회 정회원이다. 한국출판연구소 책임연구원(1995-2015), 문화체육관광부 정기간행물 자문위원회 위원(2020-2022) 등을 역임했고, <한겨레>와 일본 <분카쓰신(文化通信)>에 칼럼을 연재한다. 저서로는 《번역출판》(2009)(공저), 《세계문학론》(2010)(공저), 《도서정가제가 없어지면 우리가 읽고 싶은 책이 사라집니다》(2020), 《한국 출판산업의 이해》(2021)(공저) 등이 있다. 역서로는 《서점은 죽지 않는다》(2013), 《책의 소리를 들어라》(2017) 등이 있다.

조정원(원광대학교 한중관계연구원)

조정원은 원광대학교 한중관계연구원 교수로 재직하고 있다. 중국인민대학에서 박사학위를 취득했고, 연세대학교 미래사회통합연구센터 연구교수를 역임하였다. 저서는 《동북아시아의 생태위기와 공생: 연대와 협력의 길을 묻다》(2023)(공저), 《한중관계브리핑 11 시진핑 시대 위기 속 한중관계》(2023)(공저) 등이, 논문 《시진핑 시대 중국의 혐한: 현황과 원인, 완화방안》(2022), 《중국 출판정책의 특성과 변화 : 13차 5개년 규획, 14차 5개년 규획 기간을 중심으로》(2022) 등이 있다.

청소년 문해력을 키우는 미디어 활용법

미디어 문해력의 힘

1판 1쇄 인쇄 2023년 12월 15일
1판 1쇄 발행 2023년 12월 20일

지은이 윤세민 한희정 김성재 이완수 강진숙
　　　　이정훈 오광일 신종락 백원근 조정원
펴낸이 이윤규

펴낸곳 유아이북스
출판등록 2012년 4월 2일
주소 (우) 04317 서울시 용산구 효창원로 64길 6
전화 (02) 704-2521
팩스 (02) 715-3536
이메일 uibooks@uibooks.co.kr

ⓒ (사)한국출판학회, 2023

ISBN 979-11-6322-119-7 93020
값 18,000원